汽车工程材料

（第2版）

陈纪钦　主编
李大成　主审

重庆大学出版社

内容提要

本书紧密围绕高素质技能型人才的培养目标进行总体设计并在编写过程中参照了有关行业职业技能鉴定规范和汽车服务行业各岗位对技能和知识的要求。

本书坚持适用、够用、实用的原则,注重理论与实践的紧密结合。根据行业内与汽车材料关联性较大的机电维修、车身修复和美容装潢三个工种,创新性将全书内容划分为汽车运行材料、汽车修复材料和汽车美容材料三大模块。

本书适用于高等职业技术院校汽车运用技术专业,同时亦可作为汽车服务行业相关岗位培训参考用书。

图书在版编目(CIP)数据

汽车工程材料/陈纪钦主编. —重庆:重庆大学
出版社,2010.5(2016.1重印)
(高职高专汽车运用与维修专业系列教材)
ISBN 978-7-5624-5367-3

Ⅰ.①汽…　Ⅱ.①陈…　Ⅲ.①汽车—工程材料—高等
学校:技术学校—教材　Ⅳ.①U465

中国版本图书馆 CIP 数据核字(2010)第 074535 号

汽车工程材料

(第 2 版)

陈纪钦　主编

李大成　主审

责任编辑:谭　敏　曾春燕　　版式设计:周　立
责任校对:任卓惠　　　　　　责任印制:赵　晟

*

重庆大学出版社出版发行
出版人:易树平
社址:重庆市沙坪坝区大学城西路 21 号
邮编:401331
电话:(023)88617190　88617185(中小学)
传真:(023)88617186　88617166
网址:http://www.cqup.com.cn
邮箱:fxk@cqup.com.cn(营销中心)
全国新华书店经销
重庆俊蒲印务有限公司印刷

*

开本:787×1092　1/16　印张:13.25　字数:331 千
2016 年 1 月第 2 版　　2016 年 1 月第 3 次印刷
印数:4 001—6 000
ISBN 978-7-5624-5367-3　定价:25.00 元

前言

本书在教育部《关于全面提高高等职业教育教学质量的若干意见》(教高[2006]16号)文件精神指引下,紧密围绕高素质技能型人才的培养目标进行总体设计。本书在编写过程中参照了有关行业职业技能鉴定规范和汽车服务行业各岗位对技能和知识的要求,适用于高等职业技术院校汽车运用技术专业,同时亦可作为汽车服务行业相关岗位培训参考用书。

在内容编排上,本教材根据高职学生思维特点及其技能要求,坚持适用、够用、实用的原则,注重理论与实践的紧密结合,使学生不仅能够快速适应汽车服务行业工作岗位的需求,而且可以轻松应对汽车材料技术及市场的变化和发展。

本教材参考学时为36学时,各部分的参考学时分配参见下面的学时分配表。

章 节		学时分配
第1篇 汽车运行材料	第1章 车用燃料	2
	第2章 车用润滑油	4
	第3章 车用工作液	4
	第4章 其他易耗材料	4
第2篇 汽车修复材料	第5章 金属材料	8
	第6章 非金属材料	6
	第7章 涂装材料	2
第3篇 汽车美容材料	第8章 清洗护理材料	3
	第9章 装饰保护材料	3

本书由河源职业技术学院陈纪钦担任主编,重庆三峡职业学院向波担任副主编。其中第3章、第4章由肖微编写,第5章、第7章由孙大许编写,第6章由向波编写,其余章节由陈纪钦编写。全书由陈纪钦、向波统稿。李大成教授给本书编写提出了宝贵意见,并亲自担任主审。

本书在编写过程中参考了国内外大量书籍,并借鉴了丰田等车系维修手册和培训资料,在此谨向其作者及资料提供者致以诚挚的谢意!同时还特别感谢深圳深业汽车集团李国忠高工等行业技术专家们的不吝指点!

由于编者水平有限,书中难免存在不妥之处,恳请广大读者批评指正。

编 者

2010 年 2 月

目录

第 **1** 篇
汽车运行材料

第 **1** 章
车用燃料

能力目标

1. 能向车主建议如何正确选用合适标号的汽油或柴油；
2. 能正确解释不同标号油品的区别。

知识目标

1. 掌握汽油的性能指标；
2. 掌握柴油的性能指标；
3. 了解车用新燃料的品种及特点。

现阶段,车用燃料主要包括汽油和轻柴油。液化石油气、天然气等的应用也逐渐被推广。同时,还有一些正在开发中的代用燃料。

车用燃料对汽车发动机的动力性、经济性、环保性、可靠性、使用寿命等有着重要的影响,因此掌握其属性以及使用特点是正确、合理选用车用燃料的前提。

1.1 车用汽油

1.1.1 车用汽油的性能指标

车用汽油是汽油发动机的主要燃料,从石油中提炼获得,主要由碳、氢组成的烃类化合物组成。它是一种密度小、易挥发的液体燃料,密度一般在 0.71 ~ 0.75 g/mL,自燃点为 415 ~ 530 ℃。习惯上将车用汽油简称为汽油。过去为了提高抗爆性曾在汽油中添加四乙基铅,后来因其燃烧后会对环境造成严重污染而逐渐被禁止使用,目前汽车广泛使用的是无铅汽油。

(1)汽油的挥发性

汽油由液态转化为气态的性能叫做汽油的挥发性。具备良好的挥发性意味着能在短时间内气化,并与空气混合均匀,使得燃烧速度加快,燃烧更完全,发动机易启动,加速反应灵敏。但若挥发性太强则可能导致燃油管内形成气泡,产生"气阻"。挥发性太弱则会因为气化不完全,导致燃烧不完全,增加油耗及排放污染,没燃烧完全的油滴甚至可能破坏发动机润滑油膜,增加磨损。

评定汽油挥发性的指标主要有馏程与饱和蒸气压。

1)馏程

馏程的测定是在 GB/T 6536《石油产品蒸馏测定法》的规定下进行的。是指在石油产品馏程测定仪上对 100 mL 油品进行蒸馏时,从初馏点到终馏点的温度范围。汽油的馏程以初馏点、10% 馏出温度、50% 馏出温度、90% 馏出温度、终馏点和残余量来表示。

初馏点指对 100 mL 汽油在规定条件下蒸馏时,提到第一滴汽油时的温度。

10% 馏出温度指对 100 mL 汽油在规定条件下蒸馏时,得到 10% 汽油馏分的温度。10% 馏出温度反映了汽油中轻质馏分含量的多少,它对发动机的低温启动性和供油系统产生"气阻"的可能性影响很大。汽油 10% 馏出温度越低,含轻质馏分越多,发动机在低温条件下容易启动。但若该温度过低时,则容易使得夏季高温状态下使用的发动机燃油系统产生"气阻"。

50% 馏出温度指对 100 mL 汽油在规定条件下蒸馏时,得到 50% 汽油馏分的温度。50% 馏出温度反映汽油中间馏分的多少,它表示汽油的平均挥发性,影响发动机的预热时间、加速性和稳定性。若 50% 馏出温度低,发动机加速灵敏,运行稳定。若该温度过高,当发动机急加速时,供油量剧增,使大部分汽油不能及时气化,造成燃烧不完全,并使得加速性能、运转稳定性能均急剧下降。

90% 馏出温度指对 100 mL 汽油在规定条件下蒸馏时,得到 90% 汽油馏分的温度。终馏点指对 100 mL 汽油在规定条件下蒸馏时,蒸馏结束时的温度。90% 馏出温度和终馏点反映汽油中重质馏分的多少。如果它们温度过高,汽油燃烧就不完全,而没有完全燃烧的汽油会破坏汽缸壁上的润滑油油膜,并稀释油底壳内的发动机润滑油。因此,将导致发动机油耗增大,零件磨损加剧。

残留量是指对 100 mL 汽油在规定条件下蒸馏后,所得残余物质的体积百分数。残留量反映汽油中难于蒸发的重质成分。若残留量过多,使发动机燃烧室内积炭增加,使进气门、喷油器等处结胶严重,进而导致发动机工作不稳定。

2）饱和蒸气压

国际上对蒸气压的评定均采用雷德饱和蒸气压,缩写为 RVP。它指的是在一定温度下汽油的液气两相达到平衡状态(液气体积比为 1∶4)时汽油蒸气所产生的压强。

汽油的饱和蒸气压越大,其挥发性能越好,发动机低温启动容易,但在高温条件下使用时却容易使得发动机供油系统产生“气阻”,且在储存使用中蒸发损失大,碳氢化合物(HC)排放量也大。

汽油的饱和蒸气压与气温和大气压强均有关,气温高、气压低,汽油饱和蒸气压也随着增大。因此,在高温和高原条件下使用的汽车,汽油供给系统易产生“气阻”,汽油蒸发损失也大。

汽油的馏程和饱和蒸气压都是汽油挥发性的评定项目。但是,馏程主要是限制不高于某温度,以保证其具有良好挥发性,保证发动机正常工作,而饱和蒸气压则限制不大于某值,以防止发动机燃油供给系统产生“气阻”和汽油蒸气排放。

(2)汽油的抗爆性

汽油的抗爆性是指汽油在发动机汽缸内燃烧时防止产生爆燃的能力。

汽油机正常燃烧过程是由火化塞产生的高能量电火花点燃两极间的可燃混合气,形成火焰中心。火焰前锋以 20～30 m/s 的速度向四周扩散,使绝大部分混合气燃烧完毕并释放热能。这样的正常燃烧过程,发动机工作平稳柔和,动力性得到充分发挥。而爆燃则是在正常火焰前锋未到达之前,由于火焰前锋的压缩和热辐射作用,混合气温度急剧升高而自燃着火,形成多个火焰中心,使得火焰扩散速度急剧上升,燃烧压力使得缸体内部产生清脆的金属敲击声。

爆燃使得发动机机件磨损速度增快,热负荷增加,噪声增大,功率下降,油耗上升。影响爆燃的因素中最重要的就是发动机压缩比。一般来说高压缩比的发动机,其热效率也较高,但相对也更容易产生爆燃。抗爆性能好的汽油允许发动机采用较高的压缩比,从而提高动力性和经济性。

汽油的抗爆性能采用辛烷值评定。辛烷值是代表点燃式发动机燃料抗爆性的一个约定数值。在规定条件下的标准发动机试验中,通过和标准燃料进行比较来测定,用和被测定燃料具有相同抗爆性的标准燃料中异辛烷的体积百分数表示。测定的方法有研究法(RON)和马达法(MON)两种。

1）研究法测定汽油辛烷值(RON)

以较低的混合温度(一般不加热)和较低的发动机转速(一般为 600 r/min),中等苛刻条件为特征的实验室标准发动机测得的辛烷值。测定时按照 GB/T 5487—1995 的规定进行,先选定两种标准液:一种是抗爆性能非常好的异辛烷(2,2,4—三甲基戊烷),规定其辛烷值为 100;另一种是抗爆性能非常差的正庚烷,规定其辛烷值为 0。把它们按照不同的体积比混合即可获得各种不同抗爆能力的参比用标准燃料。接着,把进行试验的油品加到标准的试验用可变压缩比单缸发动机中,通过改变汽缸高度逐渐增大压缩比使之发生爆燃,并达到标准的爆燃强度(可从仪表上读出)。然后,在相同条件下选择辛烷值接近的标准燃料与之进行对比试验,当某种标准燃料与进行试验的油品在同样条件下达到相同爆燃强度时,该标准燃料中的异辛烷体积百分数即为试油的辛烷值。

2）马达法测定汽油辛烷值(MON)

以较高的混合气温度(一般加热至 149 ℃)和较高的发动机转速(一般为 900 r/min),苛刻条件为特征的试验用标准发动机测得的辛烷值。其测定的方法与研究法基本相同。

由测定条件可知:研究法辛烷值表示汽油在发动机常有加速条件下低速运转时的抗爆能力,它模拟轿车在城市道路条件下行驶的工况;马达法辛烷值表示汽油在发动机重负荷条件下高速运转的抗爆能力,它模拟载货汽车在公路条件下行驶的工况。同一种油品用研究法测定的辛烷值比马达法测定的辛烷值要高6～10个单位,这一差值叫做汽油的灵敏度,可用来反映汽油抗爆性能随运转工况激烈程度的增加而降低的情况,汽油的灵敏度越小越好。

我国用研究法辛烷值作为汽油抗爆性的评定指标,并以此划分汽油牌号。

由于研究法辛烷值和马达法辛烷值均不能全面反映车辆运行中燃烧的抗爆性能,一些国家引用另一个指标来反映汽油的抗爆性能,它就是抗爆指数(AKI)。它是将同一油品分别用研究法和马达法测出辛烷值,然后求平均数。

$$抗爆指数\ AKI = \frac{RON + MON}{2}$$

抗爆指数也叫平均辛烷值,可反映在一般条件下汽油的平均抗爆性。美国从1970年开始用抗爆指数代替研究法辛烷值作为汽油抗爆性的评定指标。

全球汽车的保有量增速迅猛,汽车排放的废气给人类赖以生存的环境带来越来越大的危害。许多国家相继制定严格的废气排放控制标准和相应的环境保护法规。传统的添加四乙基铅提高辛烷值的方法已经不符合法规要求,但是为了满足发动机对汽油抗爆性的要求,人们通常采用以下方法提高汽油辛烷值。

1)采用先进的汽油炼制工艺

汽油各种组分的辛烷值有很大区别。一般来说常压蒸馏法获得的直馏汽油辛烷值只有40～55;用热裂解和延迟焦化的方法制取的汽油,其辛烷值可达50～65;而通过催化裂化、加氢裂化和催化重新炼制的汽油,其辛烷值可达85以上。因此采用先进的炼油工艺是提高汽油辛烷值的有效方法之一。

2)在汽油中调入辛烷值改善组分

汽油中调入烷基化油、异化构油和适量的苯、甲苯等都能提高其抗爆性,但其中芳香烃的苯等不容易完全燃烧,且有毒。于是后来出现了新的高辛烷值汽油调和成分——含氧化合物,如甲基叔丁醚(MTBE)和叔丁醇(TBA)等。MTBE的研究法辛烷值为117,不仅抗爆性好,且因其含氧,燃烧性能佳,可减少芳香烃的调入量,使汽油在较高辛烷值的同时,排放更加干净。它已成为提高汽油辛烷值的主要手段。

(3)汽油的安定性

汽油在正常使用条件下,保持其性质不发生永久变化的能力,称为汽油的安定性。根据其评定指标的不同可分为:化学安定性和物理安定性。

1)化学安定性

汽油的化学安定性是指汽油在存储、运输、加注或进行其他作业时,抵抗氧化生胶的能力。安定性不好的汽油易在这些过程中,受到空气中的氧、环境温度和光等的作用,而发生氧化缩合生成胶质,并使得汽油颜色变黄且有黏稠沉淀产生。对于绝大部分汽油机而言,因采用了电控燃油喷射系统,一旦胶质堵塞喷嘴,就可能因各缸供油不均,造成发动机难于平稳工作,出现抖动现象。评定汽油化学稳定性的指标是实际胶质和诱导期。

实际胶质是指在规定条件下测得的汽油蒸发残留物的正庚烷不溶部分。测定时按GB/T 8019《车用汽油和航空燃料实际胶质测定法》,使已知量的汽油在控制温度和空气流条件下蒸发,再在残留物中加入一定量正庚烷,按规定除去正庚烷溶液后剩余部分便为实际胶质,国家标准规定实际胶质不超过 5 mg/100 mL。它可以用来判断汽油在使用过程中生成胶质的倾向。

诱导期是指在规定的加速氧化条件下,油品处于稳定状态所经历的时间周期。测定时,按 GB/T 256《汽油诱导期测定法》,把试样置于密闭容器中,容器内充满压强为 68.8 kPa 的氧气,在温度为 100 ℃ 条件下,保持压力不下降所经历的时间(以分钟为单位)。国家标准规定汽油的诱导期不小于 480 min。它可以用来反映汽油在储存期间产生氧化和形成胶质的倾向。

2)物理安定性

汽油的物理安定性是指汽油在存储、运输、加注或进行其他作业时,保持不被挥发损失的性能。汽油的物理安定性主要由汽油中所含低沸点烃类多少决定。汽油中低沸点烃类多些,有助于改善发动机启动性,但这些烃类易挥发,导致损耗增加,汽油物理安定性变差。评定汽油物理安定性的指标是馏程和饱和蒸气压。

(4)汽油的腐蚀性

汽油中所含的硫、硫化物、有机酸、水溶性酸、碱等成分对汽油存储、运输、使用过程中接触的各种金属会产生直接或间接的腐蚀作用。

硫元素对金属腐蚀作用很强,在常温下元素硫就能与铜和铜合金发生化学反应,生成硫化铜,堆积在铜或铜合金表面,逐渐形成黑色的硫化铜。由于硫化铜层不坚固,容易破裂脱落,使得零件损坏。在较高温度时,元素硫会与铁发生化学反应生成硫化铁,同样造成零件损坏。如果温度超过 150 ℃,硫元素还能与烷烃和环烷烃发生反应,生成具有强烈腐蚀性的硫化氢。

硫化物则包括硫化氢、硫醇、二氧化硫、三氧化硫、硫醚、二硫化物等。硫化氢能直接对金属产生强烈腐蚀作用;硫醇除了腐蚀金属还促进胶质生成;二氧化硫和三氧化硫如果遇到水,就会生成腐蚀性更强的亚硫酸和硫酸;硫醚和二氧化物虽不能直接腐蚀金属,但它们在高温燃烧后都会生成二氧化硫和三氧化硫。

汽油的腐蚀性评定指标主要有:硫含量、水溶性酸或碱、铜片腐蚀试验、博士试验等。

(5)汽油的清洁性

汽油的清洁性是指汽油中是否含有机械杂质和水。

机械杂质不仅会堵塞汽油电喷系统的喷嘴或化油器的量孔、喷嘴,如果进入燃烧室后还会使得燃烧室沉积物增加,加速缸壁和活塞环的磨损。

汽油中的水分则会加速汽油的氧化,并与汽油中的低分子有机酸生成酸性水溶液而腐蚀金属零件,同时其在低温状态易结冰成为冰粒而堵塞油路。

因此车用汽油中应严格控制机械杂质和水分的混入。

汽油清洁性的评价指标是机械杂质和水分,分别按照 GB/T 511《石油产品和添加剂机械杂质测定法(重量法)》和 GB/T 260《石油产品水分测定法》进行。

汽油清洁性简单的检查方法是将 100 mL 汽油注入玻璃量筒中沉淀 12~18 h,然后观察量筒,若透明、清洁,无机械杂质和水分沉淀即为合格。

1.1.2 车用汽油的牌号和规格

汽油的规格亦即汽油的质量标准。各国根据各自的实际情况制定了不同的汽油质量标准,且随着汽车技术的进步及节能、环保的要求而不断发展提高,逐渐趋于全球统一化。我国国家质量技术监督部门已制定车用无铅汽油的国家标准——GB 17930—1999《车用无铅汽油标准》,并于 2003 年 1 月 1 日起在全国范围实施。按照此标准,车用汽油分 3 个牌号,即 90 号、93 号和 95 号。其质量标准如表 1-1 所示。此外,市场上常见的 97 号车用无铅汽油执行标准见表 1-2。

表 1-1 GB 17930—1999 车用无铅汽油质量标准

项　目		质量指标			试验方法
		90 号	93 号	95 号	
抗爆性					
研究法辛烷值(RON)	≥	90	93	95	GB/T 5487
抗爆指数[(RON + MON)]/2	≥	85	83	90	GB/T 503
铅含量①/(g·L⁻¹)	≤	0.005			GB/T 8020
馏程					GB/T 6536
10% 馏出温度/℃	≤	70			
50% 馏出温度/℃	≤	120			
90% 馏出温度/℃	≤	190			
终馏点/℃	≤	205			
残留量(体积分数)/%	≤	2.0			
饱和蒸气压/kPa					GB/T 8017
从 9 月 16 日至次年 3 月 15 日	≤	88			
从 3 月 16 日至 9 月 15 日	≤	74			
实际胶质②/(10 mg·L⁻¹)	≤	5			GB/T 8019
诱导期③/min	≥	480			GB/T 8018
硫含量④/%	≤	0.10			GB/T 380
硫醇(满足下列要求之一)					
博士试验		通过			SH/T 0174
硫醇硫含量(质量分数)/%	≤	0.001			GB/T 1792
铜片腐蚀(50 ℃,3 h)/级	≤	1			GB/T 5096
水溶液或碱		无			GB/T 259
机械杂质及水分		无			目测⑤
苯含量(体积分数)/%	≤	2.5			本标准附录 A
芳烃含量(体积分数)/%	≤	40			GB/T 11132
烯烃含量(体积分数)/%	≤	35			GB/T 11132

①本标准规定了铅含量最大限值,但不允许故意加铅。为了便于与加铅汽油区分,车用无铅汽油不添加着色染料。
②实际胶质允许用 GB/T 509 方法测定,仲裁试验以 GB/T 8019 方法测定结果为准。
③诱导期允许用 GB/T 256 方法测定,仲裁试验以 GB/T 8018 方法测定结果为准。
④硫含量允许用 GB/T 17040 方法测定,仲裁试验以 GB/T 380 方法测定结果为准。
⑤将试样注入 100 mL 玻璃量筒中观察,应当透明,没有悬浮和沉降的机械杂质及水分。在有异议时,以 GB/T 511 和 GB/T 260 方法测定结果为准。
注:1)如加有机含氧量不得大于 2.7%(质量分数),试验方法采用 SH/T 0663;
　　2)锰含量,其检出限量为不大于 0.018 g/L,试验方法采用附录 B;
　　3)铁不得人为加入,考虑到在炼油过程和运输、储存产品时铁的污染,其检出限量为不大于 0.01 g/L,试验方法采用附录 C。

表 1-2 97 号车用无铅汽油质量标准(执行标准:SH—004193)

项 目		质量指标	试验方法
		97 号	
抗爆性			
研究法辛烷值(RON)	≥	97	GB/T 5487
抗爆指数[(RON + MON)]/2	≥	91	GB/T 503
铅含量①/(g·L⁻¹)	≤	0.013	GB/T 8020
馏程			GB/T 6536
10% 馏出温度/℃	≤	70	
50% 馏出温度/℃	≤	120	
90% 馏出温度/℃	≤	190	
终馏点/℃	≤	205	
残留量(体积分数)/%	≤	2.0	
饱和蒸气压/kPa			GB/T 8017
从 9 月 16 至次年 3 月 15 日	≤	88	
从 3 月 16 至 9 月 15 日	≤	74	
实际胶质②/(10 mg·L⁻¹)	≤	5	GB/T 8019
诱导期③/min	≥	480	GB/T 8018
硫含量/%	≤	0.10	GB/T 380
硫醇(满足下列要求之一)			
博士试验		通过	SH/T 0174
硫醇硫含量(质量分数)/%	≤	0.001	GB/T 1792
铜片腐蚀(50 ℃,3 h)/级	≤	1	GB/T 5096
水溶液或碱		无	GB/T 259
机械杂质及水分		无	目测④
外观⑤		绿色	本标准附录 A
密度(20 ℃)/(kg·m⁻³)		报告	GB/T 1884 和 GB/T 1885

①本标准规定了铅含量最大限值,但不允许故意加铅。
②实际胶质允许用 GB/T 509 方法测定,仲裁试验以 GB/T 8019 方法测定结果为准。
③诱导期允许用 GB/T 256 方法测定,仲裁试验以 GB/T 8018 方法测定结果为准。
④将试样注入 100 mL 玻璃量筒中观察,应当透明,没有悬浮和沉降的机械杂质及水分。有异议时,以 GB/T 511
 和 GB/T 260 方法测定结果为准。
⑤为使与其他的无铅汽油相区别,本品添加了着色剂,使其带有独特的绿色。

1.1.3 车用汽油的选择与使用

正确选用汽油牌号不仅可以使得发动机获得更好的动力性、经济性,还能满足更严格的尾气排放法规要求。不同牌号的选择主要根据具体车型使用说明书的要求,以发动机在正常工作时不发生爆燃为主要考虑因素。

传统的观点认为:发动机压缩比越高,所选汽油牌号就越高。但是这种依据压缩比选用汽油牌号的关系越来越模糊。因为当今汽车发动机电控技术日趋完善,微机控制的电子点火系统可根据燃油品质及发动机运行工况自动调节点火提前角,使发动机的点火提前角总位于最佳值,消除了爆震。表1-3是各车型生产厂家推荐使用的汽油标号。

表1-3 一些汽油轿车用油标号推荐表

品 牌	车 型	排量/L	发动机压缩比	推荐汽油标号
一汽大众	速腾	1.6	10.5	93 号
一汽丰田	卡罗拉	1.6	10.2	93 号
通用雪佛兰	科鲁兹	1.6	10.5	93 号
长安福特	福克斯	1.8	10.8	93 号
通用别克	凯越(04 款)	1.6	9.5	93 号
北京现代	悦动	1.6	10	93 号
奇瑞汽车	奇瑞 A3	1.6	10.5	93 号
上海大众	POLO 劲情	1.4	10.5	93 号
广州本田	锋范	1.5	10.4	93 号
广州本田	飞度(04 款)	1.3	10.4	93 号
东风日产	骊威	1.6	9.8	93 号
通用雪佛兰	乐风	1.4	10.2	93 号
长安福特	新嘉年华	1.3	10	93 号
长安汽车	悦翔	1.5	10	93 号
广州本田	雅阁(08 款)	2.4	10.5	93 号
一汽奥迪	奥迪 A4L(09 款 TFSI 技术)	2.0	10.3	97 号
一汽奥迪	奥迪 A6L(08 款 FSI 技术)	3.2	12.5	97 号
华晨宝马	宝马 3 系 320i(09 款)	2.0	12	97 号
华晨宝马	宝马 5 系 525Li(09 款)	2.5	11	97 号

汽油的品质直接影响发动机的动力性、经济性、环保性和使用寿命。因此最好能按照厂家推荐牌号添加合适的汽油。除此之外,在使用过程中还应注意以下一些事项:

①尽量保持油箱充满状态,减少油箱中空气含量,以减少胶质生成和挥发损失;

②保持油箱盖通气阀工作良好,按要求定期清洁油箱,定期更换汽油滤清器;

③为防止喷油嘴被胶质堵塞,长期存放后已变质的汽油不能使用。

1.2　车用柴油

1.2.1　车用柴油的性能指标

与汽油一样,柴油也是从石油中提炼出来的,由碳、氢元素组成的烃类化合物。柴油又可分为轻柴油和重柴油。轻柴油主要用于高速柴油机,重柴油则较多被中、低速柴油机使用。汽车上装配的柴油机属于高速柴油机,所以车用柴油指的是轻柴油(可简称柴油)。与汽油相比,车用柴油的挥发性差,黏度大,自燃点低,为240~400 ℃。

为满足车用柴油机正常工作,车用柴油必须符合的基本要求有:具有良好流动性,保证各工况下燃油均能流畅供给;容易喷射、雾化,形成较均匀混合气;混合气燃烧平稳,保证柴油机工作柔和;不易结胶堵塞喷油器,燃烧室内无积炭;不腐蚀柴油机零件,不含机械杂质和水分;对环境污染少。这些要求靠以下一系列指标来保证。

(1)柴油的燃烧性

柴油的燃烧性主要是抗粗暴的能力。从柴油喷入燃烧室到燃烧明显开始的时间间隔称为着火延迟期。若柴油的燃烧性能差,着火延迟期变长,在燃烧室内积聚并完成燃烧准备的柴油就多,容易造成大量柴油同时燃烧,使汽缸压力急剧升高,产生强烈震击现象并发出异响,发动机工作粗暴。与汽油机爆震类似,柴油机工作粗暴,会使曲轴连杆机构承受过大冲击力,产生强烈金属敲击声,加剧零件磨损,并使其启动困难,动力性和燃油经济性下降。

燃烧性良好的柴油,自燃点低,在着火延迟期燃烧室的局部容易形成高密集度的过氧化物,成为着火中心,故着火延迟期短,整个燃烧过程发热均匀,气体压力升高平缓,柴油机工作柔和。

柴油燃烧性的评价指标是十六烷值。与汽油辛烷值测定类似,它是在规定条件下的标准发动机试验中通过和标准燃料进行比较来测定。通过比较试验,找到与被测定燃料具有相同着火延迟期的标准燃料,标准燃料中正十六烷的体积分数百分数即为被试燃料的十六烷值。该测定方法按照 GB/T 386—91《柴油着火性质测定法(十六烷值法)》的规定进行。

柴油机的转速越高,燃烧速度越快,对十六烷值要求越高,一般转速低于1 000 r/min 的柴油机使用十六烷值35~40的柴油即可,转速位于1 000~1 500 r/min 的柴油机使用十六烷值40~45的柴油,转速高于1 500 r/min 的柴油机则应使用十六烷值45~60的柴油。十六烷值越高,柴油燃烧性越好,柴油机工作平稳柔和,但若过高,会影响柴油低温流动性、雾化效果,反而导致燃烧不完全,发动机动力性、燃油经济性下降。国家标准规定,轻柴油的十六烷值不小于45。

从烃类结构分析,正构烷烃的十六烷值最高,环烷烃和烯烃居中,芳香烃最低。因此,通常采用添加烷基硝酸酯、丙酮过氧化物等添加剂的方法来提高柴油的十六烷值。这种方法对提高十六烷值不仅效果明显,而且不改变凝点。

(2)柴油的雾化和蒸发性

为了保证柴油机具有良好的动力性和经济性,燃烧过程必须在活塞位于压缩行程上止点附近完成,混合气形成时间只有汽油机的1/30~1/20。在既定的燃烧室和喷油设备条件下,柴油的雾化和蒸发性决定了混合气形成的速度和质量。如果柴油的雾化和蒸发性差则可能导致一些不良后果:

①未蒸发的柴油在高温、高压条件下析出炭粒,冒黑烟污染环境;

②未燃烧完全的柴油混入润滑油中,破坏油膜,加剧磨损;

③容易出现后燃现象,使发动机过热。

因此要求柴油必须具有良好的雾化和蒸发性能。

柴油雾化和蒸发性的评定指标主要有:运动黏度、馏程、闪点和密度。

1)运动黏度

液体受外力作用时,液体分子间所呈现的内部摩擦力称为黏度。运动黏度则是表示液体在重力作用下流动时内摩擦力的量度。

运动黏度不仅影响着柴油的流动性,更影响到柴油的雾化质量。如果柴油运动黏度过大,分子间相互作用力大,干扰油柱分散雾化,造成进入燃烧室的油滴直径大,喷射圆锥角小,使得混合气形成不良,燃烧不完全,燃油经济性变差。但若黏度过小,则易造成喷射的油柱过早雾化,射击程短,混合气在喷油口附近进行燃烧,不能充分利用燃烧室内全部空气,燃烧不完全,动力性变差。所以每种牌号的柴油,其运动黏度都是被规定在某一范围之内的。

运动黏度的测定按照 GB/T 265—88《石油产品运动黏度测定法》的规定进行。

2)馏程

柴油馏程的测定方法与汽油类似,不同的是柴油馏程测定项目有 50% 馏出温度、90% 馏出温度和 95% 馏出温度。

50% 馏出温度越低,表示柴油中的轻质馏分越多,其蒸发速度越快,使柴油机启动越容易。但若轻质馏分含量过多,则会使喷入燃烧室的柴油过快蒸发,导致柴油在喷油口附近就迅速燃烧,造成工作压力剧增,柴油机工作粗暴。

90% 和 95% 馏出温度越低,表示柴油中重质馏分含量少,混合气能更充分燃烧,不仅减少机械磨损,避免发动机过热,而且提高了柴油机的动力性和燃油经济性。

柴油馏程的测定按照 GB/T 6536—1997《石油产品蒸馏测定法》的规定进行。

3)闪点

闪点分为开口闪点和闭口闪点,发动机润滑油、车辆齿轮油等采用开口闪点,柴油则采用闭口闪点。

柴油用闭口杯在 GB/T 261—2008《石油产品闪点测定法(闭口杯法)》的规定条件下加热到它的蒸气与空气的混合气接触火焰引起闪火时的最低温度,称之为闭口闪点,即柴油的闪点。

柴油的闪点既是柴油雾化和蒸发性的评定指标,也是柴油安全性的评定指标。闪点低说明柴油中轻质馏分多,蒸发性能好。但若闪点过低,则说明轻质馏分过多,易造成燃烧速度过快,柴油机工作粗暴,且影响使用安全。

柴油的馏程指标只规定 50% 馏出温度不高于 300 ℃,以保证柴油具有良好蒸发性,但没有规定它不能低于什么值。因此,为了控制柴油的蒸发性不过强,GB 252—2000《轻柴油质量指标》规定了各牌号柴油的闪点应不低于某一数值。因此,采用馏程和闭口闪点两个指标相互配合,就可控制柴油轻质馏分含量位于合适范围。

4)密度

柴油的密度越大,其黏度也越大,使雾化质量变差,影响混合气的形成,造成燃烧条件变坏,柴油机冒黑烟,降低燃油经济性。同时柴油密度大也表明其中芳香烃含量高,容易导致柴油发动机工作粗暴。

柴油密度的测定按照 GB/T 1884—2000《原油和液体石油产品密度实验室测定法（密度计法）》的规定进行。

（3）柴油的低温流动性

柴油的低温流动性是反映柴油在低温条件下具有一定流动状态的性能，它直接影响柴油能否可靠地供给汽缸，发动机能否正常工作。

柴油低温流动性的评定指标有：凝点、浊点和冷凝点。

1）凝点

石油产品随着温度的降低会失去流动性。这是因为溶在其中的石蜡在温度低于某值时会发生结晶作用，形成所谓的石蜡结晶网络，并逐步延伸到全部油中，使得油品最终失去流动性。柴油在试验条件下，冷却到液面不能流动的最高温度，叫做凝点。

柴油凝点的测定按照 GB/T 510—83《石油产品凝点测定法》的规定进行。

2）浊点

浊点指的是柴油中开始析出石蜡晶体，柴油失去透明时的最高温度。虽然柴油在达到浊点后并未失去流动性，但容易造成燃油供给系统的堵塞。

柴油浊点的测定按照 GB/T 6986—86《石油浊点测定法》的规定进行。

3）冷凝点

柴油冷凝点是指在规定的冷却条件下，使用 1.96 kPa 的压力对柴油进行抽吸试验，然后测定 1 min 内通过过滤器的柴油不超过 20 mL 的最高温度。因为冷凝点的测定条件是模拟发动机工作情况确定的，比较接近实际使用条件，能比较真实反映柴油实际使用的最低温度，通常作为根据气温选择柴油牌号的依据。

柴油冷凝点的测定按照 SH/T 0248—92《馏分燃料冷凝点测定法》的规定进行。

（4）柴油的安定性

柴油的安定性包括储存安定性和热安定性。储存安定性是指柴油在运输、储存过程中保持颜色、组成和使用性能不变的能力；热安定性则指柴油在发动机高温工作环境中，由于溶解氧的作用，发生变质的倾向。

储存安定性差的柴油在运输、储存过程中颜色逐渐变深，实际胶质增多。使用储存安定性差的柴油，容易导致滤清器堵塞、喷油孔黏结，活塞组表面形成漆膜或积炭。同样，热安定性差的柴油在高温环境下易氧化生成胶质，造成喷油器针阀黏滞，也容易导致燃烧室内部生成积炭。

柴油安定性的评定指标包括：氧化安定性、色度、10% 蒸余物残炭、碘值、实际胶质等。

（5）柴油的腐蚀性

柴油中含有的硫及硫化物、水分和酸性物质等成分，不仅会直接对零件产生腐蚀作用，而且会促进柴油发动机内部沉积物的生成。所以要求柴油腐蚀性应当尽可能低。

柴油腐蚀性的评定指标与汽油的类似，包括：硫含量、硫醇硫含量、酸度、铜片腐蚀试验、水溶性酸或碱等。

1.2.2　车用柴油的牌号和规格

我国目前轻柴油执行的质量标准是 GB 252—2000《轻柴油》，车用柴油推荐执行标准是 GB/T 19147—2003《车用柴油》。

从 2002 年 1 月 1 日起实施的 GB 252—2000《轻柴油》是强制性国家标准。该标准按照凝点将我国轻柴油分为 10 号,5 号,0 号,−10 号,−20 号,−35 号和 −50 号 7 种牌号,具体质量指标见表 1-4。

表 1-4　GB 252—2000 轻柴油质量标准

项　目		质量指标							试验方法
		10 号	5 号	0 号	−10 号	−20 号	−35 号	−50 号	
色度	≤	3.5							GB/T 6540
氧化安定性: 　总不溶物①/[mg·(100 mL)⁻¹]	≤	2.5							SH/T 0175
硫含量②(质量分数)/%	≤	0.2							GB/T 380
酸度/[mgKOH·(100 mL)⁻¹]		7							GB/T 258
10% 蒸余物残炭③(质量分数)/%		0.3							GB/T 268
灰分(质量分数)/%	≤	0.01							GB/T 508
铜片腐蚀(50 ℃,3 h)	≤	1							GB/T 5096
水分④(体积分数)/%		痕迹							GB/T 260
机械杂质④		无							GB/T 511
运动黏度(20 ℃)/(mm⁻²·s⁻¹)		3.0 ~ 8.0				2.5 ~ 8.0	1.8 ~ 7.0		GB/T 265
凝点/℃	≤	10	5	0	−10	−20	−35	−50	GB/T 510
冷凝点/℃	≤	12	8	4	−5	−14	−29	−44	SH/T 0248
闪点(闭口)/℃	≥	55					45		GB/T 261
十六烷值	≥	45⑤							GB/T 386
馏程 　50% 馏出温度/℃ 　90% 馏出温度/℃ 　95% 馏出温度/℃	≤ ≤ ≤	300 355 365							GB/T 6536
密度(20 ℃)/(kg·m⁻³)		实例							GB/T 1884 GB/T 1885

①为出厂保证项目,每月应检测一次。在原油性质变化、加工工艺条件改变、调和比例变化及检修开工后等情况下应及时检测。

②可用 GB/T 11131,GB/T 11140,GB/T 17040 方法测定。结果有争议时,以 GB/T 380 方法为准。

③可用 GB/T 17144《石油产品残炭测定法(微量法)》方法测定。若柴油中含有硝酸酯型十六烷值改进剂及其他性能添加剂时,10% 蒸余物残炭的测定,必须用不加硝酸酯及其他性能添加剂的基础燃料进行。结果有争议时,以 GB/T 265《石油产品残炭测定法(康氏法)》方法为准。

④可用目测法,即将试样注入 100 mL 玻璃筒中,在室温(20 ± 5 ℃)下观察,应当透明、没有悬浮和沉降的水分及机械杂质。如果有争议时,按 GB/T 260《石油产品水分测定法》或 GB/T 511《石油产品和添加剂机械杂质测定法(称量法)》测定。

⑤由中间基或环烷基原油生产的各号轻柴油十六烷值允许不小于 40。可用 GB/T 11139 或 SH/T 0694 方法计算。结果有争议时,以 GB/T 386 方法为准。

　为了满足汽车尾气排放标准的要求,国家将车用柴油从轻柴油中分离出来,专门制定了推荐性国家标准 GB/T 19147—2003《车用柴油》,并于 2003 年 10 月 1 日起实施。该标准比一般轻柴油的质量标准更高,能够与欧洲Ⅱ号排放标准对柴油质量标准的要求接轨。

车用柴油质量标准的公布和实施,不仅有效降低柴油车尾气对地球大气环境的污染,而且有效促进了柴油机生产企业产品的更新换代。

同样,GB/T 19147—2003《车用柴油》质量标准按照凝点将我国车用柴油分为 10 号、5 号、0 号、−10 号、−20 号、−35 号和 −50 号 7 种牌号,具体质量指标见表 1-5。

表 1-5　GB/T 19147—2003《车用柴油》质量标准

项　目	质量指标							试验方法
	10 号	5 号	0 号	−10 号	−20 号	−35 号	−50 号	
氧化安定性: 　总不溶物①/[mg·(100 mL)$^{-1}$]　≤	2.5							SH/T 0175
硫含量②(质量分数)/%　≤	0.05							GB/T 380
10% 蒸余物残炭③(质量分数)/%　≤	0.3							GB/T 268
灰分(质量分数)/%　≤	0.01							GB/T 508
铜片腐蚀(50 ℃,3 h)　≤	1							GB/T 5096
水分④(体积分数)/%	痕迹							GB/T 260
机械杂质④	无							GB/T 511
润滑性: 　磨痕直径⑤(60 ℃)/μm　≤	460							ISO 12156—1
运动黏度(20 ℃)/(mm^{-2}·s^{-1})	3.0 ~ 8.0				2.5 ~ 8.0	1.8 ~ 7.0		GB/T 265
凝点/℃　≤	10	5	0	−10	−20	−35	−50	GB/T 510
冷凝点/℃　≤	12	8	4	−5	−14	−29	−44	SH/T 0248
闪点(闭口)/℃　≥	55				50	45		GB/T 261
着火性(满足下列要求之一): 　十六烷值　≥ 　十六烷指数　≥	 49 46				 46 46	 45 43		GB/T 386 GB/T 11139 SH/T 0694
馏程: 　50% 馏出温度/℃　≤ 　90% 馏出温度/℃　≤ 　95% 馏出温度/℃　≤	 300 355 365							GB/T 6536
密度(20 ℃)/(kg·m^{-3})	820 ~ 860					800 ~ 840		GB/T 1884 GB/T 1885

①为出厂保证项目,每月应检测一次。在原油性质变化、加工工艺条件改变、调和比例变化及检修开工后等情况下应及时检测。对特殊要求用户,按双方合同要求进行检验。

②可用 GB/T 11131,GB/T 11140,GB/T 17040,GB/T 12700,GB/T 17040 和 SH/T 0689 方法测定。结果有争议时,以 GB/T 380 方法为准。

③可用 GB/T 17144《石油产品残炭测定法(微量法)》方法测定。结果有争议时,以 GB/T 265《石油产品残炭测定法(康氏法)》方法为准。若柴油中含有硝酸酯型十六烷值改进剂及其他性能添加剂时,10% 蒸余物残炭的测定,必须用不加硝酸酯及其他性能添加剂的基础燃料进行。柴油中是否含有硝酸酯型十六烷值改进剂可用本标准附录 A 中的方法检验。

④可用目测法,即将试样注入 100 mL 玻璃筒中,在室温(20 ± 5 ℃)下观察,应当透明、没有悬浮和沉降的水分及机械杂质。如果有争议时,按 GB/T 260《石油产品水分测定法》或 GB/T 511《石油产品和添加剂机械杂质测定法(称量法)》测定。

⑤为出厂保证项目,对特殊要求用户,按双方合同要求进行检验。

1.2.3 车用柴油的选择与使用

(1) 车用柴油选用原则

车用柴油选用的主要考虑因素是环境温度,同时遵循以下几个原则。

1) 根据柴油使用地区风险率10%的最低气温选用柴油的牌号

也就是说风险率10%的最低气温应高于柴油的冷凝点。一般情况下,柴油的冷凝点高于凝点3~6℃,因此,风险率10%的最低气温在数值上高于其牌号3~6个数即可满足选用要求。有关各牌号柴油的适用环境,见表1-6。

表1-6 各牌号柴油的适用环境

牌 号	适用环境
10 号	适用有预热设备的柴油机
5 号	适用于风险率为10%的最低气温≥8℃的地区
0 号	适用于风险率为10%的最低气温≥4℃的地区
-10 号	适用于风险率为10%的最低气温≥-5℃的地区
-20 号	适用于风险率为10%的最低气温≥-14℃的地区
-35 号	适用于风险率为10%的最低气温≥-29℃的地区
-50 号	适用于风险率为10%的最低气温≥-44℃的地区

2) 在气温允许的情况下尽量选用高牌号柴油

柴油的牌号越低,炼制工艺越复杂,生产成本越高,同时,柴油中凝点越低的成分燃烧性越差,燃烧滞后期越长,越容易导致柴油机工作粗暴。因此,在气温允许的情况下应尽量选用高牌号的柴油。

3) 注意季节气温变化对用油的影响

我国有些地区季节气温变化明显,应该注意季节气温变化对用油的影响,及时改变使用柴油的牌号。我国部分地区风险率10%的最低气温见表1-7。风险率10%的最低气温表示该月份里的最低气温低于该值的概率为0.1。

表1-7 我国部分地区风险率为10%的最低气温/℃

地 区	1月	2月	3月	4月	5月	6月	7月	8月	9月	10月	11月	12月
河北省	-14	-12	-5	1	8	14	19	17	9	1	-6	-12
山西省	-17	-16	-8	-1	5	11	15	13	6	-2	-9	-16
内蒙古自治区	-43	-42	-35	-21	-7	-1	1	1	-8	-19	-32	-43
黑龙江省	-44	-42	-35	-20	-6	1	7	1	-6	-20	-35	-43
吉林省	-29	-27	-17	-6	1	8	14	12	2	-6	-17	-26
辽宁省	-23	-21	-12	-1	6	12	18	15	6	2	-12	-20
山东省	-12	-12	-5	2	8	14	19	18	11	4	-4	-10
江苏省	-10	-9	-3	3	11	15	20	20	12	5	2	-8

续表

地　区	1月	2月	3月	4月	5月	6月	7月	8月	9月	10月	11月	12月
安徽省	-7	-7	-1	5	12	18	20	20	14	7	0	-6
浙江省	-4	-3	1	6	13	17	22	21	15	8	2	-3
江西省	-2	-2	3	9	15	20	23	23	18	12	4	0
福建省	-1	-2	3	8	14	18	21	20	15	8	1	-3
台湾地区	3	0	2	8	10	16	19	19	13	10	1	2
广东省	1	2	7	12	18	21	23	23	20	13	7	2
广西壮族自治区	3	3	8	12	18	21	23	23	19	15	9	4
湖南省	-2	-2	3	9	14	18	22	21	16	10	4	-1
湖北省	-6	-4	0	6	12	17	21	20	14	8	1	-4
河南省	-10	-9	-2	4	10	15	20	18	11	4	-3	-8
四川省	-21	-17	-11	-7	-2	1	2	1	0	-7	-14	-19
贵州省	-6	-6	-1	3	7	9	12	11	8	4	-1	-4
云南省	-9	-8	-6	-3	1	5	7	7	5	-1	-5	-8
西藏自治区	-29	-25	-21	-15	-9	-3	-1	0	-6	-14	-22	-29
新疆维吾尔自治区	-40	-38	-28	-12	-5	-2	0	-2	-6	-14	-25	-34
青海省	-33	-30	-25	-18	-10	-6	-3	-4	-6	-16	-28	-33
甘肃省	-23	-23	-16	-9	-1	3	5	5	0	-8	-16	-22
陕西省	-17	-15	-6	-1	5	10	15	12	6	-1	-9	-15
宁夏回族自治区	-21	-20	-10	-4	2	6	9	8	3	-4	-12	-1

(2)车用柴油使用注意事项

车用柴油在使用过程中还应注意以下几个事项:

1)不同牌号柴油可以掺兑使用,以将柴油凝点调整到合适的位置;

2)不能在柴油中混入汽油,因为汽油的压燃性能差,可能会导致启动困难,甚至不能启动;

3)柴油机低温启动时可以采取预热措施,也可以使用低温启动液,以提高柴油低温启动性;

4)柴油加入油箱前,最好能经过沉淀和过滤,以尽可能去除杂质。

1.3　车用新能源

汽车是石油产品的主要消耗者,因为当今汽车的燃料大部分都是石油产品。但是,根据目前探明石油储量测算,石油资源在继续开采几十年后将面临枯竭的困境。而且,随着汽车保有量的急剧增加,对环境造成的污染日益严重。因此,从长远观点来看,必须寻找更环保的新能源,才能带领汽车走出能源和环保问题引发的困局。

车用新能源的选择标准包括:热值高,能量密度大;安全、无毒,污染低;价格便宜,来源广,制取容易;携带、储存和使用安全方便等。

目前已开始小规模使用或正在开发的车用新能源包括醇类燃料、天然气、液化石油气、电能、氢能、太阳能和合成燃料等。

1.3.1 醇类燃料

车用醇类燃料包括:甲醇和乙醇。使用甲醇或乙醇作为汽车燃料的技术发展比较成熟,已有几十个国家和地区使用该技术,尤其在盛产甘蔗的巴西,有 20% 以上的汽车采用乙醇作燃料。

甲醇是一种无色易挥发液体,能与水按任意比例互溶,有毒,人类服用后可导致失明,其自燃点为 464 ℃,热值比汽油低,但辛烷值较高。由于其性能与汽油相似,在无需对发动机进行改造的前提下,可以使用 15% ~ 30% 的甲醇与汽油混合燃烧,是一种较为理想的燃料。如果单独使用甲醇作为燃料,需要对发动机稍作改进,采用提高压缩比的方法来提升发动机性能。

乙醇,俗称酒精,很容易挥发燃烧,其自燃点为 423 ℃,热值比汽油低,但辛烷值较高。我国车用乙醇汽油按照研究法辛烷值(RON)划分为 90 号,93 号,95 号和 97 号,其一些具体技术标准见表 1-8。

表 1-8 GB 18351—2004《车用乙醇汽油》技术标准

项 目		质量指标				试验方法
		90 号	93 号	95 号	97 号	
抗爆性						
研究法辛烷值(RON)	≥	90	93	95	97	GB/T 5487
抗爆指数[(RON + MON)]/2	≥	85	83	90	报告	GB/T 503
铅含量[①]/(g·L^{-1})	≤	0.005				GB/T 8020
馏程						GB/T 6536
10% 馏出温度/℃	≤	70				
50% 馏出温度/℃	≤	120				
90% 馏出温度/℃	≤	190				
终馏点/℃	≤	205				
残留量(体积分数)/%	≤	2.0				
饱和蒸气压/kPa						GB/T 8017
从 9 月 16 至次年 3 月 15 日	≤	88				
从 3 月 16 至 9 月 15 日	≤	74				
实际胶质/(mg/100 mL)	≤	5				GB/T 8019
诱导期[②]/min	≥	480				GB/T 8018

续表

项　目	质量指标				试验方法
	90 号	93 号	95 号	97 号	
硫含量[③]/%　　　　　　　　　≤	0.05				GB/T 380 GB/T 1114 GB/T 17040 SH/T 0253 SH/T 0689 SH/T 0742
硫醇(满足下列要求之一) 　博士试验 　硫醇硫含量(质量分数)/%　　≤	通过 0.001				SH/T 0174 GB/T 1792
铜片腐蚀(50 ℃,3 h)/级　　　≤	1				GB/T 5096
水溶液或碱	无				GB/T 259
机械杂质[④]	无				目测
水分(质量分数)/%　　　　　≤	0.20				SH/T 0246
乙醇含量(体积分数)/%	10.0±2.0				SH/T 0246
其他含氧化合物[⑤](质量分数)/%　≤	0.1				SH/T 0663
苯含量[⑥](体积分数)/%　　　≤	2.5				SH/T 0693 SH/T 0713
芳烃含量[⑦](体积分数)/%　　≤	40				GB/T 11132 SH/T 0741
烯烃含量[⑦](体积分数)/%　　≤	35				GB/T 11132 SH/T 0741
锰含量[⑧]/(g·L^{-1})　　　　≤	0.018				SH/T 0711
铁含量[⑨]/(g·L^{-1})　　　　≤	0.010				SH/T 0712

①本标准规定了铅含量最大限值,但不允许故意加铅。

②诱导期允许用 GB/T 256 方法测定,仲裁试验以 GB/T 8018 方法测定结果为准。

③硫含量允许用 GB/T 11140,GB/T 17040,SH/T 0253,SH/T 0689,SH/T 0742 方法测定,仲裁试验以 GB/T 380 方法测定结果为准。

④将试样注入 100 mL,玻璃量筒中观察,应当透明,没有悬浮和沉降的机械杂质及水分。在有异议时,以 GB/T 511 方法测定结果为准。

⑤不得人为加入甲醇。

⑥苯含量允许采用 SH/T 0713 测定,仲裁试验以 SH/T 0693 方法测定结果为准。

⑦芳烃和烯烃含量允许采用 SH/T 0741 测定,仲裁试验以 GB/T 11132 方法测定结果为准。

⑧锰含量是指汽油中以甲基环戊二烯三羰基锰(MMT)形式存在的总锰含量。含锰汽油在储存、运输和取样时应避光。

⑨铁不得人为加入。

　　与汽油相比,醇类燃料的特点是:制取原料丰富,价格便宜,甲醇和乙醇均可以直接由植物发酵获得;辛烷值高,抗爆性能好,可以采用更高压缩比提高效率;单位质量的醇类燃料热值较低,但其最终形成的混合气可与汽油混合气的热值媲美;可燃界限宽,燃烧速度快,容易实现稀薄燃烧以降低排放污染;气化潜热大,易降低进气管温度,从而导致混合气雾化不良,发动机启动困难;易吸水,且腐蚀性较强。

1.3.2 天然气

大多数天然气中,主要成分甲烷占其体积分数的90%以上,其余则由乙烷、丙烷、丁烷等物质组成。按照其存在形式可划分压缩天然气(CNG)和液化天然气(LNG)两种,目前广泛用于汽车的是压缩天然气。我国已经制定 GB 184017—2000《车用压缩天然气》技术标准,其主要的技术指标如表1-9所示。

表 1-9 压缩天然气的技术指标

项　　目		技术指标
高位发热量/$(MJ \cdot m^{-3})$	>	31.4
总硫(以硫计)/$(mg \cdot m^{-3})$	≤	200
硫化氢/$(mg \cdot m^{-3})$	≤	15
二氧化碳(CO_2)/%	≤	3.0
氧气(O_2)/%	≤	0.5
水露点/℃		在汽车驾驶的温度地理区域内,在高操作压力下,水露点不用高于 -13 ℃;当最低温度低于 -8 ℃,水露点应比最低气温低5 ℃

注:本标准中气体体积的标准参比条件是101.325 kPa,20 ℃。

与汽油相比,天然气的特点是:热值高;抗爆性能好,其主要成分甲烷的研究法辛烷值高达130,便于采用更高压缩比提高效率;着火界限宽,容易实现稀薄燃烧以降低排放污染;着火温度高,火焰传播速度慢,需要较高点火能量。

从技术层面看,将天然气发展为汽车燃料,主要受限于以下几个方面:

1)燃料加注便利性差

天然气在常态的自然环境中呈气态,因此充加天然气远比充加液体燃料复杂,需要技术含量极高的加气站设备。

2)安全性有待提高

由于汽车行驶环境比较复杂,因此保证在各种苛刻环境中储存气体燃料的气瓶都能拥有较高安全性始终是不可忽视的难题。

3)汽车技术有待提高

气体燃料的性质决定相应发动机在混合气生成、燃烧方式、燃烧室结构、点火系统等方面需要进一步研发改进。

我国天然气汽车技术起步于20世纪50年代,但后来在石油产量暴增、压缩天然气关键技术问题受制约的背景下,我国天然气汽车技术发展几乎停滞。随着最近这些年我国经济的迅猛发展,能源紧张问题再次凸现,并且人们对环境保护的呼声日益高涨,同时考虑到我国具有较丰富的天然气资源,政府再次出面牵头,引领我国天然气汽车技术快速发展。

1.3.3 液化石油气

液化石油气(LPG)来源于石油开采过程中的石油气和炼油厂加工过程中的炼油气,这些油气在常温条件下经加压呈液态,可用高压罐储存。它是由以三个或四个碳原子的烃类,如丙烷、丙烯、丁烷、丁烯为主的一种混合物。

与汽油相比,液化石油气的特点是:热值高;抗爆性能好,研究法辛烷值超过100,便于采用更高压缩比提高效率;更容易形成均匀混合气,燃烧也较安全,排放污染较低。

液化石油气在汽车上的使用形式与天然气类似,因此它们存在几乎相同的技术问题,如加气站技术问题、气瓶技术问题、发动机结构与控制技术问题等。

液化石油气在几种车用新能源中发展最快,欧美已有大量汽车使用液化石油气作燃料。迫于能源和环保压力,我国也加快了LPG技术的研发和推广速度,截至目前,广州绝大部分公交车和出租车均已采用该技术。

1.3.4 氢燃料

氢能的利用主要有两种形式:第一种是通过燃料电池转化装置,将氢能转化为电能,然后再由电机驱动汽车;第二种则是通过热机作用,将其化学能转变为机械能。第一种利用形式通常将其归入利用电能的范畴,而第二种利用形式将氢能原料称为氢燃料,亦即氢气。氢燃料可以从水中通过裂解制取,或来源于各种工业副产品,是一种很有前途的能源。与其他能源相比,它具有以下几个特点:热值高,热效率高;辛烷值高,发动机工作效率高;燃烧后不产生有害气体;制取氢气成本高;气态氢能量密度小,储运不方便,而液态氢技术难度高,成本高。

若想使得氢燃料动力汽车能推广使用,必须解决的问题包括:降低氢气制取成本;建立完善的氢气加注网络;改进氢气携带形态,保证安全高效。目前,氢气动力汽车尚处于研究探索阶段,比较成功的产品仅有宝马7系的氢动力汽车等极少数车型。

随着能源紧缺,环境污染问题日趋严重以及科学技术的不断进步,氢燃料动力汽车前景非常光明,是未来汽车能源技术发展重要方向之一。

1.3.5 电能

电能是二次能源,它可以采用绝大多数的一次能源(如矿物燃料、水能、风能、核能、沼气能、太阳能等)生产。纯粹以电能驱动的汽车称为电动汽车,它是目前世界各国致力开发,最具发展前景的汽车。

与传统的汽车燃料相比,电能的特点是:几乎无直接污染,噪声小;电源来源方式多,较易获取;结构简单,操控方便;比能低,续航里程短,动力性能较差。

受电能储存装置技术的限制,电动汽车尚未实现大批量的生产,但是作为过渡产品的混合动力(采用电机和内燃机双动力驱动)汽车技术已经日趋成熟,并有多款量产车型热销全球。相信不久的将来,随着各方面技术的不断完善,电动汽车必将成为汽车市场主流产品。

复习思考题

1. 简述石油的主要化学组成。
2. 车用汽油要求具有哪些使用性能？
3. 什么是辛烷值、马达法辛烷值、研究法辛烷值、抗爆指数？
4. 什么叫汽油挥发性？其评定指标有哪些？
5. 我国汽油牌号是如何划分的？现有哪几种牌号？
6. 如何选用车用汽油？使用时应注意哪些事项？
7. 车用柴油要求具有哪些使用性能？
8. 什么是车用柴油的十六烷值、凝点、冷凝点、闪点？
9. 我国现阶段轻柴油的牌号划分依据是什么？如何正确选用？
10. 简述当前汽车主要代用燃料的品种和性能特点。

第 **2** 章
车用润滑油

能力目标

1. 能正确选用合适的各种车用润滑油；

2. 能简单辨认各种润滑油的品质。

知识目标

1. 掌握发动机润滑油的性能指标；

2. 了解车辆齿轮油的性能指标；

3. 了解液力传动油的性能指标；

4. 了解润滑脂的性能指标。

车用润滑油主要包括发动机润滑油、车辆齿轮油、液力传动油和润滑脂等。由于汽车行驶条件复杂，因此对车用润滑油的品质要求较高。日常使用过程中，根据用油(脂)部位的工作条件，正确、合理地选用润滑油，不仅能减少机件磨损，延长汽车使用寿命，还能提高汽车的燃油经济性和环保型。

2.1 发动机润滑油

2.1.1 发动机润滑油的性质

(1)发动机润滑油的作用

发动机润滑油，简称机油，为保证发动机正常工作起了非常重要的作用，主要体现在以下几个方面：

1)润滑作用

发动机在工作过程中，大量的机件在作高速运动。大量高速运动的机件，形成了许多摩擦副，这些摩擦副之间需要合适的润滑以减少摩擦损耗。

为了让各个摩擦副均能得到合适润滑，当代发动机都有一套润滑系统，通过油泵建立高压强制循环或通过某些运动件的飞溅润滑将润滑油送到各个需要润滑的摩擦副表面，保证机件

图2-1 常见的几种发动机润滑油

正常运作。

润滑油进入摩擦副后,会黏附在其表面,形成一层油膜,尽量避免两摩擦面直接接触。当机件相互摩擦时,每个机件与黏附于其表面的油层一起运动,从而在摩擦副间形成液体摩擦。而液体的摩擦系数很小,因此可以显著减小摩擦力,降低摩擦副的磨损。这样不仅有效延长机件使用寿命,而且使得发动机有效功率得到大幅提升,燃料消耗亦得到明显降低。

2)冷却作用

发动机工作过程中,燃料燃烧后产生的热能不能全部转变为机械能,大多数发动机的热效率只有30%左右,其余的热能除了随废气排出机体外,就是随着发动机的冷却而散发。发动机机体的冷却是通过润滑油和冷却系统共同完成。冷却系统的作用已为大家所熟悉,但润滑油的冷却作用却经常被忽视。发动机工作过程中,润滑油不断地从汽缸、活塞、曲轴、凸轮轴等摩擦表面吸收热量,然后直接或通过冷却系统将热量散发到大气中。

3)清洁作用

发动机工作时,由于吸入空气带来的细小沙尘、燃烧过程产生的各种沉积物、润滑油氧化后的胶状物、金属摩擦产生的金属屑等杂质,会逐渐沉积在机件摩擦表面,若不及时清洁,将导致机件磨损严重,发动机不能正常工作。而发动机润滑油就将担负起清洁作用,把摩擦表面的脏杂物质带走,送到油底壳中,再通过机油滤清器时,截留了其中这些脏杂物质,而干净的润滑油又能继续进行清洁机件作用。这样周而复始,即可基本保证机件的清洁和正常工作。

4)密封作用

为了保证发动机正常工作,各机件间,如活塞与汽缸间、气环与环槽间都有一定的间隙。这些机件间的间隙会带来密封问题,如果密封问题不能很好解决,将造成燃烧室漏气,降低汽缸压力,导致发动机输出功率大幅下降。同时还会使得过多废气串入曲轴箱,稀释和污染油底壳中的润滑油。

润滑油在此将发挥密封作用,它填充这些运动机件间的间隙,形成油封面,保证汽缸良好的密封性,从而不仅确保了发动机输出功率,也阻止了废气串入曲轴箱。

5)防腐防锈作用

发动机在停机或运转过程中,总会有来自大气或燃油中的水分和燃烧时产生的酸性气体串入曲轴箱,对机件产生锈蚀、腐蚀的作用,进而破坏摩擦表面,严重损坏发动机。为了保证发动机能长期可靠工作,要求润滑油具有较好的防腐防锈作用。

吸附在金属机件表面的润滑油,能阻隔酸性气体和水对金属的腐蚀或锈蚀。特别是加有专门添加剂的润滑油,因添加剂分子的极性端可以更紧密吸附在金属表面,形成良好的阻隔层,防止有害杂质对金属的腐蚀或锈蚀作用。

(2)发动机润滑油的性能

1)润滑性

在各种条件下,发动机油降低摩擦、减缓磨损和防止金属烧结的能力,叫做发动机的润滑性。

根据摩擦表面油层厚度的不同,润滑可分为三种不同状态:

液体润滑:油层厚度为 0.4 ~ 0.6 μm,摩擦面完全被润滑油隔开,机件表面几乎无磨损。此时,润滑油的润滑特性主要由其黏度决定。

边界润滑:油层厚度 0.3 ~ 0.4 μm,此时,润滑油的润滑特性主要由它的油性和极压性决定。油性指润滑油吸附在零件表面的能力。在高温、高压、高转速时,吸附于零件表面的油膜脱落,零件表面磨损加剧,并可能发生表面擦伤与烧结,习惯上,将这种高温、高压下的边界润滑称为极压润滑。极压性是润滑油在摩擦表面的化学反应性质。

混合摩擦:包括半液体摩擦和半干摩擦。此时油膜承受了施加于摩擦面的大部分负荷,但零件仍有局部表面直接接触而造成严重磨损。这种状态下,润滑油的黏度和油性均对摩擦产生影响。

润滑油的黏度是评价其润滑性的重要指标。但是对应于边界润滑,还应考虑其油性和极压性,所以全面的发动机润滑油润滑性测试,还需通过相应的发动机试验来评定。

2)清净分散性

发动机润滑油有抑制积炭、漆膜及油泥的生成等作用或将这些沉积物清除的性能,叫做清净分散性。

积炭是覆盖在喷油器、缸盖、气门、火花塞、活塞顶部等高温区域,厚度较大固体炭状物。它是混合气燃烧不完全或发动机润滑油串入燃烧室在高温下分解的烟灰等物质沉积在高温零件表面而形成的。积炭严重会对发动机正常工作产生危害:导致发动机爆燃倾向增大;火花塞间积炭易造成其短路,并导致点火失效,发动机功率下降;使得气门关闭不严,导致缸压降低,发动机功率下降;若进入油底壳,易导致机油变质,堵塞滤清器。

漆膜是一层坚固的、有光泽的漆装薄膜,主要沉积在活塞环槽、裙部和连杆上。漆膜主要是烃类在高温环境中,经过金属的催化作用,氧化、聚合而生成的胶质、沥青等高分子聚合物。漆膜会降低活塞环的灵活性,甚至造成黏结,使得汽缸密封性下降;同时漆膜导热性差,易造成活塞过热,甚至导致"拉缸"。

油泥是一种比较稳定的油水乳状体与多种杂质的凝聚物,主要沉积在油底壳、机油泵集滤网、油道等处。长时间停置或经常处于时开时停状态的发动机更易产生油泥。这是因为此时发动机温度较低,燃烧后生成的水蒸气、一氧化碳、二氧化碳、氮氧化合物、炭粉和燃料重质馏分等物质进入曲轴箱,加速油底壳中发动机润滑油的氧化并使之乳化,生成油泥。油泥的产生不仅容易堵塞发动机润滑系统,还促使发动机润滑油老化、变质、润滑性下降。

发动机润滑油的清净分散性主要通过相应的发动机试验来评定。

3)黏温性

温度对油品黏度的影响很大,温度升高,黏度降低;温度降低,黏度升高。发动机润滑油黏度的这种随温度变化而改变的性质,叫做黏温性。

发动机润滑油所接触的各润滑部位工作温度差别很大,当其接触高温部位时,要求能保持一定的黏度,以形成足够厚度的油膜,确保润滑效果;而当其接触较低温部位时,要求其黏度不能过大,以维持一定的流动性,确保低温易启动和减小磨损。

为改善润滑油的黏温性,通常在油中加入黏度指数改进剂,这样调制而成的油品具有良好的黏温性,能同时满足低、高温使用等要求。这种机油也称为多黏度发动机润滑油,或称多级油。

发动机润滑油黏温性的主要评定指标是黏度指数。

4）低温操作性

从发动机润滑油方面保证发动机在低温条件下容易启动和可靠供油的性能叫做发动机润滑油的低温操作性。

发动机润滑油的黏度随着使用环境温度的降低而增加。因此，容易造成发动机低温启动时转动曲轴的阻力矩增加，曲轴转速降低，从而导致发动机启动困难。此外，若发动机润滑油黏度增加，流动性变差，易造成供油不足，机件磨损严重。综述，发动机润滑油低温操作性包括有利于低温启动和降低磨损两方面。

发动机润滑油低温操作性主要评定指标有低温动力黏度、边界泵送温度和倾点等。

低温动力黏度也称为表观黏度。发动机润滑油在低温环境中，其黏度并非与温度成正比例关系，而在很大程度上与剪切速率有关。也就是说，不同剪切速率下，即使同一温度，润滑油黏度也不是常数。低温动力黏度是划分冬季用发动机润滑油黏度级号的依据之一。

边界泵送温度是指将发动机润滑油连续而充分地供给发动机机油泵入口的最低温度。它用于评价启动过程中，油品能否顺利流到机油泵入口并提供足够压力的性能。边界泵送温度也是划分冬季用发动机润滑油黏度级号的依据之一。

倾点指的是在规定条件下冷却时，油品能够流动的最低温度。

5）抗氧化性

在一定条件下发动机润滑油抵抗氧化的能力，叫做抗氧化性。由于氧化过程能够改变油品的物理化学性质，因此要求发动机润滑油必须具备良好的抗氧化性。

发动机润滑油在一定的条件下便会发生化学反应，由于氧化使油品颜色变深、黏度增加、酸性增大，并析出沉淀物。发动机润滑油的氧化是沉积物生成、油品变质的前提，因而良好的抗氧化性是发动机润滑油的重要性质。它决定发动机润滑油在使用中是否容易变质、对零件腐蚀和生成沉淀物的倾向，是决定发动机润滑油使用期限的重要因素。发动机润滑油的氧化过程通常分为两个阶段：轻度氧化，这个阶段烃类化合物被氧化生成不同类别的酸性物质；深度氧化，这个阶段里某些酸性产物再度缩合沉淀形成胶质、沥青和焦油等。发动机润滑油的氧化有两种情况：

①厚油层氧化，主要指油底壳中的机油，处于厚油层、低温、低压的环境中，发生轻度氧化，生成各种类型的酸性物质。

②薄油层氧化，主要指位于发动机活塞和汽缸壁部分的机油，处于薄油层、高温、高压的环境中，伴有金属催化剂作用，发生深度氧化，生成胶质沉淀。

为了改善发动机润滑油的抗氧化性，通常采用的方法有：选择合适的馏分和组成，合理精制；添加相应的抗氧化剂。

发动机润滑油的抗氧化性主要通过相应的发动机试验来评定。

6）抗泡沫性

发动机的抗泡沫性是指发动机润滑油消除泡沫的性质。

发动机工作时，润滑油会受到发动机动力所产生的不同方向的剪切、搅动作用力，容易使空气进入润滑油中并形成气泡。过多的气泡会严重影响发动机正常工作：降低润滑油的密封作用；破坏润滑油膜的完整性，减弱油膜强度；加快油品氧化变质的速度；在负压作用下，泡沫还会阻碍润滑油在发动机的润滑油路中传送，使供油不足，加剧发动机磨损。

发动机润滑油抗泡沫性的主要评定指标是泡沫性(GB/T《润滑油泡沫特性测定法》)。

(3)发动机润滑油的构成

发动机润滑油主要由基础油和添加剂组成。

1)基础油

基础油是润滑油中的重要组成部分,润滑油的润滑性取决于基础油的润滑质,所以正确选择基础油是非常重要的。市场上常见的发动机润滑油产品,其基础油通常分为以下几类。

①矿物油

矿物油可以使用传统溶剂精炼矿物油或通过加氢裂解矿物油的方法获取。矿物油是从原油提炼而得,也就是原油提出了油气、汽油、柴油、煤油、重油之后,接着提炼出矿物油,最后留底的是沥青。矿物油颜色是透明微带浅琥珀色。有一种矿物机油是从废机油回收过滤之后经过蒸馏氢化重制,价钱非常便宜,其颜色是深棕琥珀色。

矿物机油价格最便宜,但是较容易氧化,使用寿命短,约2 500～5 000 km或3个月(以先到者为准)就要换油,跑长途者换油里程可稍长,但常跑市区者最好缩短换油周期。

②全合成油

全合成油是将来自于原油中的瓦斯气或天然气所分散出来的乙烯、丙烯等,再经聚合、催化等繁复的化学反应,炼制成主要由大分子组成的基础液。因为它使用的是原油中较好的成分,加以化学反应并在严格的控制下达到预期的分子形态,其润滑性、黏温性、抗氧化性等都要比矿物油强得多。其颜色与矿物油相似为澄清微带浅琥珀色。

全合成油提炼成本高,但抗氧化性好,使用寿命较长,能够使用约5 000～10 000 km或6个月(以先到者为准)。

③半合成油

半合成油主要成分仍为矿物油(有些加入了少量的合成油),但采用了全合成油的技术生产。这样不仅大幅度降低了生产成本,还在一定程度上保持了合成油的特性。

2)添加剂

它的作用是改善润滑油的某些性能。

①清净分散剂的作用有增溶作用、分散作用、酸中和作用、吸附作用四种。

②抗氧化剂的作用是抑制油品的氧化过程,钝化金属对氧化的催化作用,达到延长油品使用和保护机器的目的。

③降凝剂的作用是降低油品的凝点,使油品在低温时保持良好的流动性,提高发动机的低温启动性能。

④黏度指数改进剂可以增加油品的黏度,特别是能满足油品的低温使用性能要求。

⑤油性剂和极压剂能与金属表面起化学反应生成化学反应膜,防止金属表面的磨损、擦伤和熔焊。

⑥防锈剂的作用包括在金属表面形成吸附性保护层、防止腐蚀介质与金属接触、起到防锈作用。

⑦抗泡沫剂的主要作用是抑制泡沫的产生,以免形成安定的泡沫,它能吸附在泡膜上,形成不安定的膜,从而达到破坏泡沫的目的。

⑧抗乳化剂能改变油、水界面的张力,使油水分离,达到改善油品的抗乳化性能的目的。

25

2.1.2 发动机润滑油的分类

发动机润滑油的分类,主要包括黏度分类和使用性能分类两个方面。由于美国在发动机润滑油领域处于国际领先水平,主导了润滑油的发展趋势,所以国际上习惯采用美国汽车工程师协会(SAE)的黏度分类和美国石油学会(API)的使用性能分类法。对应于国际上惯用的分类法,我国也制定了相应的分类标准,下面将逐一进行介绍。

(1)SAE 黏度分类

美国汽车工程师协会(SAE)从 1911 年起就制定了发动机润滑油的黏度分类标准,后来几经修改,目前执行的是 SAE J300—1999,该标准采用含字母 W(冬季用)和不含字母 W(春、秋和夏季用)两组系列。

如表 2-1 所示,对于黏度等级的划分,前者以最大低温黏度、最高边界泵送温度和 100 ℃时的最小运动黏度划分,而后者则以 100 ℃时的运动黏度和 150 ℃时高温高剪切黏度划分。根据该标准,冬季用发动机润滑油分为 0W,5W,10W,15W,20W 和 25W 六个等级,而春、秋和夏季用油则分为 20,30,40,50 和 60 五个等级。

表 2-1 发动机润滑油 SAE 黏度分类

SAE 黏度等级	低温黏度(ASTM D5293)/(mPa·s)	边界泵送温度(ASTM D4684)	100 ℃运动黏度/(mm²·s⁻¹)		150 ℃高温高剪切黏度(ASTM D4683,ASTM D4741 或 ASTM D5481)/(mPa·s)
	最大	最大	最小	最大	最小
0W	3 250(−30 ℃)	6 000(−40 ℃)	3.8	—	—
5W	3 500(−25 ℃)	6 000(−35 ℃)	3.8	—	—
10W	3 500(−20 ℃)	6 000(−30 ℃)	4.1	—	—
15W	3 500(−15 ℃)	6 000(−25 ℃)	5.6	—	—
20W	4 500(−10 ℃)	6 000(−20 ℃)	5.6	—	—
25W	6 000(−5 ℃)	6 000(−15 ℃)	9.3	—	—
20	—	—	5.6	<9.3	2.6
30	—	—	9.3	<12.5	2.9
40	—	—	12.5	<16.3	2.9(0W/40,5W/40,10W/40)
40	—	—	12.5	<16.3	3.7(15W/40,20W/40,25W/40,40)
50	—	—	16.3	<21.9	3.7
60	—	—	21.9	<26.1	3.7

按 SAE 黏度分类的发动机润滑油,还有单级油和多级油之分。仅有一个黏度级号(如 20,20W 等)的油为单级油,它只能满足低温或高温一种黏度级号的要求,因此在一些温差较大的地区,它不适合冬、夏季通用。如果在油品中加入了黏度指数改进剂后,能同时满足高、低温黏度级号要求,则称之为多级油。多级油由低温黏度级号和高温黏度级号的组合

来表示,如 5W/50,表示这种油在低温时符合 SAE5W 黏度等级,且同时在高温时符合 SAE30 黏度等级。

(2)API 使用性能分类

发动机润滑油的使用性能分类,是根据发动机台架试验中所表现的抗磨性、清净分散性、抗氧化性、抗腐蚀性等确定其等级。世界上许多国家均采用美国石油学会(API)的发动机润滑油使用性能分类法。根据 API 发动机润滑油使用性能分类,将适合汽油机用油品定为 S 系列,适合柴油机用油品则定为 C 系列。S 系列中包括 SA,SB,SC,SD,SE,SF,SG,SH,SJ,SL,SM 等,目前 SA~SH 级别的机油已经无法取得 API 许可;C 系列中则包括 CA,CB,CC,CD,CD—Ⅱ,CE,CF,CF—4,CG—4,CH—4,CI—4 等,目前 CA~CE 级别的机油已经无法取得 API 许可。这些等级是按照发动机工作强度和工作条件的苛刻程度来划分的,随着今后发动机和润滑油技术的发展,这两个系列都将继续顺次增加新级别的油品。S 系列和 C 系列发动机润滑油 API 使用性能分类详见表 2-2、表 2-3。

表 2-2　S 系列发动机润滑油 API 使用性能分类

API 等级	质量水平
SA	用于运行条件非常缓和的老式汽油发动机,纯矿物油,不含添加剂
SB	用于中等运行条件下的老式汽油发动机,含有少量抗氧化剂
SC	用于 1964—1967 年生产的汽油发动机,具有清净性和防锈性
SD	用于 1968—1971 年生产的汽油发动机,比 SC 级具有更好的清净性和防锈防蚀性
SE	用于 1972—1979 年生产的汽油发动机,比 SD 级具有更好的清净性和防锈防蚀性,并具有高温抗氧化性
SF	用于 1980—1988 年生产的汽油发动机,比 SE 级具有更好的抗磨、防蚀、清净性和抗氧化性
SG	用于 1989—1993 年生产的汽油发动机,比 SF 级具有更好的抗磨、清净性和抗氧化性
SH	用于 1994 年后生产的汽油发动机,比 SG 级具有更好的抗磨、清净性和抗氧化性
SJ	用于 1997 年后生产的汽油发动机,在 SH 的基础上增加了台架试验,并改善了挥发性,比 SH 级具有更好的清净性和抗氧化性,同时拥有更长的使用寿命
SL	用于 2001 年后生产的汽油发动机,满足同时期相应的排放法规,提高了发动机燃油经济性,保护尾气净化系统,防止催化转化器的催化剂中毒,对发动机提供更好的保护,同时还延长了换油周期
SM	用于 2004 年后生产的汽油发动机,针对润滑油的抗氧化性、进一步减少燃烧室积炭的产生,降低阀系磨损有更严格的要求。同时在高温沉积物的防止,氧化稳定性、燃油经济性的提高、尾气排放系统保护等方面都有着更高的要求。如 API SM 级润滑油在减少凸轮磨损的能力上要求比 API SL 级别的高 25%,而氧化稳定性的要求几乎是 API SL 的两倍。此外,它的硫、磷含量极低,有效减少了有害物质的排放

表 2-3　C 系列发动机润滑油 API 使用性能分类

API 等级	质量水平
CC	对于柴油机具有控制高温沉积物和抗腐蚀的性能
CD	用于需要高效控制磨损和沉积物或使用高硫燃料的非增压、低增压和增压式柴油机,具有控制轴承磨损和高温沉积物的性能
CD—Ⅱ	用于要求高效控制磨损和沉积物的重负荷二冲程柴油机,可同时满足 CD 级油的性能要求
CE	用于在低速高负荷和高速高负荷条件下运行的低增压和增压重负荷柴油机,可同时满足 CD 级油的性能要求
CF—4	用于高速四冲程柴油机以及要求使用 API CF—4 级油的柴油机。在油耗和沉积物控制方面性能优于 CE 级油,该级油品特别适用于高速公路行驶的重负荷货车
CG—4	适用于 1994 型重负荷柴油机,燃烧低硫燃料,满足 1994 年排放标准,改进烟炱分散性和降低磨损
CH—4	适用于 1998 型重负荷柴油机,燃烧高或低硫燃料并满足美国 1998 年排放标准,具有降低氮氧化合物,强分散烟炱性和降低磨损性能
CI—4	为了满足 2004 年排放法规而开发,此排放法规最终提前到 2002 年 10 月开始执行,此法规是 EMA 和 EPA 就闭环排放达成协议的产物
CJ—4	2006 年起执行,用于高速四冲程发动机,符合 2007 年的废气排放标准。CJ—4 机油经特殊合成,可与含硫量高达 500 ppm 的柴油配合使用(与含硫量超过 15 ppm 的柴油一起使用时,可能影响尾气排放处理系统的使用寿命并缩短换油周期)。如果使用微粒过滤器和其他先进的后处理设备,CJ—4 机油更能有效延长尾气排放处理系统的使用寿命。在控制催化剂中毒、微粒过滤器阻塞、发动机磨损、活塞积碳、高低温稳定性、烟灰处理性、氧化增稠、发泡以及因剪应力导致黏度降低的方面,CJ—4 机油的保护能力更优秀

(3)我国发动机润滑油黏度分类

参照美国汽车工程师协会 SAE J300《发动机润滑油黏度分类》,我国制定了 GB/T 14906—1994《内燃机油黏度分类》,见表 2-4。根据我国分类标准,采用含字母 W(冬季用)和不含字母 W(春、秋和夏季用)两组黏度等级系列。前者以最大低温黏度、最高边界泵送温度以及 100 ℃时最小运动黏度划分,后者仅以 100 ℃时运动黏度划分。

(4)我国发动机润滑油性能等级分类

参照美国汽车工程师协会 SAE J183—1991《发动机润滑油性能及发动机使用分类》,我国制定了 GB/T 7631.3—1995《内燃机油分类》。该分类是根据产品特性、使用场合和使用对象确定的。汽油发动机用润滑油第一个字母用 S 表示,柴油发动机用润滑油第一个字母用 C 表示,具体分类见表 2-5、表 2-6。

表 2-4　我国发动机润滑油黏度分类(GB/T 14906—1994)

SAE 黏度 等级	最大低温黏度		边界泵送温度/℃	100 ℃ 运动黏度/$(mm^2 \cdot s^{-1})$	
	黏度/$(mPa \cdot s)$	温度/℃	最大	最小	最大
0W	3 250	−30	−35	3.8	—
5W	3 500	−25	−30	3.8	—
10W	3 500	−20	−25	4.1	—
15W	3 500	−15	−20	5.6	—
20W	4 500	−10	−15	5.6	—
25W	6 000	−5	−10	9.3	—
20	—	—	—	5.6	<9.3
30	—	—	—	9.3	<12.5
40	—	—	—	12.5	<16.3
50	—	—	—	16.3	<21.9
60	—	—	—	21.9	<26.1

表 2-5　我国汽油发动机润滑油使用性能分类

国标等级	特性和使用场合
SC	用于货车、客车或其他汽油机以及要求适用 API SC 级油的汽油机。可控制汽油机高低温沉积物及磨损、锈蚀和腐蚀
SD	用于货车、客车和某些轿车的汽油机,以及要求使用 API SD、SC 级机油的汽油机。此种油品可控制汽油机高低温沉积物、磨损、锈蚀和腐蚀的性能优于 SC,并可代替 SC
SE	用于轿车和某些货车的汽油机以及要求使用 API SE、SD 级机油的汽油机。此种油品的氧化性能及控制汽油机高温沉积物、锈蚀和腐蚀的性能优于 SD 或 SC,并可代替 SD 或 SG
SF	用于轿车和某些货车的汽油机以及要求使用 API SF、SE 级机油的汽油机。此种油品的抗氧化和抗磨损性能优于 SE,还具有控制汽油机沉积、锈蚀和腐蚀的性能,并可代替 SE、SD 或 SC
SG	用于轿车、货车和轻型卡车的汽油机以及要求使用 API SG 级油的汽油机。SG 质量还包括 CC(或 CD)的使用性能。此种油品改进了 SF 级油,控制发动机沉积物、磨损和油的氧化性能,并具有抗锈蚀和腐蚀的性能,并可代替 SF、SF/SD、SE 或 SE/CC
SH	用于轿车和轻型卡车的汽油机以及要求使用 API SH 级油的汽油机,SH 质量在汽油机磨损、锈蚀、腐蚀及沉淀物的控制和油的抗氧化方面优于 SG,并可代替 SG
SJ	用于 1997 年后生产的汽油机。具有比 SH 级更好的清净性和高温抗氧化性,并具有更长的使用寿命

表 2-6　我国柴油发动机润滑油使用性能分类

国标等级	质量水平
CC	用于在中到重负荷下运行,并包括一些重负荷汽油机。对于柴油机具有控制高温沉积物和轴瓦腐蚀的性能,对于汽油机具有控制锈蚀、腐蚀和高温沉积物和轴承腐蚀的性能
CD	用于需要高效控制磨损和沉积物或使用包括高硫燃料非增压、低增压和增压式柴油机以及国外要求使用 API CD 级油的柴油机。具有控制轴承腐蚀和高温沉积物的性能,并可代替 CC 级油
CD—Ⅱ	用于要求高效控制磨损和沉积物的重负荷二冲程柴油机以及要求使用 API CD—Ⅱ 级油的柴油机,同时也满足 CD 级油的性能要求
CE	用于在低速高负荷和高速高负荷条件下运行的低增压和增压重负荷柴油机以及要求使用 API CE 级油的柴油机,同时也满足 CD 级油的性能要求
CF—4	用于高速四冲程柴油机以及要求使用 API CF—4 级油的柴油机。在油耗和沉积物控制方面性能优于 CE 级油,该级油品特别适用于高速公路行驶的重负荷货车

2.1.3　发动机润滑油的选用

(1)发动机润滑油的选择原则

发动机润滑油的选择应当考虑发动机的结构特点、使用条件和气候条件等因素,主要从使用性能级别、黏度级别、基础油类别 3 个方面进行比较分析。

1)使用性能级别的选择

发动机润滑油使用性能级别的选择主要根据对其工作条件的苛刻程度。而其工作条件的苛刻程度与发动机的结构和运行使用条件有关。随着技术的进步,发动机的结构越来越紧凑,功率越来越强劲,因此发动机润滑油的热负荷和机械负荷越来越大,即工作条件变得越来越苛刻,所选用的发动机润滑油的使用性能级别也相应高一些。例如,早年东风 EQ1090 使用 SC 级润滑油,迟些时候的解放 CA1091 要求使用 SD 级别润滑油,夏利、大发等使用 SE 级油,奥迪 100、神龙富康等使用 SF 级油,桑塔纳 2000(电喷)、捷达(电喷)等要求使用 SG 或 SH 级油,上海通用老别克等车型使用 SJ 级油,目前市场上主流小轿车通常要求 API SL 或以上级别的润滑油;对于柴油发动机,黄河 JN171、跃进 NJ1061 等使用 CC 级别润滑油,日野 ZM400,五十铃 4BD1 等可选用 CD 级别,南京依维柯等可选用 CF—4 级油。

市场上不少润滑油都属于汽油发动机和柴油发动机通用型,其包装上通常标注 SF/CC、SL/CF 等字样。如 SL/CF 表示适合于要求使用 API SL 级(可向下包括 SF、SE、SD 等级别油)的汽油机或使用 API CF 级油(可向下包括 CE、CD 等级别油)的柴油机。

2)黏度级别的选择

发动机润滑油黏度级别的选择主要考虑气温、使用工况和发动机技术状况等因素。选择了合适黏度的润滑油不仅能保证发动机在低温环境中易于启动,还能在热车状态保持足够的黏度以保证正常润滑。

我们知道温度越低,发动机润滑油的流动性越差。在发动机启动前,其润滑油的温度几乎等同于环境温度,尤其对于寒冷地区的冬季,此时润滑油的流动性很差。润滑油流动性差意味着它不能迅速流动至各润滑点形成完整保护膜,造成启动过程发动机机件磨损严重。根据美国在寒冷地区进行的发动机试验得出的数据显示,发动机机件磨损只有30%是运转过程中造成的,剩余的70%都是启动过程造成的,尤其冷车启动的磨损极大。

另外,发动机润滑油黏度越大,其形成的油膜越强韧,而越强韧的油膜越不易破裂,才能更好地保护各机件免遭严重磨损。但其黏度也不是越大越好,因为润滑油的黏度大,会阻止活塞在缸壁上运动,成为发动机运动内阻力,从而导致发动机的燃油经济性下降,温度上升,加速迟缓。

一般来说,夏季气温高,应选用高温黏度较大的发动机润滑油;新发动机机械加工精度高、机件间配合精密,相应可选用黏度较小的润滑油;老旧发动机则因磨损严重,应选择黏度较大的润滑油。

发动机润滑油黏度级别选择对应使用温度的关系参见表2-7。

表 2-7　发动机润滑油常用 SAE 黏度级别使用温度

黏度级别	使用温度/℃	黏度级别	使用温度/℃
5W	−30 ~ −10	5W/30	−30 ~ 30
10W	−25 ~ −5	10W/30	−25 ~ 30
20	−10 ~ 30	10W/40	−25 ~ 40
30	0 ~ 30	15W/40	−20 ~ 40
40	10 ~ 50	20W/40	−15 ~ 40

3)基础油类别的选择

除了使用性能级别和黏度级别对润滑油选用非常重要外,润滑油所使用的基础油也是润滑油选用的重要参考因素。我们已知基础油通常又分为矿物油、半合成油和全合成油三种。其品质由低到高分别是矿物油→半合成油→全合成油。同样使用性能等级的润滑油,若其基础油品质较高,不仅允许适当延长换油周期,还能在特别恶劣的工况下提供更好的保护。

虽然全合成油各种性能都相对出色,但也不意味所有车型都选它最合适。比如一些价格较低廉的微型车、经济型车,因为其发动机加工精度相对比较低,汽缸和活塞环之间的间隙密封性会较差,这时就应选用比较黏稠的机油来增强机件间的密封作用。但是全合成机油通常比较稀,如果选用,不仅感觉发动机动力性下降,而且停车后机油更易流回到油底壳,破坏了润滑和密封,使得下次启动时机件遭受较大磨损。

(2)使用注意事项

1)保持正常油位,注意经常检查

正常油位一般应位于1/2刻度标志到满刻度标志之间,不可过多或过少。因为过高油位,容易被搅拌产生泡沫,且对尾气净化装置有害;过低的油位,容易造成油路中润滑油流动不连续。

2)不要混用发动机润滑油

不同品牌,不同牌号的发动机润滑油不可混用,因为每种润滑油中加入的各种添加剂可能不太一样,混用会导致其化学成分的变质。

3)换油同时更换滤芯

发动机润滑油很重要的一个作用就是通过循环流动将发动机工作过程中产生的各种杂质

带走。这些杂质在润滑油循环过程中,被滤清器阻隔而停留在其内部。若每次没有同时更换滤清器,则无法及时清理油路中杂质。

4)换油最好在热车时进行

油温高不但旧油容易从换油孔中流出,而且油中杂质被悬浮、分散,易跟随旧油一起排出发动机。

5)定期换油

定期换油是根据发动机的结构特性、运行条件和润滑油质量等因素,由汽车制造厂或车主自行确定的定时间或定里程更换发动机润滑油。有些车主认为使用较少,行驶路程短的汽车可以延长换油时间,这是错误的。因为所加注润滑油只要经过着车高温后,就已开始慢慢变质。对于这些使用较少的车辆,最好定期更换发动机润滑油。

(3)油品简易鉴别

在日常维修、使用过程中,不可避免要对发动机润滑油进行辨识。下面介绍几个对润滑油品质进行简易鉴别的小方法。

1)识别发动机润滑油等级牌号和外观

发动机润滑油生产厂商必须将油品送至 API 做发动机台架试验,并取得认证之后,才可以在发动机润滑油瓶上使用相应标志,如图 2-2。若油瓶上无此标志,则意味着该油品未取得 API 认证。此外,还应注意观察油桶制造精致,图案字码的边缘清晰、整齐,无漏色和重叠现象。

图 2-2　发动机润滑油瓶上相应标志

2)观察油品颜色

油品颜色应当是洁净清澈,晶莹透明,具有明亮的光泽,进口的为金黄略带蓝色,国产散装机油则多为浅蓝色,润滑油静置一段时间后,颜色应保持不变。

凡是颜色不均、雾状或浑浊,表示机油被水或防冻液污染。雾状含水量少,浑浊或乳化含水量多。颜色变灰,可能被含铅汽油污染;燃料燃烧不完全会使润滑油很快变成深黑色。

3)闻气味

合格的发动机润滑油应无特别的气味,有的略带芳香,如 BP—威士达系列。凡是对嗅觉刺激大且有异味的润滑油均为变质或劣质产品,甚至是利用废油再提炼制成的再生油,绝对不可使用。气味异常还是润滑油是否被污染的特征之一,如:若润滑油被高温氧化,会带有灼烧的刺激气味;若润滑油被严重稀释,会带有汽油或柴油的气味。

4)油流观察

没有被污染的润滑油流动时,油流应是细长、流速均匀、连绵不断。如出现油流忽快忽慢,时而有大块液体流下,则说明油已变质。流速均匀但流动时带有异色线条者,大多为伪劣或变质产品,若使用此类润滑油,将严重损害发动机。

5)油滴痕迹

取一张干净的白色过滤试纸,滴数滴润滑油于纸上,待油渗透后,无黄色浸润区或者很多黑点。

6)手指捻搓

搓捻时,如有黏稠顺滑感觉,并有拉丝现象,说明润滑油未变质,仍可继续使用。如用手触摸有阴涩感,则说明油里面含杂质较多。

7)爆裂响声

用铝箔或其他金属薄片制成小碟子,加热 1 ~ 2 min 后滴上几滴经充分摇搅的润滑油,如润滑油发泡飞溅,说明油内含水分较多;如立即就有爆炸声,则说明含有微量水;响声的强弱和持续的次数与含水量有关。

2.2 车辆齿轮油

2.2.1 车辆齿轮油的性质

车辆齿轮油是指用于车辆的手动变速器和驱动桥齿轮传动机构的润滑油,如图 2-3。

图 2-3 常见的几款车辆齿轮油

(1)车辆齿轮油的作用

齿轮油在车辆齿轮传动中所起的作用,包括以下几个方面:

1)形成完整润滑膜,降低齿轮在啮合过程中的齿间摩擦,减少齿轮磨损,保证其使用寿命,并降低功率损耗;

2)有冷却作用,带走齿轮啮合过程中产生的热量;

3）有防锈防腐蚀作用，有效防止齿轮腐蚀和生锈，保证齿轮正常工作；

4）减少齿轮传动过程中产生的振动、冲击和噪声；

5）有清洗作用，及时清除齿面上的杂质，保护齿面免遭固体颗粒的磨损。

（2）车辆齿轮油的性能

1）低温操作性和黏温性

车辆齿轮油应具有良好的低温操作性和黏温性。与发动机润滑油类似，齿轮油应在低温环境中保持必要的流动性，以保证低温时迅速供油，例如，车辆起步后，驱动桥齿轮油被溅起后流到主动锥齿轮前轴承，而若低温时齿轮油流动性差，这段时间将过长，轴承极有可能因缺油而烧坏。同时，齿轮油在高温环境中应当保持一定的黏度，以形成完整油膜，实现液体润滑状态。也就是说，要求齿轮油工作温度范围应较宽，具有较好的黏温性。为此，通常采用加入黏度指数改进剂的方法，提高齿轮油的黏温性。

评定齿轮油的低温操作性和黏温性的指标有：倾点、成沟点、黏度指数和表观黏度等。

倾点是指在规定条件下冷却时，油品能够流动的最低温度。

成沟点是指在规定试验条件下，试验油品成沟的最高温度。即把容器内的试验油样在规定温度下放置 18 h，然后用金属片把油样切成一条沟，10 s 后观察油样的流动状况。若 10 s 内试样流回并完全覆盖试验容器的底部，则报告试样不成沟，反之则报告试样成沟。

表观黏度是指用规定方法模拟低温高剪切条件下的黏度，测定标准是 GB/T 11145—89《车用流体润滑剂低温黏度测定法（勃罗克费尔特黏度计法）》。这是因为，与发动机润滑油一样，齿轮油在不同剪切速率下黏度不是常数。试验表明，对双曲线齿轮式主减速器，若齿轮油表观黏度小于 150 Pa·s，它就能在汽车起步后 15 s 内流进主动锥齿轮轴承，从而保证其正常润滑，这个黏度即为汽车低温起步的极限黏度，因此规定汽车齿轮油必须符合"黏度达到 150 Pa·s 时的最高温度"这一指标，这也是 SAE 车辆齿轮油黏度分类的依据之一。

2）油性和极压性

油性是指齿轮油能有效地使润滑油膜吸附于运动着的润滑面之间，具有降低摩擦作用的性质。为了改善油品的这种性质，通常加入一种叫油性剂的添加剂。油性剂对边界润滑状态非常重要，因为这时运动的金属表面上的油性剂分子定向吸附（物理吸附或化学吸附）形成油性膜，能有效防止金属直接接触和降低摩擦。

极压性是指在摩擦面接触压力非常高、油膜容易破裂的极高压力的润滑条件下，防止烧结、熔焊等摩擦面损伤的性能，有时也称抗胶合性、承载能力或油膜强度等。为了改善油品的极压性，通常加入含化学性质活泼的元素硫、磷、氯的有机化合物的极压添加剂。当齿面在高压接触时，表面之间的凹凸相啮合，将产生局部高温（可达几百乃至上千摄氏度）。此时，齿轮油中的极压添加剂与金属表面发生化学反应，形成剪切强度小、熔点低的固体铁膜，隔开摩擦副表面，阻止金属齿轮间发生胶合。尤其对于双曲线齿轮、蜗轮蜗杆来说，这是非常重要的基本性能。极压性可采用油的负荷承载能力来评定。

齿轮油的油性和极压性都是保证齿轮正常运转的极其重要的性能指标。

3）热氧化稳定性

车辆齿轮油抵抗高温条件下氧化作用的能力，称为热氧化稳定性。

因为齿轮油在使用过程，总是暴露在空气中，尤其是被齿轮等机件搅动的油与空气接触更加充分，且其工作环境温度较高，所以齿轮油中的各种烃基与空气中的氧容易发生化学反应而形成各种氧化物。若齿轮油具有较好的热氧化稳定性,就可以减少这些氧化物的产生,延长使用周期,而且不会因氧化反应生成的各种有机酸和沉淀等氧化物,腐蚀或磨损金属部件。

4)防腐防锈性

在车辆齿轮传动装置的工作条件下,齿轮油防止齿轮、轴承等机件腐蚀和生锈的能力,称为防腐防锈性。

齿轮传动装置内可能从外界渗入水分,工况变化、冷热交替也有可能出现冷凝水分。这些水分混入油中,会与油品氧化过程中产生的酸性物质共同作用而导致齿轮、轴承等金属部件腐蚀、生锈。此外,齿轮油中添加的极压剂的作用实际上也是一种可控的腐蚀现象,对金属部件具有一定的腐蚀作用。极压剂活性越强,腐蚀性也越强。腐蚀和生锈都将加速机件磨损,降低机件强度。因此齿轮油中除了选择合适的极压剂外,还应添加防腐剂和防锈剂。它们能在金属表面形成保护膜,防止金属部件遭进一步侵蚀。

2.2.2 车辆齿轮油的分类

世界上大部分国家采用的车辆齿轮油分类标准包括:美国汽车工程师协会(SAE)的车辆齿轮油黏度分类和美国石油学会(API)的车辆齿轮油使用性能分类。我国也对应制定了相应标准对齿轮油进行分类。本节内容将对它们进行逐一介绍。

(1)SAE 车辆齿轮油黏度分类

SAE J306—91《驱动桥和手动变速器润滑油黏度分类》的规定见表2-8。本标准采用含字母 W(冬季用油)和不含字母 W(春、秋和夏季用油)的两组黏度等级系列。黏度等级代号由一组数字和字母 W(70W,75W,80W,85W 四种)或一组数字(90,140,250 三种)组成,共 7 种。含字母 W 的冬季用齿轮油,是以低温黏度达 150 Pa·s 时的最高温度和 100 ℃时的最低运动黏度划分的;不含字母 W 的春、秋和夏季用油,是以 100 ℃运动黏度范围划分的。

表 2-8 SAE 车辆齿轮油黏度分类

SAE 黏度级号	黏度达 150 Pa·s 时的最高温度 /℃	100 ℃时的运动黏度/(mm²·s⁻¹)	
		最低	最高
70W	−55	4.1	—
75W	−40	4.1	—
80W	−26	7.0	—
85W	−12	11.0	—
90	—	13.5	<24.0
140	—	24.0	<41.0
250	—	41.0	

齿轮油黏度也分单黏度和多黏度,对于多黏度等级的齿轮油,其代号由低温黏度级号和高温黏度级号的组合来表示,如85W/90,表示这种油在低温时符合 SAE85W 黏度等级,且同时在高温时符合 SAE90 黏度等级。

齿轮油黏度等级与发动机润滑油黏度等级是相对独立的两套标准。在车辆齿轮油与发动机润滑油具有相同黏度时,根据两者不同的分类规定,它们的黏度等级相差较大。如:SAE70W 的车辆齿轮油与 SAE10W 的发动机润滑油具有相同黏度;而 SAE90 车辆齿轮油与 SAE40,SAE50 发动机润滑油黏度相当。

(2) API 车辆齿轮油使用性能分类

全球广泛采用的美国石油学会(API)车辆齿轮油使用性能分类法是根据其特性和使用要求等要素,将油品划分为 GL—1,GL—2,GL—3,GL—4,GL—5 和 GL—6,共 6 个级别,具体分类标准见表 2-9。

表 2-9　API 车辆齿轮油使用性能分类

分类	使用说明	用途
GL—1	在低齿面压力、低滑动速度下的汽车螺旋锥齿轮。涡轮式驱动桥以及各种手动变速器规定用 GL—1 级齿轮油。直镏矿油能满足这类情况的要求,可以加入抗氧剂。防锈剂和消泡剂改善其性能,但不加摩擦改进剂和极压剂	汽车手动变速器,包括拖拉机和载货汽车手动变速器
GL—2	汽车涡轮式驱动桥,由于其负荷、温度和滑动速度的状况,用 GL—1 齿轮油不能满足要求,规定用 GL—2 级齿轮油。通常都加有脂肪类物质	蜗杆传动装置
GL—3	滑动速度和负荷比较苛刻的汽车手动变速器和螺旋锥齿轮的驱动桥规定用 GL—3 级油。这种使用条件要求润滑油的负荷能力比 GL—1 和 GL—2 级油高,但比 GL—4 级油要低	苛刻条件的手动变速器和螺旋锥齿轮的驱动桥
GL—4	在低速高扭矩、高速低扭矩下操作的各种齿轮,特别是客车和其他各种车用的双曲线齿轮,规定用 GL—4 级齿轮油。该级油已做过各种试验证明具有 1972 年 4 月 ASTM STP 说明的性能水平	手动变速器、螺旋锥齿轮和使用条件不太苛刻的双曲线齿轮
GL—5	在高速冲击负荷、高速低扭矩、低速条件下操作的各种齿轮,特别是客车和其他车用的双曲线齿轮,规定用 GL—5 级齿轮油。该级油已做过各种试验证明具有 1972 年 4 月 ASTM STP 说明的性能水平	适用于操作条件缓和或苛刻的双曲线齿轮及其他各种齿轮,也可用于手动变速器
GL—6	在高速冲击条件下运转的轿车和其他车辆的各种齿轮,特别是大偏移距的双曲线齿轮,偏移距大于 50 mm 或接近大齿轮直径的 25%,规定用 GL—6 级齿轮油,其抗擦性能应等于或优于参考油 L—1000,该级油已做过各种试验证明具有 1972 年 4 月 ASTM STP 说明的性能水平	使用于具有极小齿轮偏置设计的齿轮润滑

(3) 我国车辆齿轮油黏度分类

我国制定的 GB/T 17477—1998《驱动桥和手动变速器润滑剂黏度分类》指明,该标准等效采用美国汽车工程师协会 SAE J306—85《汽车轴及手动变速器用齿轮润滑剂的黏度分类》标准。具体指标详见表 2-10。

表2-10 我国车辆齿轮油的黏度分类

黏度级号	黏度达150 Pa·s时的最高温度/℃	100 ℃时的运动黏度/(mm² · s⁻¹)	
		最低	最高
70W	−55	4.1	—
75W	−40	4.1	—
80W	−26	7.0	—
85W	−12	11.0	—
90	—	13.5	<24.0
140	—	24.0	<41.0
250	—	41.0	—

（4）我国车辆齿轮油使用性能分类

我国制定的 GB/T 7631.7—1995《润滑剂和有关产品（L 类）的分类》，在附录中指出我国车辆齿轮油名称与美国石油学会（API）汽车变速器和驱动桥润滑剂使用分类中各品种的对应关系，并提出了我国车辆齿轮油使用性能分类的参考条件。根据该标准，按质量不同，将齿轮油分为普通齿轮油（CLC）、中负荷齿轮油（CLD）和重负荷齿轮油（CLE）三类，如表2-11。

表2-11 我国车辆齿轮油使用性能分类

油品名	代号	对应API分类	组分、特性和使用说明	适合使用部位
普通车辆齿轮油（SH/T 0350—1992）	CLC	GL—3	由精制矿物油加入抗氧剂、防锈剂、抗泡剂和少量极压剂等制成。适用于中等速度和负荷比较苛刻的手动变速器和螺旋锥齿轮的驱动桥	手动变速器、螺旋锥齿轮的驱动桥
中负荷车辆齿轮油（JT 224—1996）	CLD	GL—4	由精制矿物油加入抗氧剂、防锈剂、抗泡剂和极压剂等制成。适用于在低速高转矩、高速低转矩操作条件下使用的各种齿轮，特别是客车和其他各种车辆用的准双曲面齿轮	手动变速器、螺旋锥齿轮和使用条件不太苛刻的准双曲面齿轮的驱动桥
重负荷车辆齿轮油（GB 13895—1992）	CLE	GL—5	由精制矿物油加入抗氧剂、防锈剂、抗泡剂和极压剂等制成。适用于在高速冲击负荷或高速低转矩操作条件下使用的各种齿轮，特别是客车和其他各种车辆的准双曲面齿轮	操作条件缓和或苛刻的准双曲面齿轮及其他各种齿轮的驱动桥，也可用手动变速器

2.2.3　车辆齿轮油的选用

(1)车辆齿轮油的规格

1)普通车辆齿轮油的规格

普通车用齿轮油(CLC)采用精制的基础油,加入抗氧化、极压、防腐蚀、防锈、抗磨、抗泡沫等多种添加剂调制而成。质量水平相当于 API GL—3。适合用于润滑中等速度和负荷比较苛刻的手动变速器、螺旋锥齿轮的驱动桥等。相应石化行业标准 SH/T 0350—92 规定的技术指标见表2-12。

表2-12　普通车辆齿轮油的技术指标

项　目	质量指标			试验方法
	80W/90	85W/90	90	
运动黏度(100 ℃)/(mm²·s⁻¹)	15~19	15~19	15~19	GB/T 265
表观黏度达到150 Pa·s时的温度/℃	−26	−12	—	GB/T 11145
黏度指数　　　　　　　　　　≥	—	—	90	GB/T 1995
闪点(开口)/℃　　　　　　　≥	170	180	190	GB/T 3535
倾点/℃　　　　　　　　　　≤	−28	−18	−10	GB/T 267
水分(质量分数)/℃　　　　　≤	痕迹			GB/T 260
锈蚀试验(15 钢棒,A 法)	无锈			GB/T 11143
泡沫性(泡沫倾向性/泡沫稳定性)/(mL·mL⁻¹) 　24 ℃　　　　　　　　　　≤ 　93.5 ℃　　　　　　　　　≤ 　后 24 ℃　　　　　　　　　≤	 100/10 100/10 100/10			GB/T 12579
铜片腐蚀试验(100 ℃,3 h)/级　≤	1			GB/T 5096
最大无卡咬负荷(P_B 值)/N　　≥	785			GB/T 3142
糠醛或酚含量(未加剂)	无			SH/T 0076
机械杂质(质量分数)/%　　　≤	0.05	0.02	0.02	GB/T 511
残炭(未加剂)(质量分数)/%	报告			GB/T 268
酸值(未加剂)/(mg KOH·g⁻¹)	报告			GB/T 4945
氯含量(质量分数)/%	报告			SH/T 0161
锌含量(质量分数)/%	报告			SH/T 0226
硫酸盐灰分(质量分数)/%	报告			GB/T 2433

2)中等负荷车辆齿轮油的规格

中等负荷车辆齿轮油(CLD)采用精制的基础油,加入抗氧化、极压、防锈、防腐蚀、清净分散剂、抗磨、抗泡沫等多种添加剂调制而成。质量水平相当于 API GL—4。适用于润滑低速高转矩、高速低转矩条件下操作的各种齿轮,特别是客车和各种车辆的准双曲面齿轮驱动桥。以大连石化公司企业标准 Q/SH 011—1996 为例,规定的技术指标见表2-13。

表2-13　中等负荷车辆齿轮油的技术指标

项　目		质量指标						试验方法
		75W	80W/90	85W/90	85W/140	90	140	
运动黏度(100 ℃)/(mm² · s⁻¹)		≥4.1	13.5 ~ 24.0	13.5 ~ 24.0	24.0 ~ 41.0	13.5 ~ 24.0	24.0 ~ 41.0	GB/T 265
表观黏度达到150 Pa · s 时的温度/℃		−40	−26	−12	−12	—	—	GB/T 11145
成沟点 / ℃		−45	−35	−20	−20	−17.8	−6.7	GB/T 0030
闪点(开口)/℃	≥	150	165	165	180	180	200	GB/T 3536
倾点/℃	≤	报告	报告	报告	报告	报告	报告	GB/T 3535
黏度指数	≥	85	85	85	85	85	85	GB/T 1995
水分(质量分数)/℃	≤	痕迹						GB/T 260
铜片腐蚀试验(121 ℃,3 h)/级	≤	3						GB/T 5096
泡沫性(泡沫倾向性/泡沫稳定性)/(mL · mL⁻¹) 　24 ℃ 　93.5 ℃ 　后 24 ℃	≤ ≤ ≤	20 50 20						GB/T 12579
机械杂质(质量分数)/%	≤	0.02						GB/T 511
储存稳定性 　液体沉淀物(质量分数)/% 　固体沉淀物(质量分数)/%	≤ ≤	0.5 0.25						SH/T 0037
承载能力试验(CRCL—20 台架)		通过						SH/T 0518
抗擦伤试验(CRCL—19 台架)		通过						SH/T 0519
湿气腐蚀试验 　(CRCL—13 台架) 　(CRCL—21 台架)		通过 通过						SH/T 0517

3)重负荷车辆齿轮油的规格

重负荷车辆齿轮油(CLE)采用精制的基础油,加入抗氧化、极压、防锈、防腐蚀、清净分散剂、抗磨、抗泡沫等多种添加剂调制而成。质量水平相当于 API GL—5。适用于润滑高速冲击负荷等工作条件更恶劣的各种齿轮,特别是客车和各种车辆准双曲面齿轮。相应国家标准 GB 13895—1992 规定的技术指标见表2-14。

表 2-14　重负荷车辆齿轮油的技术指标

项　目	质量指标						试验方法
	75W	80W/90	85W/90	85W/140	90	140	
运动黏度(100℃)/(mm²·s⁻¹)	≥4.1	13.5~24.0	13.5~24.0	24.0~41.0	13.5~24.0	24.0~41.0	GB/T 265
表观黏度达到150 Pa·s时的温度/℃	-40	-26	-12	-12	—	—	GB/T 11145
成沟点/℃	-45	-35	-20	-20	-17.8	-6.7	GB/T 0030
闪点(开口)/℃　≥	150	165	165	180	180	200	GB/T 3536
倾点/℃　≤	报告	报告	报告	报告	报告	报告	GB/T 3535
黏度指数　≥	85	—			75	75	GB/T 1995
水分(质量分数)/℃　≤	痕迹						GB/T 260
铜片腐蚀试验(121℃,3 h)/级　≤	3						GB/T 5096
机械杂质(质量分数)/%　≤	0.05						GB/T 511
泡沫性(泡沫倾向性/泡沫稳定性)/(mL·mL⁻¹) 24℃　≤ 93.5℃　≤ 后24℃　≤	20 50 20						GB/T 12579
储存稳定性 液体沉淀物(质量分数)/%　≤ 固体沉淀物(质量分数)/%　≤	0.5 0.25						SH/T 0037
硫酸盐灰分(质量分数)/%	痕迹						GB/T 2433
戊烷不溶物(质量分数)/%	报告						GB/T 8926 A法
磷含量(质量分数)/%	痕迹						GB/T 11140
氮含量(质量分数)/%	痕迹						SH/T 0296
钙含量(质量分数)/%	痕迹						SH/T 0224
锈蚀试验 盖板锈蚀面积/%　≤ 齿轮轴承及其他部件锈蚀情况	1 无锈						SH/T 0517
承载能力试验	通过						SH/T 0518
抗擦伤试验	通过						SH/T 0519
热氧化稳定性 100℃运动黏度增长/%　≤ 戊烷不溶物/%　≤ 甲苯不溶物/%　≤	100 3 2						SH/T 0520 GB/T 265 GB/T 2926 A法

(2)车辆齿轮油的选择原则

车用齿轮油的选择主要从使用性能等级和黏度等级两方面进行考虑。

1)使用性能等级的选择

车用齿轮油使用性能等级的选择,主要考虑齿面压力、滑动速度和油温等工作条件的不同。也就是说,根据工作条件的苛刻程度来选择车辆齿轮油的使用性能等级。

工作条件的苛刻程度可以采用齿轮接触压力和滑动速度的乘积 Pv 来表示。Pv 值与发热量成正比,是衡量齿面发生烧结危险概率的主要标准。同时,若接触压力和滑动速度本身变化剧烈,也容易使得工作条件恶化。

目前市场上大部分小轿车及部分载重汽车驱动桥的双曲线齿轮,其接触压力在3 000 MPa以上,滑动速率在 10 m/s 以上,油温高达 120~130 ℃,这种工作条件苛刻的车型必须使用重负荷车辆齿轮油。国产东风 EQ1092 等车型的驱动桥虽也采用双曲线齿轮,但其齿面接触压力没有超过3 000 MPa,滑动速率也只为 1.5~8 m/s,工作条件相对较好,使用中等负荷车辆齿轮油即可满足其使用要求。而对于解放 CA1091 等较老旧车型,其驱动桥采用的是普通螺旋锥齿轮,加注普通车辆齿轮油即可。

变速器和转向器等齿轮机构一般负荷较轻,可以选用级别较低的齿轮油,但很多情况下为了简便,通常选用与驱动桥一样的,级别较高的齿轮油。注意,某些车型的变速器中采用了铜制机件,为了避免中、重负荷齿轮油中的极压抗磨剂对其腐蚀,要求选用柴油发动机润滑油或普通车辆齿轮油。

2)黏度等级的选择

车辆齿轮油黏度级别的选择主要根据其使用环境的最低气温和工作最高油温来决定,同时考虑车辆齿轮油换油周期的因素。

车辆齿轮油应保证在车辆起步阶段的低温状况下具有较好的流动性,同时在油温升高后仍具有一定黏度形成完整润滑膜。车辆齿轮油适用最低温度主要是根据其低温表观黏度达到150 Pa·s 时的最高温度来决定的。其中75 W,80 W,85 W 三个编号的油品允许使用的最低气温分别是:-40 ℃,-26 ℃和 -12 ℃。齿轮油的最高工作温度下要求其黏度不应低于 10~15 mm²/s。我国不少地区夏季选用 90 号齿轮油即可,对于一些夏季气温高达 40 ℃的地区,宜选用 140 号齿轮油。

(3)车辆齿轮油的使用注意事项

车辆齿轮油的正确选用不仅可以延长汽车相关机件的使用寿命,还有利于提高动力性和燃油经济性。在日常使用过程中,应当注意以下几个事项:

1)不能将使用性能等级较低的齿轮油用在要求较高的车辆上

比如,若将普通齿轮油加注于准双曲面齿轮的驱动桥中,将使得齿轮很快磨损。当然,使用性能等级较高的齿轮油允许加注到要求较低的车辆上,但过多降级会提升使用成本。

2)并非黏度越高越好

一般来说,车辆齿轮油的黏度越高,形成的保护膜越完整。但是,黏度牌号太高的齿轮油也将使得燃料消耗显著增加,所以,尽可能选择合适的多级齿轮油。

3)齿轮油加注量应适当

若齿轮油加注过量,会增加齿轮运转时的搅拌阻力,损失能量;而加注量过少,则会造成润滑不良,加速齿轮磨损速度。平时还应注意定期检查齿轮箱渗漏情况,保证各油封、衬垫的完好。

4)定期换油

由于齿轮油工作温度不太高,其中又包含许多性能优异的添加剂,使用寿命较长,消耗量较低,所以换油周期较长。当今很多汽车生产厂家推荐换油周期为 50 000 ~ 120 000 km。如果使用单级油,在换季维护时,排放的旧油仍满足继续使用条件,可妥善保存,严防水分、杂质等污染,以备再次使用。

2.3　液力传动油

为了实现降低驾驶员操作强度,提高行使平顺性等目标,越来越多的小轿车、大型客车、重型载货汽车装备了液力变矩器或液力耦合器。而液力传动油就是它们的工作介质。

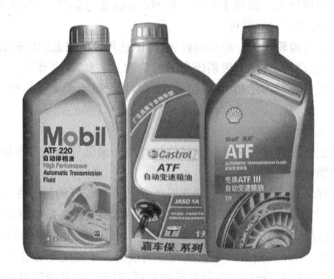

图 2-4　常见的几种液力传动油(自动变速器油)

2.3.1　液力传动油的性质

(1)液力传动油的作用

液力传动油,又称自动变速器油(ATF)是一种多功能工作液,它的主要作用包括:

1)力矩传递作用

在液力变矩器中作为流体动力能传递介质,将动能从泵轮传递到涡轮;在变速器内部则作为伺服机构和压力环路中静压能传递介质,控制内部各离合器、制动器组件的工作。

2)热量传递作用

变速器内部的摩擦片表面在接触瞬间,其温度可达 600 ℃,此时液力传动油可以充当热传递介质,及时降低摩擦副表面的温度,防止摩擦片烧结。

3)润滑作用

作为自动变速器内部各传动齿轮和轴承等组件的润滑介质。

（2）液力传动油的性能

1）黏温性

液力传动油的工作温度范围很宽，一般在 -170 ~ -40 ℃，因此要求其必须具备较高的黏度指数和较低的倾点。同时，组成自动变速器的各部件对液力传动油的黏度要求也差异较大。黏度低些，有利于提高液力变矩器的传动效率、伺服控制系统的操作灵敏性以及低温启动的容易性；黏度高些则更有利于满足齿轮和轴承等部件的润滑要求，减少控制系统和油泵的泄漏。

2）热氧化稳定性

汽车正常行使中，自动变速器油温一般在 80 ~ 90 ℃，但在一些苛刻工作条件下，最高油温可高达 150 ~ 170 ℃。因此，若液力传动油的热氧化稳定性差，就容易产生油泥、漆膜、沉淀物和腐蚀性很强的酸性成分。这样会引起油品的摩擦特性发生变化，使得液压控制管路被杂质堵塞，并导致轴承、橡胶密封材料等部件被腐蚀。因此，液力传动油对热氧化稳定性要求极其严格。

液力传动油的热氧化稳定性多采用"氧化试验"来评定。

3）与密封材料的适应性

液力传动油中的基础油和添加剂对密封材料都有明显影响。一般来说，石蜡基基础油对橡胶有收缩倾向，而环烷基基础油对橡胶有膨胀倾向，合理调和这两种油，以控制橡胶膨胀要求。

同时加注某些添加剂也有助于改善橡胶的膨胀倾向。此外，多种不同的密封材料（如丁腈胶、聚丙烯酸酯、硅橡胶等），也可能会造成基础油和添加剂之间的矛盾、橡胶膨胀剂的加入与油品其他性能之间的矛盾，从而使得配方复杂化。

4）剪切稳定性

液力变矩器在进行动力传递时，液力传动油会受到很大的剪切力，基础油对剪切是比较稳定的，但黏度指数改进剂等高分子化合物易被切断，从而降低油品黏度，引起油压降低，并导致离合器打滑。

5）抗磨性能

自动变速器采用了诸如行星齿轮等机构进行动力传递，为了满足润滑，要求液力传动油必须具有较好的抗磨性能。此外抗磨性还与离合器的传动、变速器的变速特性及使用寿命等相关。

液力传动油的抗磨特性主要通过四球磨损试验机、梯姆肯磨损试验机、叶片泵等设备进行检测。

6）抗泡沫性

液力传动油在工作过程中会因为高速搅拌、流动等原因产生泡沫，而泡沫的可压缩性会使得控制系统压力波动或下降，甚至供油中断，从而影响自动控制系统的准确性，导致液力变矩器传动效率下降，破坏正常的润滑条件，造成离合器打滑、烧坏等故障。同时因为油品中混入空气还促使油品老化，影响油品使用寿命。

为了防止液力传动油产生泡沫，通常在油品中加入抗泡沫添加剂。抗泡沫性的评定可按照 GB/T 12579—2002《润滑油泡沫特性测定法》的规定进行。

综上所述，液力传动油是一种性能比较全面、优良的油品，它对各方面的指标要求都比较严格,尤其希望在整个使用期间理化性能、使用性能均能保持较小的变化。业内普遍认为,液力传动油是所有车用润滑油产品系列中最复杂、最高级的产品之一,为了满足各方面的性能要求,它的配方需要非常巧妙的平衡。

2.3.2 液力传动油的分类

目前,世界上许多国家采用的是美国材料试验学会(ASTM)和美国石油学会(API)共同提出的PTF(Power Transmission Fluid)使用分类。根据该分类标准,将液力传动油分为PTF—1、PTF—2和PTF—3三类。

我国目前仅有液力传动油的两种企业规格,它们是按照100 ℃运动黏度划分,分为8号液力传动油和6号液力传动油。它们都是在精制的基础油中加入油性剂、抗磨剂、抗氧化剂、黏度指数改进剂和抗泡沫剂等配制而成。它与PTF分类标准对应关系见表2-15。

表2-15 液力传动油的使用分类

PTF分类标号	应用范围	符合规格的油品	与国内分类的对应关系
PTF—1	轿车、轻型货车的自动传动装置	通用汽车 GM Dexron/ Dexron Ⅱ/ Dexron Ⅲ/ Dexron Ⅳ 福特汽车 Ford M2C33—F/G 克莱斯勒 Chrysler MS—4228	8号液力传动油自动变速器油
PTF—2	重型货车、履带车、越野车等的功率转换器或液力耦合器	通用汽车 GM Truck 和 Coach 阿里森 Allison C—2/C—3	6号液力传动油功率转换器油
PTF—3	农业和野外建筑机械的液压、齿轮和制动等装置	约翰·狄尔 John Deere J—20A 福特 Ford M2C41A	拖拉机液压/传动两用油

2.3.3 液力传动油的选用

(1)液力传动油的典型规格

汽车液力传动油比较复杂,主要是一些大汽车公司或液力传动装置制造厂制订自己公司的专用规格。主要有通用汽车的Dexron、福特汽车的Mercon、阿里森公司的Allison以及卡特皮勒公司的TO系列规格,它们主要理化性能指标见表2-16。

国产液力传动油主要根据100 ℃运动黏度将其分为6号和8号两个牌号。其主要性能指标见表2-17。其中8号油的质量水平相当于通用汽车的Dexron Ⅱ D油,6号油相当于阿里森Allison C3油。8号油主要用作轿车的自动传动油,6号油主要用作内燃机车或载重汽车的液力变矩器。

表2-16 一些常见规格的液力传动油的理化性能指标

项 目		性能指标					试验方法
		Dexron II E	Dexron III	New Mercon	Allison C—4	TO—4	
100 ℃运动黏度/(mm²·s⁻¹)		报告	—	>6.8	报告	报告	D445
闪点/℃	>	160	170	177	160	160	D92
燃点/℃	>	175	185	—	175	175	D92
布氏黏度/(mPa·s⁻¹)							
−20 ℃	<	1 500	1 500	1 500	报告到	按 SAE	D2983
−30 ℃	<	5 000	5 000	报告	3 500	J300 要求	
−40 ℃	<	20 000	20 000	20 000	时温度		
铜片腐蚀试验		无变黑	1b	1b	无变黑	1a	D130
		无剥落			无剥落		
钢棒锈蚀试验		通过	通过	通过	通过	—	D665
泡沫性(95 ℃)		无泡沫	无泡沫	①	无泡沫	②	
135 ℃泡高/mm	<	10	5		10		GM6137
135 ℃消泡时间/s	<	15	15		23		
元素含量		报告	报告	报告	报告	—	D4951
威克斯泵试验/mg	<	15	15	10	15	90	D2882

①加热到150 ℃,以一定的速度鼓泡5 min,最大允许泡沫100 mL,1 min内泡沫体积为0。
②加1% H_2O,以一定的速度鼓泡5 min,最大允许泡沫25 mL,1 min内泡沫体积为0。

表2-17 国产液力传动油的主要性能指标

项 目		质量指标		试验方法
		6 号	8 号	
运动黏度/(mm²·s⁻¹)				
100 ℃		5~7	7.5~8.5	GB/T 265
−20 ℃	≤	—	2 000	
运动黏度比(50 ℃/100 ℃)	≤	4.2	3.6	GB/T 265
闪点(开口)/℃	≥	160	155	GB/T 267
凝点/℃	≤	−35	−50	GB/T 510
铜片腐蚀(100 ℃,3 h)		合格		SH/T 0195

(2)液力传动油的选择原则

液力传动油是所有车用润滑油产品系列中最复杂、最高级的产品之一,选用过程应注意以下一些原则:

1)参照使用说明书的规定

通常厂家会在说明书中注明所加注液力传动油的类别。如果厂家并没有特别注明,可按照液力传动油的使用分类中各类油的应用范围来选择。

2）区分 A 型油和 F 型油

通用汽车的 Dexron 系列油品的前身叫 A 型油,因而有些时候会延续这一叫法。F 型油则是福特汽车的产品,现在的产品编号是 Ford M2C33 E/F。与 A 型油相比,F 型油未添加油性剂,其静摩擦系数较大,两者不可混用。

3）国产油品的应用

国产 8 号液力传动油可以用于要求使用 GM—A 型、A—A 型或 Dexron 型 ATF 的车型。6 号油则主要用于重型货车、工程机械的液力传动系统。拖拉机液压/传动两用油则适合全液压拖拉机、工程机械等车型选用,其中 100 号两用油适合南方地区,100D 和 68 号油则适合北方地区。

(3) 液力传动油的使用注意事项

液力传动油使用注意事项包括:

1）保持油温在正常范围

应当避免长时间超载、低速行驶,因为这将导致油温上升,加速传动油的氧化变质,并形成积炭和沉淀物。而这些积炭和沉淀物将阻塞细小的控制油路,使得变速器进一步过热,最终导致变速器的损坏。

2）经常检查油位和油液状况

在热车状态(变速器油温保持为 80～85 ℃),检查油位是否在自动变速器油尺的热态区间。注意检查过程,应当保证车辆停放在水平地面。

检查油位同时,用手指蘸少许油液,搓摩看是否有固体杂质存在,嗅闻油液气味,并观察油液外观颜色。例如,对于红色的 Dexron 液力传动油来说:颜色清澈带红色为正常;暗红色或褐红色则意味着油温较高,离合器或制动器的摩擦片磨损较严重;颜色清淡且气泡多则说明液位过高或油品变质使得油内混有空气;油内有较多固体杂质,则说明摩擦副损坏。

3）定期更换液力传动油

按照车辆使用说明书的要求,定期更换液力传动油和过滤器(或清洗滤网),同时拆洗自动变速器的油底壳,并更换其密封垫。

4）不可混用液力传动油

不同品牌,不同类别的液力传动油,其所含添加剂不尽相同,混用可能使得成分间发生化学反应,导致油品变质。更换新油时,最好先将油底壳、液力变矩器和油路清洗干净,避免混用。

2.4 润滑脂

2.4.1 润滑脂的性质

润滑脂是将稠化剂分散于液体润滑油中所得到的一种固体或半固体产品,为了改善某种特性,可在其中加入各种添加剂和填料。润滑脂在常温下能保持自己的状态,在垂直表面不流失,并能在敞开或密封不良的摩擦部位工作,可以解决润滑油不能解决的问题。因此,润滑脂被广泛应用于汽车和工程机械上的许多部位,是非常重要的一种润滑材料。图 2-5 为常见的几种润滑脂。

(1)润滑脂的性能

润滑脂主要作用与润滑油类似,都是润滑、保护、密封等。但相对于液体润滑油,润滑脂还具有一些特性,如较好的结构黏度和附着力;具有更好的填充和保持能力;具有更好的油性和润滑能力;抗碾压,适用于高负荷;减振性强,尤其适用于齿轮和振动摩擦节点的润滑;黏温性好,温度适应性强等。当然它也存在黏滞性大,启动阻力大;流动性差,散热作用弱;一旦混入固体杂质便难以清除等缺点。

汽车上采用润滑脂润滑的部件很多,而各部件工作条件差异大,因此要求润滑脂必须具备以下一些特性以满足使用要求。

图 2-5　常见的几种润滑脂

1)稠度

稠度是指像润滑脂一类的胶凝性物质,在受外力作用时抵抗变形的程度。适当稠度的润滑脂容易加注并能长时间保持于摩擦面,持续润滑摩擦面。稠度不同,适用的转速、负荷和环境温度等工作条件也不同,因此它是选用润滑脂的重要考虑因素。

润滑脂稠度的评定指标是锥入度。锥入度是指在规定的时间和温度下,标准锥体自由滑落插入润滑脂内的深度,以 0.1 mm 为单位表示。锥入度的测定按照 GB/T 269—91《润滑脂和石油脂锥入度测定法》规定的方法进行。方法概要是,在 25 ℃的环境温度下,将锥体组合件从锥度计上释放,使锥体下落 5 s,测定其刺入试样的深度。根据测定条件的不同,又可分为以下 3 种:

①不工作锥入度,是指在尽可能少搅动的前提下,将润滑脂试样移入试验用容器中进行锥入度测定。

②工作锥入度,是指将润滑脂试样在试验容器中经受 60 次往复工作后,立即进行锥入度测定。

③延长工作锥入度,是指将润滑脂试样在试验容器中经受多于 60 次的往复工作后,立即进行锥入度测定。

润滑脂的锥入度是其稠度的主要反映指标。锥入度越小,稠度越大,润滑脂越硬,越不易变形流动,且其内摩擦阻力大,因此稠度太大的润滑脂不适用于高速运转部件的润滑要求。一般来说,冬季可选用锥入度大一些的润滑脂,夏季则可选用锥入度小一些的润滑脂。

为了适应实际使用中对稠度不同的润滑脂选用的需要,通常对相同的脂有不同的锥入度相配,以供不同用途选用。按照 GB 7631.1—1987 的规定,我国润滑脂稠度等级和相应的锥入度范围的对应关系如表 2-18。

2)低温性能

汽车起步时润滑脂的温度几乎和环境温度一致,而汽车必须要能在寒冷地区使用,因此要求润滑脂在低温条件下仍能保持良好的润滑性能。

表2-18　润滑脂的稠度分级和锥入度范围(25 ℃)

级　号	000	00	0	1	2	3	4	5	6
锥入度范围	445～447	400～430	355～385	310～340	265～295	220～250	175～205	130～160	85～115
状态	液态	几乎液态	极软	非常软	软	中	硬	非常硬	极硬或固态

润滑脂低温性能的评定指标有:相似黏度和低温转矩。

润滑脂在一定温度条件下的黏度并非常量,而是随着剪切速率而变化的变量,这种黏度被称为相似黏度,单位为 Pa·s。润滑脂的相似黏度随剪切速率的增高而降低,直至接近其基础油的黏度后才不再变化。这种润滑脂相似黏度与剪切速率的变化规律称为黏度——速度特性。黏度随剪切速率变化越明显,其能量损失越大。相似黏度影响启动阻力和功率损失,以及润滑脂进入摩擦面间隙的难易程度。因此,通常采用低温条件下润滑脂相似黏度的允许值来确定润滑脂的低温使用极限。

低温转矩是表示润滑脂在低温条件下使用时阻滞低速度滚珠轴承转动的程度,它不但与基础油的低温黏度有关,还与润滑脂的强度极限有关。

3) 高温性能

温度对于润滑脂的流动性具有很大的影响,温度升高,润滑脂变软,使其附着性降低而易于流失。此外,润滑脂在高温环境中,蒸发损失增大,氧化变质和凝缩分油现象严重。而润滑脂的失效大多就是凝胶的萎缩和基础油的蒸发损失所导致,也就是说使用温度很大程度上影响了润滑脂的使用寿命。高温性能好的润滑脂在较高的使用温度中,不仅能较好保持其附着性能,还能很好延迟其变质失效时间。

润滑脂高温性能的评定指标包括:滴点、蒸发度和轴承漏失量等。

滴点是指在规定条件下达到一定流动性时的最低温度。润滑脂的滴点主要由稠化剂的种类与含量决定,是其使用温度上限的参考数据,滴点越高,耐热性越好。

蒸发度是指在规定的试验条件下,因蒸发而引起的润滑脂质量损失的百分数。润滑脂的蒸发度主要由其基础油的种类、馏分的组成和分子量等决定。因为润滑脂的蒸发损失会使得其稠度增大,内摩擦增大,进而影响其使用寿命,因而在高温或宽温度条件下使用的润滑脂,蒸发度的测定特别重要。蒸发度的测定按照 GB/T 7325—87《润滑脂和润滑油蒸发损失测定法》的规定进行。

轴承漏失量的测定是按照 SH/T《汽车轴承润滑脂漏失量测定法》的规定进行。大概步骤是:取润滑脂样品 90 g,往轮毂中装脂样 85 g,小轴承中装 2 g(±0.1 g),另一轴承中装脂样 3 g(±0.1 g)。轮毂转速保持在 660 r/min(±30 r/min),轴承温度 104.5 ℃(±1.5 ℃)的条件下,使轮毂工作 360 min(±5 min)。测定润滑脂的漏失量,并在试验结束时观察轴承表面状况。若润滑脂的漏失量越大,表明其高温工作性能越差。

4) 抗水性

润滑脂在使用过程中不可避免会接触到水或大气中的水分。润滑脂抗水性是指其遇水后抵抗结构和稠度等性能发生变化的能力。抗水性差的润滑脂,遇水后会使稠化剂溶解而让滴点降低,引起腐蚀,降低保护作用。有些润滑脂,如钠基脂,遇水或吸收空气中水分后,甚至会因乳化而流失;有些则会因遇水后变硬而失去润滑能力。

5)防腐防锈性

防腐防锈性是润滑脂阻止与其相接触的金属被腐蚀、锈蚀的能力。润滑脂的基础油和稠化剂本身是不会对金属产生腐蚀或锈蚀作用的,润滑脂产生腐蚀、锈蚀的原因很多,主要是因为其在使用过程中会被氧化产生酸性物质,而酸性物质会与水分等共同作用而腐蚀、锈蚀金属元件。一般来说,过多的有机酸、碱、水分等物质都会产生腐蚀作用。

6)极压性和抗磨性

润滑脂在相互接触的金属表面间形成的脂膜,能承受来自轴向和径向的负荷,而这种承受负荷的特性称为润滑脂的极压性。通常情况下,添加了稠化剂的基础油,其极压性都已得到提高。但为了满足润滑脂在一些极端条件下的使用,一般还添加极压剂,以增强其极压性。

润滑脂通过保持在运动部件表面间的油膜,防止金属运动件之间直接接触而磨损的能力,称为抗磨性。润滑脂的稠化剂本身就是油性剂,具有较好的抗磨性。但为了让润滑脂能在更苛刻的条件下使用,通常添加含二氧化钼、石墨等成分的减磨剂和极压剂,使润滑脂具有更强的抗磨性,这种润滑脂被称为极压型润滑脂。

7)胶体稳定性

胶体稳定性是指润滑脂在贮存和使用过程中,避免胶体分解,防止液态润滑油析出的能力,也即润滑油与稠化剂结合的稳定性。因为润滑脂是一个胶体分散体系,其胶体结构常受温度、压力等影响而遭受不同程度的破坏,使固定在纤维骨架中的基础油分离出来,即是常说的油皂分离。若润滑脂的胶体稳定性差,容易导致其稠度改变,基础油流失。

8)氧化稳定性

氧化稳定性是指润滑脂在储存和使用过程中,抵抗大气氧化作用而保持其性质不发生永久性改变的能力。润滑脂中的基础油和稠化剂在贮存或使用过程中,不可避免会与空气接触,并在不同程度上发生氧化反应生成胶质、破坏润滑脂的物质和腐蚀性的酸性物质,这些物质最终将导致润滑脂使用寿命下降,金属部件被腐蚀。由于作为稠化剂的金属皂等物质对氧化反应有促进作用,所以润滑脂的氧化稳定性比其基础油差,通常需要添加抗氧化剂来抑制氧化。

9)机械稳定性

润滑脂的机械稳定性是指其在机械工作条件下抵抗稠度变化的能力。润滑脂在使用过程中由于受到机械运转的剪切作用,其稠化剂的纤维结构被破坏,使稠度下降,甚至导致其因过度软化而使基础油流失,缩短使用寿命。

(2)润滑脂的构成

润滑脂主要由基础油、稠化剂、添加剂与填料三部分组成。一般基础油占75%~90%,稠化剂占10%~20%,添加剂与填料一般在5%以下。

1)基础油

基础油是润滑脂中起润滑作用的主要成分,它对润滑脂的使用性能有较大的影响。一般选用中等黏度或高黏度的矿物油作为基础油,当然为了适应在一些更苛刻条件下工作的接卸润滑和密封的需要,也可采用合成油作为基础油。

49

①矿物油

矿物油被广泛用来作润滑脂基础油,也是经济性最好的一款基础油。矿物油的黏度指数越大,所制取的润滑脂稠度越大,胶体稳定性越好。一般可根据使用温度、轴承尺寸和运转速度来选用不同黏度的矿物油作为润滑脂的基础油。

②酯类油

酯类油是目前广泛使用的一种合成油,它具有良好的润滑性和高、低温特性。使用酯类油制成的润滑脂高、低温性能优异。

③合成烃油

理想的合成烃油应当尽可能是线性聚合,黏度指数较高,不结晶,凝点低,具有良好的热稳定性和氧化稳定性。但实际使用中,合成烃油因其含有少量不饱和烃,使得氧化稳定性差。通过对油品进行精制,除去胶质和多环芳烃,可以极大改善油品的氧化稳定性和抗磨性。

④硅油

硅油具有其他液体难以比拟的优异特性,如凝点低,化学稳定性好,电气性能优异,在非常宽的温度范围内黏度变化极小等。尤其是含有甲基和苯基的硅油,热稳定性非常好,制成的润滑脂暴露在大气中,加热到 250 ℃,经过 1 500 h 以上也不变稠。

2)稠化剂

稠化剂是润滑脂的重要组成部分,在润滑脂中形成海绵状的结构骨架,将基础油包裹其中,从而使得润滑脂失去流动性而成为膏状物质。稠化剂对润滑脂的抗水性、耐热性等性能具有很大的影响。

稠化剂分两大类皂基稠化剂(脂肪酸金属皂)和非皂基稠化剂(烃基类,有机类和无机类)。大多数的润滑脂是以天然脂肪或脂肪酸与碱反应制成的皂基作为稠化剂的。常用的天然脂肪和脂肪酸包括:牛油、猪油、棉籽油、硬脂肪酸、12 羟基脂肪酸等。所用的碱类多为碱金属和碱土金属的氢氧化物,如氢氧化钙、氢氧化钠和氢氧化锂等,它们可以分别制成钙皂、钠皂、锂皂、混合皂或复合皂稠化剂,再用这些稠化剂可以制成钙基、钠基、锂基以及钙钠基等润滑脂。

3)添加剂与填料

添加剂可以改变基础油原来固有的性质或增加原来不具备的性质,从而改善润滑脂的使用性能。一类添加剂是润滑油所固有的,称为胶溶剂或结构改进剂,如甘油、水等,它使油、皂结合更加稳定。另一类则与其他润滑油的添加剂类似,包括:抗氧化剂、极压剂、防腐蚀防锈剂、抗水剂等。

此外,通常将石墨、二硫化钼和炭黑等添加到润滑脂中以提高对流失的抵抗和增强润滑能力。石墨、二硫化钼和炭黑等这些物质,一般称为填料。

2.4.2 润滑脂的分类

(1)国外分类标准

美国材料试验学会(ASTM)、美国汽车工程学会(SAE)和美国润滑脂协会(NLGL)联合提出的 ASTM D 4950—2001《汽车保养润滑脂的标准分类和规范》,见表 2-19。其中底盘车体润滑脂用于球节轴承、万向节十字头等润滑部位,代号为 LA,LB;轮毂轴承润滑脂用于汽车轮毂轴承等润滑部位,代号为 GA,GB,GC。

表 2-19 汽车润滑脂分类（ASTM—SAE—NLGL 联合提出）

类 别	标号	性 能	使用温度范围	稠 度	要 求
底盘车体润滑脂	LA	轻中负荷,抗氧化防锈、抗磨、机械稳定	—	主要 2 号	轿车 3 200 km 以下
	LB	苛刻负荷,振动、水接触、长期运转	−40 ~ 120 ℃	主要 2 号	轿车 3 200 km 以上
轮毂轴承润滑脂	GA	较轻负荷	−20 ~ 70 ℃	—	—
	GB	较轻到中负荷,抗氧、抗腐、抗磨、稳定	−40 ~ 120 ℃（有时达 160 ℃）	主要 2 号（也有 1,3 号）	高速公路用
	GC	中到苛刻负荷,抗氧、抗腐、抗磨	−40 ~ 160 ℃（有时达 200 ℃）	主要 2 号（也有 1,3 号）	开、停频繁用

（2）我国分类标准

根据 GB/T 7631.8—1990《润滑剂和有关产品（L 类）的分类》的规定,我国润滑脂的分类标准参照国际标准化组织（ISO）制定的分类方法。

按照该标准,润滑脂属于 L 类（润滑剂和有关产品）的 X 组（润滑脂）。而每一种润滑脂用一组（5 个）大写字母组成的代号来表示,每个字母都有特定的意义,见表 2-20。

表 2-20 润滑脂标记字母的含义

L	X（字母 1）	字母 2	字母 3	字母 4	字母 5	稠度等级
润滑剂和有关产品类	润滑剂组别	最低操作温度	最高操作温度	水污染（抗水性、防锈性）	极压性	稠度号

该标准根据润滑脂在应用中的操作条件（温度、水污染及负荷等）对润滑脂进行分类,详见表 2-21。

表 2-21 润滑脂的分类（GB/T 7631.8—1990）

代号字母（字母 1）	总的用途	操作温度范围				水污染	字母 4	负荷 EP	字母 5	稠度	标 记	备 注
		最低温度[①]/℃	字母 2	最高温度[②]/℃	字母 3							
X	用润滑脂的场合	0 −20 −30 −40 < −40	A B C D E	60 90 120 140 160 180 >180	A B C D E F G	在水污染的条件下,润滑脂的润滑性、抗水性和防锈性	A B C D E F G H I	在高负荷或低负荷下,表示润滑脂的润滑性和极压性,用 A 表示非极压型脂,用 B 表示极压型脂	A B	可选用如下稠度号: 000 00 0 1 2 3 4 5 6	一种润滑脂的标记是由代号字母 X 与其他 4 个字母及稠度等级号联系在一起的	包含在这个分类体系范围里的所有润滑脂彼此相容是不可能的。而由于缺乏相容性,可能导致润滑脂性能水平的剧烈降低,因此,在允许不同的润滑脂相接触之前,应和产销部门协商

其中,水污染程度的确定见表2-22。

表2-22 水污染程度的确定

环境条件[①]	防锈性[②]	字母4	环境条件	防锈性	字母4	环境条件	防锈性	字母4
L	L	A	M	L	D	H	L	G
L	M	B	M	M	E	H	M	H
L	H	C	M	H	F	H	H	I

注:①L 干燥环境;M 静态潮湿环境;H 水洗。
②L 不防锈;M 淡水存在下的防锈性;H 盐水存在下的防锈性。

例如:L—XBEHB1,其中 L——类别(润滑剂);X——组别(润滑脂);B——最低使用温度(−20 ℃);E——最高使用温度(160 ℃);H——水污染(经受水洗,淡水能防锈);B——极压性(极压型脂);1——数字(稠度等级,1 号)。

2.4.3 润滑脂的选用

(1)常见产品牌号与规格

1)钙基润滑脂

钙基润滑脂是由动植物脂肪酸与氢氧化钙制成的钙皂稠化矿物基础油,并用水作胶溶剂制成。它是 20 世纪 30 年代的老产品,分为 1,2,3,4 共四个稠度牌号。钙基润滑脂的滴点在 75~100 ℃,工作温度在 −10~60 ℃,抗水性好,胶体稳定性好,容易黏附于金属表面形成润滑膜,但耐热性差,使用寿命短。钙基润滑脂主要被用于汽车、拖拉机、工农业机械等的滚动轴承和易与水接触部位的润滑。目前钙基润滑脂属于淘汰产品,慎重选用。其规格见表2-23。

表2-23 钙基润滑脂规格(GB 491—87)

项 目	质量指标				试验方法
	1 号	2 号	3 号	4 号	
外观	淡黄色至暗褐色均匀油膏				目测
工作锥入度/(1/10 mm)	310~340	265~295	220~250	175~205	GB/T 269
滴点/℃ ≥	80	85	90	95	GB/T 4929
腐蚀(T2 铜片,室温,24 h)	铜片上没有绿色或黑色变化				GB/T 7326
水分/% ≤	1.5	2.0	2.5	3.0	GB/T 512
灰分/% ≤	3.0	3.5	4.0	4.5	SH/T 0327
钢网分油量(60 ℃,24 h)/% ≤	—	12	8	6	SH/T 0324
延长工作锥入度,1 万次与工作锥入度的差值/(1/10 mm) ≤	—	30	35	40	GB/T 269
水淋流失量(38 ℃,1 h)/% ≤	—	10	10	10	SH/T 0109
矿物油黏度(40 ℃)/(mm² · s⁻¹)	28.8~74.8				GB/T 265

2）石墨钙基润滑脂

石墨钙基润滑脂是由动植物脂肪酸与氢氧化钙制成的钙皂稠化中等黏度的矿物基础油，并添加一定量的鳞片状石墨制成。石墨钙基润滑脂具有较好的极压性能、抗碾压性能，适应重负荷、粗糙摩擦面的润滑；具有较好的抗水性，能适应与水接触部件的润滑。因此它适用于重负荷、低转速和粗糙表面的润滑，常用于汽车钢板弹簧、吊车、起重机齿轮转盘等部位。石墨钙基润滑脂不适用于滚动轴承及精密机件的润滑。其规格见表2-24。

表2-24　石墨钙基润滑脂规格（SH 0369—1992）

项　目	质量指标	试验方法
外观	黑色均匀油膏	目测
滴点/℃　　　　　　　　　　≥	80	GB/T 492
腐蚀（钢片，100 ℃，3 h）	合格	GB/T 7326
水分/%　　　　　　　　　　≤	2	GB/T 512
稳定性	合格	—

3）钠基润滑脂

钠基润滑脂是由动植物脂肪酸与氢氧化钠制成的钠皂稠化矿物基础油制成。钠基润滑脂具有极好耐热性，滴点高达160 ℃，可在120 ℃的条件下长时间工作；它的附着性强，可用于振动大、温度高的滚动轴承上；它还具有较好的承压性能，适应负荷范围较大。但是它抗水性很差，遇水易乳化，不能用于潮湿环境或与水接触的部件。钠基润滑脂有2，3号两个稠度牌号，其规格见表2-25。

表2-25　钠基润滑脂规格（GB/T 492—1989）

项　目	质量指标		试验方法
	2 号	3 号	
滴点/℃　　　　　　　　　　≥	160	160	GB/T 492
锥入度/（1/10 mm） 　工作 　延长工作（10 万次）　　　　≤	265～295 375	220～250 375	GB/T 269
腐蚀试验（T2 铜片，室温，24 h）	铜片无绿色或黑色变化		GB/T 7326 中乙法
蒸发量（99 ℃，22 h）（质量分数）/%　≤	20	20	GBH 7325

4）汽车通用锂基润滑脂

汽车通用锂基润滑脂是由动植物脂肪酸与氢氧化锂制成的锂皂稠化低凝固点矿物油，并加抗氧、防锈剂制成。汽车通用锂基润滑脂具有良好的高、低温性能，可在 –30～120 ℃的宽温度范围内使用；具有良好的机械稳定性、胶体稳定性，可用于高速运转、强机械剪切作用部件；同时还具有较好的抗氧化稳定性、抗水性和防腐防锈性，可用于潮湿环境的部件。因此汽车通用锂基润滑脂被广泛用于轮毂轴承、底盘、水泵、发电机等大多数部位的润滑，被众多国内外汽车生产厂商推荐使用（图2-6为几种汽车通用锂基润滑脂）。其规格见表2-26。

图 2-6 几种汽车通用锂基润滑脂
表 2-26 汽车通用锂基润滑脂规格

项 目		质量指标	试验方法
工作锥入度/(1/10 mm)		265~295	GB/T 269
滴点/℃	≥	180	GB/T 4929
钢网分油(100 ℃,30 h)/%	≤	5	SH/T 0324
相似黏度(-20 ℃,10 s⁻¹)/(Pa·s)	≤	1 500	SH/T 0048
游离碱(NaOH)/%	≤	0.15	SH/T 0329
腐蚀(T2 铜片,100 ℃,24 h)		铜片无绿色或黑色变化	GB/T 7236
蒸发量(99 ℃,24 h)/%	≤	2.0	GB/T 7325
漏失量(104 ℃,22 h)/%	≤	5.0	SH/T 0326
水淋漏失量(79 ℃,1 h)/%	≤	10	SH/T 0109
延长工作锥入度(1 万次),变化率/%	≤	20	GB/T 269
氧化稳定性(99 ℃,100 h,0.77 MPa),压力降/MPa	≤	0.07	SH/T 0335
防腐蚀性(52 ℃,48 h,相对湿度100%)/级		1	GB/T 5018
杂质/(个/cm³) 10 μm 以上 25 μm 以上 75 μm 以上 125 μm 以上	 ≤ ≤ ≤ ≤	 5 000 3 000 500 0	SH/T 0336

5)极压复合锂基润滑脂

极压复合锂基润滑脂比汽车通用锂基润滑脂具有更高的极压抗磨性,在 -20~160 ℃ 的温度范围内,可用于高负荷机械设备的齿轮和轴承的润滑,有 1,2,3 号 3 个稠度牌号,为一些高性能进口汽车所推荐使用。其规格见表 2-27。

表 2-27　极压复合锂基润滑脂规格

项　目	质量指标						试验方法
	一等品			合格品			
	1 号	2 号	3 号	1 号	2 号	3 号	
工作锥入度/(0.1 mm)	310~340	265~295	220~250	310~340	265~295	220~250	GB/T 269
滴点/℃　　　　　　≥	260	260	260	250	260	260	GB/T 3498
腐蚀(T2 铜片,100 ℃,24 h)	不大于 2 级						GB/T 7326 甲法
	铜片无绿色或黑色						GB/T 7326 乙法
水淋流失量(38 ℃,1 h)/%(m·m⁻¹)　　　≤	5	5	5	10	10	10	SH/T 0109
延长工作锥入度变化率/%　　10 000 次　　　　≤	10	10	10	—	—	—	GB/T 269
100 000 次　　　≤	10	10	10	15	20	20	
漏失量(104 ℃,6 h)/g　≤	2.5	2.5	2.5	5.0	2.5	2.5	SH/T 0326
漏失量(163 ℃,60 g,6 h)/g　≤	2.5	2.5	2.5	—	—	—	SH/T 0326
防腐蚀性(52 ℃,48 h)/级　≤	1	1	1	2	2	2	GB/T 5018
极压性能(四球机法)　P_D/N　　　　　　≥	3 089	3 089	3 089	3 089	3 089	3 089	SH/T 0202
ZMZ/N　　　　　≤	637	637	637	441	441	441	
极压性能(梯姆肯法)OK 值/N　≥	200	200	200	156	156	156	SH/T 0203
抗磨性能(四球机法)/mm　≤	0.5	0.5	0.5	—	—	—	SH/T 0204
蒸发度(180 ℃,1 h)/%(m·m⁻¹)　　　≤	—	—	—	5	5	3	SH/T 0337
钢网分油(100 ℃,24 h)/%(m·m⁻¹)　　　≤	—	—	—	6	5	3	SH/T 0324
氧化安定性(99 ℃,100 h,0.770 MPa)	—	—	—	0.070	0.070	0.070	SH/T 0325
相似黏度(-10 ℃,10 s⁻¹)/(Pa·s)　　≤	500	800	1 200	500	800	1 200	SH/T 0048
轴承寿命(149 ℃)/h　≥	400	400	400	—	—	—	SH/T 0428

(2)润滑脂的选择原则

润滑脂的选择包括润滑脂品种的选用和稠度级号的选择。

润滑脂品种的选择就是考虑工作温度、运转速度、负荷以及工作环境等因素,选择满足操作温度范围、极压性和水污染等指标的产品。

一般来说,钙基润滑脂适用于易与潮湿空气或水直接接触的低、中速和低、中负荷的滚动

图 2-7　几款极压复合锂基润滑脂

或滑动节点的润滑,一般工作温度不允许超过 70 ℃,如转向拉杆的节点等;石墨钙基润滑脂适用于高负荷、低转速的粗糙表面或易与水接触的部位,如汽车钢板弹簧等;钠基润滑脂适用于中等负荷、不与水接触的部位,可在 -10～110 ℃ 的温度范围内工作,如发电机轴承等;锂基润滑脂虽价格较高,但各方面性能比较优良,适用于汽车各润滑部位。

考虑到简化品种,一般除了粗糙表面、受冲击负荷及极压条件下工作的部件使用石墨钙基润滑脂外,其余部位多采用汽车通用锂基润滑脂。

稠度级号的选择一般考虑加脂方式、气温、工作温度等因素。我国南方地区可全年使用 2号脂;北方地区夏季使用 2 号脂,冬季可根据具体情况考虑更换为 1 号脂。

(3)润滑脂的使用注意事项

使用注意事项包括:

1)合理选用润滑脂

根据汽车上各部位的要求,选用合适的润滑脂。一般厂家提供的说明书上均会注明适用润滑脂的种类和牌号,谨防错用、混用。

2)注意节约,防止浪费

润滑脂加注量太大,会造成工作时搅动阻力大,温度升高,缩短使用寿命。同时,还使得汽车燃油经济性下降。

3)严防杂质混入

润滑脂一旦混入杂质便难以清除,因此在储存、使用过程中,严防灰尘、水分等外界杂质混入其中。储存容器尽量清洁干燥;尽可能减少与空气直接接触;作业场所干净整洁;加注前擦洗干净部件;作业完毕后密封盛装容器与加注管口。

复习思考题

1.发动机润滑油的作用有哪些?

2.汽车对发动机润滑油的使用性能要求有哪些?

3.何为发动机润滑油的黏温性?其对发动机使用性能有何影响?

4.按照国际常用惯例,发动机润滑油是如何进行分类的?其品种和牌号都有哪些?

5. 如何正确选用合适的发动机润滑油？使用过程应注意哪些事项？

6. 发动机润滑油品质简易辨别的方法都有哪些？

7. 车辆齿轮油的 SAE 黏度级别是如何划分的？

8. 车辆齿轮油的 API 使用性能级别是如何划分的？

9. 如何正确选用车辆齿轮油？使用过程应注意哪些事项？

10. 自动变速器油必须具备哪些使用性能？

11. 按照我国分类标准,液力传动油可怎样进行分类？

12. 如何正确选用液力传动油？

13. 汽车用润滑脂要求具有哪些使用性能？

14. 请简述钙基润滑脂、钠基润滑脂和汽车通用锂基润滑脂的特点与使用范围。

15. 如何正确选用汽车润滑脂？使用过程应注意哪些事项？

第**3**章
车用工作液

能力目标

1. 能根据系统特点合理选用发动机冷却液、制动液、制冷剂；
2. 能正确解释发动机冷却液、制动液、制冷剂的区别。

知识目标

1. 了解发动机冷却液、制动液、制冷剂的分类、牌号；
2. 了解发动机冷却液、制动液、制冷剂的使用注意事项；
3. 掌握发动机冷却液、制动液选用的原则；
4. 掌握发动机冷却液、制动液、制冷剂的检查方法。

汽车工作液主要包括发动机冷却液、制动液、制冷剂等。由于每一种工作液的工作条件不同，因此，汽车对各种工作液提出的要求也不同。根据使用工作液的所在系统的特点，正确、合理地选用工作液，不仅能减少机件的磨损，延长汽车的使用寿命，而且能减低排放、节约能源。

3.1 发动机冷却液

3.1.1 发动机对冷却液的要求

在可燃混合气的燃烧过程中，汽缸内产生高温、高压气体。气体温度可达到 1 700 ~ 2 500 ℃。为保证汽车发动机正常工作，需对在高温条件下工作的零件进行冷却。

目前汽车发动机广泛采用强制循环水冷却系统，冷却液就是冷却系统中带走高温零部件热量的工作介质。发动机冷却液和润滑油一样，是发动机正常工作必不可少的工作介质。图 3-1 为常见的几种发动机冷却液。

由于发动机性能的逐渐强化，车速不断提高，对汽车冷却系统的冷却作用提出了更高的要求，即防沸的问题。汽车冬季露天停放或长时间停车，发动机温度降至与气温相近，因此发动机冷却液应防冻，还要求发动机冷却液能防腐蚀、防水垢。

图 3-1　常见的几种发动机冷却液

3.1.2　发动机冷却液的使用性能

为保证汽车发动机正常工作和延长发动机的使用寿命,要求发动机冷却液具备以下性能:

1)黏度小,流动性好

汽车发动机冷却液的黏度越小越好,这样有利于流动,散热效果好。

2)冰点低,沸点高

冰点就是液体冷却时所形成的结晶,在升温时,其结晶消失一瞬间的温度,以℃表示。若汽车在低温条件下停放时间较长,而发动机冷却液的冰点达不到应有的温度,则发动机的冷却水套和散热器就会被冻裂。因此,要求发动机冷却液的冰点要低。

沸点是发动机冷却系统的压力与外界大气压相平衡的条件下,冷却液开始沸腾的温度。驾驶员在行车过程中如果遇到水箱"开锅"(即冷却液沸腾)的情况,会给驾驶带来极大不便。优质的冷却液具备良好的防开锅性能,换句话说就是要求它有一个高的沸点。现在优质的冷却液沸点接近200 ℃,可保证发动机在正常温度范围内工作。如果在使用中冷却液沸腾,要认真检查一下机械故障,如水泵是否正常工作,节温器是否灵敏等。发动机冷却液在较高温度下不沸腾,可保证汽车在满载、高负荷、高速条件下或在山区、热带夏季正常行车。因此,要求发动机冷却液冬天防冻、夏天防沸。

3)防腐蚀性好,不损坏汽车有机涂料

发动机冷却系统是由多种金属组成的,冷却液在系统中循环腐蚀是极为严重的问题。目前市面上优质的冷却液,可以很好地保护水箱,延长发动机的使用寿命。发动机冷却液在工作的过程中对金属材料的腐蚀,会影响发动机正常的工作,甚至造成事故。

为使发动机冷却液有良好的防腐性,要保持冷却液呈碱性状态,要求发动机冷却液的pH值在7.5～11.0,超出范围将对防腐蚀性产生不利的影响。发动机冷却液是一种化学物质的调和物,在加注中很容易接触到汽车的有机涂料层,这就要求发动机冷却液对汽车有机涂料不能造成不良影响,例如剥落、鼓泡和褪色等。

4)不易产生水垢,抗泡性好

水垢对发动机冷却系统的散热强度影响很大。试验表明,水垢的传热系数比铸铁小几十倍,比铝合金小100～300倍。据有关资料介绍,在发动机维修工作中,约有6 %是发动机冷却系统出现的故障,而故障的常见原因是由于水垢或腐蚀所造成的。

发动机冷却液如果产生过多的泡沫,不仅也会降低传热系数、加剧气蚀,而且会造成冷却液溢流。

3.1.3 乙二醇型汽车发动机冷却液

冷却液主要由冷却剂与水按照一定的比例混合而成,按冷却液的不同,汽车常用的冷却液有酒精型、甘油型、乙二醇型等。

酒精型冷却液是用酒精作为冷却剂,与水配制而成。酒精与水可按各种比例混合而组成不同冰点的冷却液。酒精含量越高,冷却液的冰点越低。这种冷却液着火性大,且蒸发损失也大,所以已被淘汰。

甘油型冷却液是由甘油为冷却剂与水配制而成。由于甘油的沸点、闪点高,这类冷却液沸点高,不易蒸发和着火,但降低冰点效率低,甘油用量大,成本高。

乙二醇型冷却液是用乙二醇作为冷却剂,与水配制而成,是目前最好的冷却液。乙二醇的沸点高(197.4 ℃),与水混合后,混合液的冰点可显著降低,最低可达到 −68 ℃,用不同比例的乙二醇和水可以配制成不同冰点的冷却液。

乙二醇冷却液的冰点与乙二醇含量的关系见表3-1。乙二醇型冷却液的优点是沸点高,蒸发损失少;冰点低,配制成相同冰点的冷却液所需乙二醇要比酒精和甘油的用量少;热容量大,冷却效率高;黏度小,流动性好。

表 3-1　乙二醇冷却液浓度与冰点

冰点/℃	乙二醇含量/%	相对密度(20 ℃/4 ℃)	冰点/℃	乙二醇含量/%	相对密度(20 ℃/4 ℃)
−10	28.4	1.034 0	−35	50	1.067 1
−15	32.8	1.042 6	−40	54	1.071 3
−20	38.5	1.050 6	−45	57	1.074 6
−25	45.3	1.058 6	−50	59	1.078 6
−30	47.8	1.062 7	−11.5	100	1.113 0

现代汽车发动机冷却液是由基础液、防腐蚀添加剂、抗泡沫添加剂、染料及水等组成。

基础液主要是乙二醇,也可使用少量的丙烯醇和二乙二醇。乙二醇的分子式为 $C_2H_6O_2$,结构式为 $HOCH_2CH_2OH$。纯乙二醇是微酸性、易吸湿、无色透明的黏稠液体。纯乙二醇可燃,但乙二醇配制成的冷却液则具有明显的阻燃作用。乙二醇有微毒,按我国现行工业毒物的6级毒性分级方法,其毒性属于5级。乙二醇的主要物理化学性质见表3-2。

表 3-2　乙二醇的主要物理化学性质

项　目	数　据	项　目	数　据
分子量	62.07	闪点(开口)/℃	115.6
相对密度	1.115 5	黏度(50 ℃)/(Pa·s)	20.93×10⁻³
沸点/℃	197.8	燃点/℃	121.0 冰点
冰点/℃	−13.0	自燃温度/℃	412.8
比热容/[kJ·(kg·℃)⁻¹]	2.40	密度/(g·cm⁻¹)	30.930 2
蒸气压(20 ℃)/kPa	0.027		

冷却液的颜色以绿色最为常见,下面重点介绍北美、欧洲和亚洲的冷却液。

1)北美的冷却液

北美的冷却液传统为绿色和黄色。pH 值为 7.5 ~ 11.0。通常含有抑制添加剂包括磷、氮、硅、钼、硼盐。基础液为乙二醇或丙三醇。

2)欧洲传统的冷却液

欧洲传统的冷却液颜色为绿色、蓝色和黄铜色。pH 值 <9.0,基础液为乙二醇或丙二醇。

3)亚洲传统的冷却液

亚洲传统的冷却液的颜色为墨绿色和红色。pH 值 <9.0,基础液为乙二醇。日本丰田公司推出的一种新型粉红色冷却液,广泛应用于日本各类汽车,和过去使用的红色冷却液可以兼容。

4)亚洲冷却液和北美冷却液不能混用

亚洲冷却液的添加剂构成以胺或磷为基础,如以胺为基础的亚洲型冷却液和以氮为基础的北美型冷却液相混合可诱发潜在的问题,即生成氮胺化合物。产生白色结晶,堵塞散热器水道,导致发动机高速运转时冷却液温度过高。

3.1.4 发动机冷却液的标准及选用

(1)国外标准

欧美各国和日本等工业发达国家都制定了各自的汽车发动机冷却液标准。最早作出规定的是美国,现在许多发达国家制定的发动机冷却液标准,都是以美国材料试验协会(ASTM)所制订的标准(表3-3)为依据。在美国,关于发动机冷却液的标准,还有美国联邦标准(FED·SPEC·OA—5480)、美国军用标准(MIL—A—11755C、79MIL—A—46135B)。

在日本,影响最大的发动机冷却液标准是日本工业标准(JISK2234)。JIS 2234 规定了普通冷却液(AF)和长寿冷却液(LLC)。AF 型冷却液有一定的碱性,因此对发动机冷却系机件有轻微的腐蚀性,故只能短期使用(主要是冬季使用);LLC 型冷却液是一种冬、夏都可以使用的冷却液,这一点应特别注意。

表3-3 汽车发动机冷却液(ASTM D3306—89)

项 目	质量指标	试验方法
相对密度	1.110 ~ 1.145	ASTM D1122
冰点,℃,50% (V/V)水溶液	−37 或更低	ASTM D1177
沸点,℃,50% (V/V)水溶液	107.8	ASTM D1120
对汽车有机涂料的影响	无	ASTM D1882
灰,% (m/m) ≤	5	ASTM D1119
pH 值,50% (V/V)水溶液	7.5 ~ 11.0	ASTM D1287
贮备碱度 ≥	10	ASTM D1121
水分含量,%,(m/m) ≤	5	ASTM D1123
泡沫最大体积,mL,破裂时间,s	150,5 以下	ASTM D1881
颜色	便于分辨	

续表

项　目	质量指标	试验方法
气味	无刺激性气味	
对非金属影响	无	
贮存稳定性	1 年以上	
玻璃器皿腐蚀试验		ASTM D1384
金属片质量损失,(mg/ 片) 30%	紫铜 20,焊锅 60,黄铜 10,	
(V/ V)水溶液,88 ℃,336 h	钢 10,铸铁 10,铸铝 30	
模拟使用腐蚀试验		ASTM D2570
金属试片质量损失,(mg/ 片)	紫铜 20,焊锅 60,黄铜 20,	
	钢 20,铸铁 20,铸铝 60	
铸铝热喷射表面腐蚀试验		ASTM D2807
质量损失,(mg/ 片)	10	
穴蚀试验	语言描述	
行车腐蚀试验	语言描述	ASTM D2847

(2)国内标准

我国乙二醇型汽车发动机冷却液标准或安全使用技术条件是《乙二醇型汽车发动机冷却液及其浓缩液》SH 0521—92 和《汽车发动机冷却液安全使用技术条件》JT 225—1996。《乙二醇型发动机冷却液及其浓缩液》SH 0521—92 规定了以乙二醇为防冻剂,加有各种添加剂和适量的水调配而成的发动机冷却液及其浓缩液的技术条件(表 3-4)。该标准所属产品按质量分为一级品和合格品两个等级;冷却液按冰点分为 – 25 号、– 30 号、– 35 号、– 40 号、– 45 号和 – 50 号等 6 个牌号。

表 3-4　乙二醇型发动机冷却液及其浓缩液(SH 0521— 92)[①]

项　目		质量指标						
		浓缩液	冷却液					
			– 25 号	– 30 号	– 35 号	– 40 号	– 45 号	– 50 号
颜色		有醒目的颜色						
气味		无异味						
密度(20 ℃),kg·m^{-3}		1 107 ~ 1 142	1 053 ~ 1 072	1 059 ~ 1 076	1 064 ~ 1 085	1 068 ~ 1 088	1 073 ~ 1 095	1 075 ~ 1 097
冰点,℃	不高于		– 25	– 30	– 35	– 40	– 45	– 50
50% (V/ V)蒸馏水	不高于	– 37						
沸点,℃	不低于	163	106	106.5	107	107.5	108	108.5
50% (V/ V)蒸馏水	不低于	107.8						
对汽车有机涂料的影响		无影响						
灰分,% (m/m)	不大于	5.0	2.0	2.3	2.5	2.8	3.0	3.3

续表

项　目	质量指标						
	浓缩液	冷却液					
		-25 号	-30 号	-35 号	-40 号	-45 号	-50 号
pH 值 50% (V/ V)蒸馏水	7.5 ~11.5						
储备碱度,mL	报告						
腐蚀试验,试片变化值/(mg · 片⁻¹) 紫铜 黄铜 钢 铸铁	± 10 ± 10 ± 10 ± 10						
焊锡 铸铝	± 30 ± 30						
模拟使用腐蚀, 试片变化值/(mg · 片⁻¹) 紫铜 黄铜 钢 铸铁 焊锡 铸铝	± 20 ± 20 ± 20 ± 20 ± 60 ± 60						
铝泵气穴腐蚀,级不小于	8						
泡沫倾向 泡沫体积/mL　　　不大于 泡沫消失时间/s　　不大于	150 5						

注: ①表中仅列出了一级品的质量指标。对合格品有以下不同:浓缩合格品的沸点不低于 155 ℃ ;浓缩液
和冷却液的合格品没有"模拟使用腐蚀"和"铝泵气穴"两项。其余质量指标一级品与合格品相同。

《汽车发动机冷却液安全使用技术条件》JT 225—1996 规定了汽车发动机冷却液技术条件和推荐使用范围,该标准适用于汽车发动机冷却液的使用检验、社会抽查和行业统检,有关技术条件的内容见表3-5。

表 3-5　汽车发动机冷却液技术条件

项　目	技术条件			试验方法
	−25 号	−35 号	−45 号	
颜色	清亮透明、有醒目颜色			目测
气味				
冰点/℃	−25	−35	−45	SH/T 0090—91
沸点/℃	106	107	108	SH/T 0089—91
对汽车有机涂料的影响	无			SH/T 0084—91
pH 值	7.5 ~ 11.0			SH/T 0069—91
腐蚀试验,试片变化值/(mg · 片$^{-1}$) 紫铜 黄铜 钢 铸铁 焊锡 铸铝	± 10 ± 10 ± 10 ± 10 ± 30 ± 30			SH/T 0085—91
泡沫倾向 泡沫体积/mL　不大于 泡沫消失时间/s　不大于	150 5			SH/T 0066—91

(3)汽车发动机冷却液的选用

目前市场上供应的成品冷却液,有直接使用型和浓缩型。浓缩型的要根据其加水比例配制成适当凝固点的使用浓度,用户可以根据使用环境温度和发动机最高工作温度,按产品说明书选用,一般在选购和配制时,其冰点比环境最低气温低 5 ℃以上。

汽车发动机冷却液的选择主要是防冻性的选择和产品质量的选择。汽车发动机冷却液防冻性的选择原则是汽车发动机冷却液的冰点要低于环境最低温度 10 ℃左右,以确保在特殊情况下冷却液不冻结。JT 225—1996《汽车发动机冷却液安全使用技术条件》推荐的使用范围见表 3-6。

表 3-6　汽车发动机冷却液推荐使用范围(JT 225—1996 的一部分)

牌　号	推荐使用范围
−25 号	在我国一般地区如长江以北、华北环境最低气温在 −15 ℃以上地区均可使用
−35 号	在东北、西北大部分地区和华北环境最低气温在 −25 ℃以上的寒冷地区使用
−45 号	在东北、西北和华北等环境最低气温在 −35 ℃以上的严寒地区使用

汽车发动机冷却液产品质量的选择应以汽车制造厂家推荐为准。轿车与载货汽车、汽油车与柴油车以及不同型号的同类汽车,发动机的技术特性、热负荷情况、冷却系统的材料均有不同。正因如此,目前国内外的汽车发动机冷却液配方很多,产品的性能指标和试验方法水平

不一。所以,汽车发动机冷却液的选择要区别发动机的类型、性能的强化程度和冷却系统材料的种类,除了保证发动机冷却液能降温、防冻外,还要考虑防沸、防腐蚀和防水垢等问题。另外,要注意区别是浓缩液还是已调配好的发动机冷却液,是一级品还是合格品。对铝质散热器发动机冷却液的选择,应特别注意对铝金属的防腐蚀性。

以下几种常见牌号冷却液的技术指标如表3-7。

表3-7　几种常见牌号冷却液的技术指标

牌　号	冰点/℃	沸点/℃	防腐蚀、防垢特点	实用性	执行标准	使用期限	生产厂家
壳牌	−42	126.5	对铝有安全,对所有金属可避免生锈,防垢	各类汽车	ASTM D 3306	2年或40 000 km	美国休斯敦壳牌公司
TCL牌	−41.5	>100	防腐、防垢、防泡沫、除锈	各类汽车,分冬季专用和四季常用两种	JISK 2234	2年	日本TCL公司
家德士	−51	118	防腐、防垢、防泡沫、除锈	各类汽车、四季常用	ASTM D 3306	30 000 km	美国家德士石油公司
康普顿	−25	防沸	防腐、防垢、防泡沫、除锈	各类汽车	SH 0521	3年	青岛康普顿公司
太阳牌	−60 −37 −18	防沸	抗泡沫性能好,对密封垫、橡胶管安全,对所有的金属防腐、防锈	各类汽车,分高寒、通用、水箱型3种	ASTM D 3306	2年	美国太阳石油公司
统力牌	−25 −35 −45	107	全金属防腐,抗泡沫,防垢,对胶质材料无不良影响	捷达、一汽,可四季常用	SH 0521和JT 255	1~2年	北京帝王高级润滑油有限公司
力达牌（FDF—1AVW浓缩型）	−50	107	防腐、防垢、防泡沫、除锈	桑塔纳汽车专业	TL—VW 774	长效型	上海汽车研究所
美孚牌（浓缩型）	−45	防沸	防腐、防垢、防泡沫、除锈	各类汽车,四季常用	ASTM D 3306	长效型	香港美孚公司
嘉实多（浓缩型）	−46	防沸	防腐、防垢、防泡沫、除锈	各类汽车,四季常用	ASTM D 3306	长效型	嘉实多（中国）有限公司

续表

牌　号	冰点/℃	沸点/℃	防腐蚀、防垢特点	实用性	执行标准	使用期限	生产厂家
龙冠牌（浓缩型）	-41.5	111	防腐、防垢、防泡沫、除锈	可配多种冰点	SH 0521 和 JT 255	1~2 年	广州蒸汽龙冠化工厂
驰达牌	-15		防腐、防垢、防泡沫、除锈	普通汽车	SH 0521 和 JT 255	1 年	南京怡祥精油化工厂
军用长效（戎马牌）	-25	107	防腐、防垢、防泡沫、除锈	各种汽车	SH 0521 和 JT 255	1~2 年	中国人民解放军总后油料研究所
将军牌	-25 -35 -50	107	对铝、铸铁、钢、焊锡、铜都有抗腐蚀作用,防垢	各种汽车	SH 0521 和 JT 255	两年以上或 50 000 km	北京市通用化学公司
蓝星牌	-30±2	101~104	防腐、防垢	一般汽车	SH 0521 和 JT 255	1 年	蓝星清洗剂股份有限公司
三乐牌	-27		防腐、防垢	一般汽车	SH 0521 和 JT 255	1~2 年	沈阳合成化学厂
神灵牌	-25		防腐、防垢	一般汽车	SH 0521 和 JT 255	1~2 年	北京石景山兴陇化工厂

　　近年来,由于国内外乙二醇价格持续上涨,一些不法经营者在防冻液上打起了主意,用廉价的醇类物质代替乙二醇,从中牟取暴利,对汽车发动机造成极大的损害。

　　在选购和使用过程中应注意:选购首先看冷却液的品牌和生产厂家是否是正规企业;看是否是乙二醇型产品,而非乙二醇型的应慎购;要注意包装上的产品执行标准是否是规定标准。

　　(4)汽车发动机冷却液的正确使用

　　汽车发动机冷却液的正确使用,除以上介绍的合理选择原则外,还应注意以下事项:

　　1)注意乙二醇对人体有毒性,使用中应严防入口。

　　2)冷却液在使用保管时应保持清洁,特别注意防止石油产品混入,以免在受热后产生泡沫。

　　3)由水换成乙二醇型发动机冷却液时,要彻底清洗冷却系统。

　　4)注意检查冷却液液面高度,视情况正确补充。

　　5)不同厂家、不同牌号的发动机冷却液不能混用。

　　6)对浓缩液用水稀释时,要控制乙二醇浓度(体积比)的下限值和上限值。

　　7)对发动机冷却液的更换易采用其品质简易监测的定期更换。

　　8)稀释浓缩液要使用蒸馏水或去离子水。

9)加强发动机冷却系密封性检查,避免冷却液漏失。

3.1.5　发动机冷却液的检查

1)直观鉴别

观察冷却液的外观、辨别其气味,进行直观判别。冷却液应透明、无沉淀、无异味;如果发现外观浑浊,气味异常,说明冷却液已经严重变质,应立即停止使用。

2)碱性储备值检查

储备碱度是指存在于冷却液中碱性防冻液的含量。储备碱度高,则说明防腐剂含量充足。防腐添加剂吸附在金属的表面,抑制电化学腐蚀及中和氧化过程中生成的对金属有化学腐蚀作用的酸性物质。对储备碱度进行检测,是衡量防冻液防腐性能的重要指标。

储备碱度的测试可用美国 ASTM1121 方法。此方法采用电位滴仪进行自动滴定,当试样的 pH 值达到 10.5 时,记录所消耗的 KOH 量,再经过简单计算,即可得出所测防冻液的储备碱度。整个试验在几分钟内即可完成。优质的冷却液的储备碱度一般在 17.5 左右。当使用中的冷却液外观浑浊时,一般储备碱度低于 10,防冻液储备碱度标准值不低于 10。

3)冰点测试

通过冰点测试仪测试冰点的高低,使用方便。

4)冷却液液位检查

检查发动机冷却液液位时,要等发动机冷却后,检查冷却液贮液灌中的液位。如果液位在储液罐上高位线与低位线之间,则表明液量充分。如果液位低,则需添加冷却液。随着发动机温度的高低,冷却液贮液灌中的液位也随之变化。如果加冷却液后,短时间内液位下降,则系统可能有泄漏,须检查散热器、软管、发动机冷却液箱盖、散热器旋塞以及水泵等部位。如果仍然没有发现泄漏,则对冷却系统进行加压测试。

在更换发动机冷却液时要注意操作事项。首先,更换冷却液时应防止泄漏到机件上,并防止热的冷却液喷出伤人。其次,要保证将冷却液释放干净,需要将散热器和缸体中的冷却液都要放掉,并能够保证冷却系统中不会残存空气,将液位添加到标准量。最后,工序完成后确认是否有泄漏。

3.2　汽车制动液

3.2.1　汽车制动液的作用及使用性能

(1)汽车制动液的作用及特性

汽车制动液又称刹车油,是用于汽车液压制动系统中传递压力的液体工作介质。它属于非石油制品。由于其优劣直接关系刹车的可靠程度,对汽车行驶安全性能影响很大。因此对制动液性能提出了全面的要求,制动液在使用范围内应有很好的流动性。对橡胶件不会造成显著的溶胀、软化或硬化等不良的影响。制动液还需要有良好的润滑性、抗气阻性、材料适应性、稳定性等制动安全可靠性能。图 3-2 为常见的几种汽车制动液。

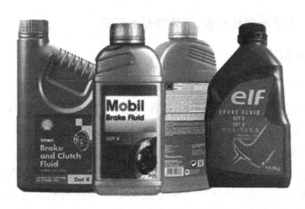

图3-2　常见的几种汽车制动液

(2)汽车制动液的使用性能

理想的制动液应同时满足以下主要性能的要求：

1）优良的高温抗气阻性

现代汽车的车速越来越高，在平坦道路上行驶时，制动液的温度一般为100~130 ℃，最高可达150 ℃。行驶于多坡道山间公路的汽车，由于制动频繁，制动液温度更高。如果制动液沸点过低，在高温时就会蒸发成蒸汽，使液压制动系统管路中产生气阻，导致制动失灵。防止因高温气阻造成制动失灵是对制动液使用性能的主要要求之一。

评定汽车制动液高温抗气阻性的指标是平衡回流沸点和湿平衡回流沸点。

平衡回流沸点（ERBP）与馏分沸点不同，是表示在冷凝回流系统内与大气平衡条件下，试样沸腾的温度。ZBF 39006—88《汽车制动液平衡回流沸点试验方法》的要点是：主要仪器是100 mL的双口圆底烧瓶，瓶口上安装直型冷凝管和温度计。取60 mL试样，在100 mL烧瓶内与大气平衡，以一定的回流速度（每秒钟1~2滴）加热至沸腾，将在一定时间内（2 min）所测出的平均沸腾温度校准到标准大气压下的温度作为平衡回流沸点。

湿平衡回流沸点（WERBP）又称为湿沸点。是对一定容积的制动液，按一定方法增湿后所测得的平衡回流沸点，以评定制动液吸水后平衡回流沸点的下降趋势。湿平衡回流沸点越高，制动液的耐高温性能越好。具体测定方法见GB 12981—91《附表A 制动液湿平衡回流沸点测定法》。

2）良好的低温流动性和运动黏度

汽车制动液应在使用温度范围内有很好的流动性。制动液最低工作温度接近最低气温，使系统内压在低温下制动油缸中的活塞能随制动踏板的动作迅速上升和下降，橡胶皮碗能在制动缸中顺利地滑动，要求制动液有良好的低温流动性，所以制动液规格中，控制-40 ℃的运动黏度，该黏度不能太大；而在制动液升温后应能保持良好的润滑性，高温时的黏度也不能太小，这要靠优良的黏温性来保证，以使制动系能在很宽的温度范围内可靠地工作。

3）与橡胶有良好的配合性

制动系统中的皮碗等橡胶制品是用于密封的。若制动液对这些橡胶零件有溶胀作用，将使其体积和质量发生变化，导致渗漏，使得制动压力下降，严重时甚至造成制动失灵。因此要求制动液能通过皮碗试验，即在120 ℃下经70 h和在70 ℃下经120 h浸泡试验后，皮碗外观无发黏、无鼓泡、不析出炭黑，皮碗根径增值在规定的范围之内。

4）对金属的腐蚀性要小

腐蚀性小，指不能损坏金属和橡胶制品。在汽车液压制动系统中，汽车液压制动系的缸体、活塞、弹簧、导管和阀等主要使用铸铁、铝、铜和钢等材料制成,要求制动液不引起金属腐蚀。另外,当制动液渗进橡胶分子的间隙中时,会从橡胶中抽出一部分组分,抽出物对金属的腐蚀作用也应限制。

汽车制动液的抗腐蚀性和防锈性用金属腐蚀性试验评定。方法概要是:将6种金属片与皮碗一起浸入制动液试样中,在规定的温度和时间内(100 ℃、120 h),检测金属试片的质量变化(mg/cm^2)、金属片外观、皮碗外观、皮碗根径增值(%)、制动液的pH值和沉淀物的体积百分含量。6种金属片的材料为镀锡铁皮、钢、铝、铸铁、黄铜和紫铜。

5)良好的稳定性

制动液的稳定性包括高温稳定性和化学稳定性,即制动液在规定的试验条件下,加热后和与相溶液体混合后,平衡回流沸点变化要小,即高温稳定性和化学稳定性要好。制动液的稳定性通过稳定性试验评定。

6)良好的耐寒性

制动液的耐寒性是指制动液在低温的条件下,其流动性和外观的变化。制动液的耐寒性通过低温流动性和外观试验评定。方法是:制动液在规定的试验温度(-40 ℃和 -50 ℃)下,放置规定时间后,取出观察其外观变化(如透明度、沉淀、分层等现象),同时测定其流动性(倒置试管测气泡上升到液面的时间)。

此外制动液还必须有良好的抗氧化性和抗泡沫性等一般液压油应具备的性能。

3.2.2　汽车制动液的品种、牌号

由于配制的原料不同,制动液的种类比较多,目前大体上分为3种类型:醇型、矿物油型和合成型。

醇型制动液有醇型1号(蓖麻油 + 乙醇)和醇型3号(蓖麻油 + 丁醇),醇型制动液工艺简单、润滑性好且价格低廉,但在炎热季节使用时易产生气阻,在严寒地区的冬季使用时会变稠分层,使制动沉重,甚至失灵,故已被淘汰。

矿物油型制动液是以精制的轻柴油馏分经深度脱蜡得到的 C12 ~ C19 异构烷烃及烷烃组分经添加稠化剂、抗氧剂和助剂调和而成。按运动黏度分为7号和9号两种类型。矿物型制动液的温度适应范围很宽,可以从 -50 ~ 150 ℃,低温流动性和润滑性较好,对金属无腐蚀作用。但对制动系统的橡胶部件(如皮碗)有溶胀作用,如使用这种类型的制动液,必须换用耐矿物油的橡胶零件。

合成型制动液是目前使用较为普遍的制动液,它是以有机溶剂中的醇、醚和酯为基础,加入添加剂调制而成。合成性制动液的成分比较复杂,性质差异很大,为此国家颁布了合成型制动液标准。有1号、4603、4603—1、4604 和 719 等牌号。4603 和 4603—1 号合成制动液适用于各类载货汽车的制动系统;4604 则适用于高档轿车和各种汽车的制动系统。合成型制动液的牌号及工作温度范围如表3-8。

表3-8　合成型制动液的牌号及工作温度范围

牌 号	工作温度范围	牌 号	工作温度范围
1#	-30 ~ 150 ℃	4604	-40 ~ 150 ℃
4603	-30 ~ 150 ℃	719	-40 ~ 150 ℃
4603—1	-30 ~ 150 ℃		

合成型制动液沸点较高,不易产生气阻;良好的低温流动性,不因低温而黏度增大、流动性变差,使制动发硬;吸水性小,不影响沸点和低温流动性;良好的化学稳定性,对金属有防腐、防锈作用,不易分解变质而产生沉淀物;对橡胶件的腐蚀和溶胀性小,以保证密封件不会严重变形等。这类制动液在我国各地一年四季均可使用,因而正逐渐成为通用型制动液。

3.2.3 汽车制动液的标准

为保证汽车安全行驶,各国不断制定、修订汽车制动液标准。

(1)国外汽车制动液规格

国外汽车制动液典型规格有3个系列:

1)美国联邦机动车辆安全标准(FMVSS)。具体是 FMVSS No. 116 DOT3,DOT4,DOT5。后者比前者的综合性能好。DOT3 与 DOT4 的不同之处主要在于沸点不同,DOT4 比 DOT3 更耐高温。DOT3 和 DOT4 级制动液是以聚二醇为基础和乙二醇及乙二醇衍生物为主的醇醚型合成制动液,再加润滑剂、稀释剂、防锈剂、橡胶抑制剂等调和而成,也是各国汽车最普遍使用的一种制动液。这是世界公认的汽车制动液通用标准。

2)美国汽车工程师协会标准(SAE)。具体是 SAE J1703e,SAE J1703f 等。SAEJ1704(高温地区使用),SAEJ1703(正常),SAEJ1702(严寒地区使用)。

3)国际标准化组织标准(ISO)。具体规格是 ISO 4925—1978《道路车辆—非石油基制动液》,它是参照 FMVSS No. 116 根据 DOT3 标准,100 ℃的运动黏度不小于 $1.5\ mm^2/s$,平衡回流沸点不低于 205 ℃;湿平衡回流沸点不低于 140 ℃。

(2)国内汽车制动液标准

2004 年 1 月,我国实施与国际通用标准接轨的国家强制产品标准 GB 12981—2003《机动车辆制动液》。GB 12981—2003《机动车辆制动液》按机动车辆安全使用要求,将制动液分为 HZY3,HZY4,HZY5 三种产品。它们分别对应国际通用产品 DOT3,DOT4,DOT5 或 DOT5.1。

制动液级别有高低,制动液级别越高,安全保障性越好。一般情况下,微型、中低档汽车适宜选取符合 HZY3 标准的制动液,而中高档车建议选择 HZY4 标准的制动液。微型、中低档汽车也可选择 HZY4。

目前国内家用轿车多使用合成型制动液,所采用的标准也多以美国联邦机动车辆安全标准规格的 DOT 标准为主。而国标多用在商用车以及货车等大型车辆的制动液上。

3.2.4 汽车制动液的正确使用及更换

(1)汽车制动液的正确使用

制动液本身具有吸湿性,使用过程中会不断吸收空气中的湿气,若制动液含水量过多,则会腐蚀制动系统,加速机件磨损,而且制动液本身的沸点也将显著降低,容易形成气阻,严重影响制动效果和行车安全。同时制动液会通过制动管路中的缝隙有所渗漏和挥发,造成制动液损耗,影响制动性能。因此汽车行驶一定的里程后或者每使用一到两年必须更换一次制动液。

一般情况下,车辆使用一年后,制动液中平均含2%的水;数年后制动液中的含水量高达7.8%。水分经过橡胶管和密封件周围的微小细孔渗透到液力系统,并且在每次检修系统时进入制动贮液罐。故不要轻易打开贮液罐。随着制动液内水分的增加,制动液的沸点就会降低。常用的 DOT3 制动液水分含量增加到 3% 时,沸点就会降低 25%;DOT4 制动液吸水的速度比较慢,当它被水污染到与 DOT3 相同程度时,它的沸点将会降低 50%。制动液内的水污染还会增加制动液在温度升高时产生气泡,从而导致在液力系统形成气阻的危险性。水分也会增加制动液的黏度,使制动液在温度比较低的情况下,流动性更差;同时,扩散到制动系统中的水分也增加了制动器内部腐蚀和点蚀。解决这个问题的唯一办法就是定期更换制动液。

(2)车辆使用制动液的更换和选用

目前,世界各国使用的制动液一般都是合成制动液。关于制动液的更换周期,目前尚无统一规定,通常是根据汽车生产厂商或制动液生产厂商规定的时间进行更换。制动液的更换周期主要以行驶里程和使用时间来确定。一般使用低级别制动液的中、低档车辆,换油周期为每年 1 次或者 2 万 ~ 4 万 km;使用中、高级别制动液的中、高档车辆,换油周期为每两年 1 次或者 4 万 ~ 5 万 km;另外在对制动系统进行修理和更换制动主缸、制动轮缸的活塞、皮碗等零部件的同时需要更换制动液。在实际使用中,如果出现制动踏板忽轻忽重、制动皮碗溶胀、换季时(尤其在冬季)出现制动无力这些情况就需要及时对制动液进行更换。

对于制动液的选用,原则上根据汽车生产厂家使用说明书推荐的质量等级、品牌、型号等进行选择。按照国标或 DOT 标准选择制动液的质量等级,尽量使用合成型制动液,并优先选用高等级的,部分汽车要求制动液的规格见表 3-9。

表 3-9　部分汽车要求制动液的规格

汽车型号	制动液级别
上海桑塔纳(LX 系列、2000 系列)	N052 766 XO
捷达	DOT4 制动液
福特	DOT3 制动液
北京切诺基	DOT3 或 DOT4 制动液
奥迪 A6	DOT4 制动液
本田雅阁	DOT3 或 DOT4 制动液

车辆使用说明书在给出了标准品牌号外,一般还提供了可供代用的品牌号。用户应尽可能选用标准品牌号的产品,缺乏时才考虑选用代用品。如果推荐的代用品牌也缺乏,才可以选择相应等级的代用品;对有特殊要求的制动系统,应加注特定牌号的制动液。有的合成型制动液温度范围为 −60 ~ 60 ℃,低温下黏度比较小,非常适合于严寒地区冬季使用;如果汽车制动系统的橡胶零件是耐油的,应优先选用矿物油型制动液,它不受地区、季节和车型的限制,润滑性好,无腐蚀作用,换油周期长;但制动系统橡胶零件不是耐油的,则不能使用矿物型制动液;不同类型的制动液由于成分不同,混合后可能发生化学反应,堵塞制动系统,所以通常不允许混用。一般相溶性较好的同一类型的制动液,也不能混用,以防相互间产生化学反应,影响制动效果;选用正规优质产品,避免使用质量低劣产品。选购制动液时,首先看产品说明书或标签上的说明,是什么类型,有无质量标准和质量指标,若没有标注这些内容则不能使用,而只标有类型的应慎用。千万不要选用国家早已淘汰的醇型制动液。合成型制动液型号很多,颜色各异,要注意其质量指标中的温度范围,常温和低温下的黏度、透明度,有无沉淀和异味。

有 ABS 装置车辆的制动系统产生的摩擦热比未装 ABS 装置的车高,制动液的恶化变质也可能会相对早地出现,如果在制动液变质的情况下继续使用,将会使制动主缸、轮缸、油压控制器等产生损伤、吸湿率增加,使制动力下降。因此,要对装有 ABS 装置车辆的制动液从严选用,严格遵守汽车制造厂商推荐的更换周期。另外还要根据使用条件,在必要时提前进行更换。有 ABS 系统的车辆一般都选用 DOT4 的制动液。尽管 DOT5 的制动液具有更高的沸点,但是,由于 DOT5 是硅基制动液,会对橡胶件产生较强的损害。因此。在 ABS 系统中,一般不选用 DOT5 的制动液。但是,由于 DOT3 和 DOT4 是醇基制动液,具有较强的吸湿性,随着使用时间的延长,其中的含水量会不断增多。当制动液中含有较多的水分时,会使制动压力调节装置中的精密零件发生锈蚀;在寒冷的气候条件下,还会使制动液的黏度变大,影响制动液在制动系统中的流动,使制动变得迟缓,从而导致制动距离延长。另外,制动液中的含水量会对制动液的沸点产生非常明显的影响,发生气阻现象。DOT3 和 DOT4 制动液一般经过 12 个月的使用以后其中的含水量为 2%,经过 18 个月的使用以后,其中的含水量平均可达 3%。因此建议每 12 个月更换一次制动液。

3.3 汽车空调制冷剂

3.3.1 汽车空调对制冷剂的性能要求

汽车空调包括冷气、暖气、去湿和通风等装置。冷却装置是使车内的空气或抽入车内的外部新鲜空气变冷或去湿,从而令人舒服。制冷剂是在制冷装置的功能部件中循环的物质,通过膨胀和蒸发吸收热量,从而产生制冷效应。图 3-3 为常见的几种汽车空调制冷剂。

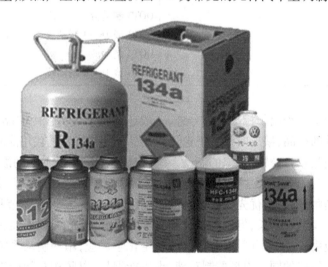

图 3-3 常见的几种汽车空调制冷剂

制冷剂,又称制冷工质,它是制冷系统中完成制冷循环的工作介质。制冷剂在蒸发器内吸取被冷却对象的热量蒸发成低压蒸气后,被压缩机压缩为高压蒸气,在冷凝器内将热量传递给冷却介质(如空气或水)而被冷凝成液体,然后被节流降压后重新回到蒸发器,进行连续制冷。所以制冷剂是制冷装置完成能量交换的重要载体,制冷剂的特性对汽车空调系统的性能起着非常重要的作用。根据汽车空调的制冷系统特点,对使用的制冷剂提出以下性能的要求:

1) 对制冷剂热力性质的要求

①制冷效率要高,用制冷效率较高的制冷剂可提高制冷系统的经济性。

②压力要适中,制冷剂蒸发压力不应低于大气压力,防止空气渗入系统,从而保证制冷系统的正常运行;同时,希望常温下制冷剂的冷凝压力也不应过高,这样可以减少制冷装置承受的压力,降低制造成本,也可以减少制冷剂向外泄漏的可能性。

③单位容积制冷能力要大,可以减小制冷剂循环量和压缩机尺寸。

④绝热指数要小,以减小压缩机功耗,且使得压缩终了制冷剂气体温度不至过高。

2) 对制冷剂物理性质的要求

①制冷剂凝固点低,能在较低蒸发温度下工作。

②制冷剂临界温度高,有利于采用一般环境温度的空气和冷却水进行冷凝。

③制冷剂的密度和黏度要小,有利于减小制冷剂在制冷系统中的流动阻力。

④制冷剂的导热系数和对流换热系数大,可减小换热器的尺寸。

3) 对制冷剂化学性质的要求

①制冷剂应无毒、无刺激性,应对人体健康无损害。

②制冷剂应不易燃烧、不易爆炸。

③制冷剂对金属和其他材料的腐蚀作用要小。

④制冷剂在高温下应不易分解,化学性质稳定。

⑤制冷剂与润滑油应互溶,并且不起化学反应。

4) 对制冷剂的环保要求:

制冷剂应对臭氧层无破坏作用,不产生温室效应。

5) 对制冷剂经济性的要求:

制冷剂应价格便宜,容易制取。

3.3.2　汽车空调制冷剂的品种

(1) 汽车空调制冷剂的品种

1) 按制冷剂化学结构分类

①无机化合物,如水、氨、二氧化碳等。

②氯氟烃,即饱和碳氢化合物的氟、氯衍生物,如 R11,R12,R22 等。

③碳氢化合物,如丙烷、异丁烷等。

2) 按制冷剂组成分类

①单一制冷工质。

②混合制冷工质,是由两种或多种化合物组成的,按其特性分为共沸混合制冷工质和非共沸混合制冷工质。

3) CFC、HCFC、HFC、HC 及 FC 制冷剂

近年来,人们发现破坏大气臭氧层的主要因素是由卤代烃分子中的氯和溴原子引起,其中的氢原子和氟原子对臭氧层没有破坏作用。为了能从代号上直接反映出制冷剂对臭氧层的破坏,将氯氟烃分成 CFC、HCFC、HFC 及 PFC 等五类。

CFC 是不含氢的氯氟烃,称作全氯氟烃(Chloro fluoro carbon),在大气中存在时间长,对臭氧层的破坏和引起的地球温室效应最大,属于最先被限制和禁止使用的物质;

HCFC 是含氢的氯氟烃,称作氢氯氟烃(Hydro chloro fluoro carbon),对大气臭氧仍有一定破坏作用,温室效应也很强,属于稍后要淘汰的物质;

HFC 是不含氯的氯氟烃,称作氢氟烃(Hydro fluoro carbon),对大气臭氧层无破坏,但部分 HFC 制冷剂如(HFC-134a)仍有一定的温室效应。

PFC 表示全氟烃(Pure fluoro carbon),不含氯和氢原子。

按上述表示方法,汽车空调中常用的制冷剂 R—12(CCl_2F_2)可写成 CFC—12,R—134a(CF_3CH_2F)可写成 HFC—134a。

(2)CFC—12 和 HFC—134a 性质的对比

在臭氧层破坏问题发现之前,CFC—12 由于具有很好的热力学、物理化学和安全性质,被广泛应用于汽车空调中,目前在中国一些在用车辆和维修中仍有使用。HFC—134a 是作为 CFC—12 的替代工质而提出的,它的许多特性与 CFC—12 很接近。下面将 CFC—12 和 HFC—134a 的主要特性作一比较,见表3-10。

表 3-10　R—12 和 R—134a 制冷剂的理化特性

项　目	CFC—12	HFC—134a
学名	二氯二氟甲烷	四氯乙烷
分子式	CF_2Cl_2	CH_2FCF_3
分子量	120.91	102.03
沸点/℃	−29.79	−26.19
凝固点	−155	−96.6
临界温度/℃	111.80	101.14
临界压力/MPa	4.125	4.065
密度,30 ℃饱和液体/(kg·m^{-3})	1 187.2	1 294
密度,0 ℃饱和蒸汽/(kg·m^{-3})	14.419 6	18.054
比热,30℃液/[kJ·(kg·℃)$^{-1}$]	1.447	1.017
比热,0℃液/[kJ·(kg·℃)$^{-1}$]	0.883	0.65
饱和气绝热指数(大气压,30℃)	1.136	1.178
大气压下比潜热/(kJ·kg^{-1})	167.3	198.68
导热系数　0℃饱和蒸汽/[W·(m·℃)$^{-1}$]	0.011 79	0.014 5
导热系数　0℃饱和液体/[W·(m·℃)$^{-1}$]	0.078 3	0.08
黏度×10^3　30℃液体/(Pa·s)	0.287 4	0.251
黏度×10^3　大气压下　30℃气体/(Pa·s)	0.010 94	0.012 7
0℃时的容积制冷量/(kJ·m^{-3})	2 740	2 860
理论循环 COP(0,40℃)	5.62	5.49
0℃蒸发潜热/(kJ·kg^{-1})	151.4	197.5
燃烧性	不燃	不燃
臭氧破坏系数	1.0	0

与 CFC—12 相比,HFC—134a 具有优良的迁移性质,其液体及气体的导热系数显著高于 CFC—12。

1)饱和蒸气压力对比

CFC—12 和 HFC—134a 的饱和蒸汽压相近,在低温时 HFC—134a 略低,大约在 17 ℃时相等,高于 17 ℃时 HFC—134a 略高,CFC—12 和 HFC—134a 不同温度下对应的饱和压力分别见表 3-11 和表 3-12。

表 3-11　CFC—12 的饱和压力表

温度 t/℃	绝对压力 p/kPa	温度 t/℃	绝对压力 p/kPa	温度 t/℃	绝对压力 p/kPa	温度 t/℃	绝对压力 p/kPa	温度 t/℃	绝对压力 p/kPa
−70	12.268	−34	84.382	2	329.40	38	914.23	75	2 087.5
−69	13.084	−33	88.187	3	340.19	39	937.23	76	2 129.6
−68	13.943	−32	92.125	4	351.24	40	960.66	77	2 172.4
−67	14.848	−31	96.199	5	362.55	41	984.51	78	2 215.8
−66	15.801	−30	100.41	6	374.14	42	1 008.8	79	2 259.9
−65	16.803	−29	104.77	7	386.01	43	1 033.5	80	2 304.6
−64	17.857	−28	109.27	8	398.15	44	1 058.7	81	2 350.0
−63	18.963	−27	113.92	9	410.58	45	1 084.3	82	2 396.0
−62	20.125	−26	118.72	10	423.30	46	1 110.4	83	2 442.7
−61	21.344	−25	123.68	11	436.31	47	1 136.9	84	2 490.0
−60	22.622	−24	128.80	12	449.62	48	1 163.9	85	2 538.0
−59	23.962	−23	134.08	13	463.23	49	1 191.4	86	2 586.7
−58	25.365	−22	139.53	14	477.14	50	1 219.3	87	2 636.1
−57	26.834	−21	145.15	15	491.37	51	1 247.7	88	2 686.2
−56	28.371	−20	150.93	16	505.91	52	1 276.6	89	2 737.0
−55	29.978	−19	156.90	17	520.76	54	1 335.9	90	2 788.5
−54	31.657	−18	163.05	18	535.94	55	1 366.3	91	2 840.7
−53	33.412	−17	169.37	19	551.45	56	1 397.2	92	2 893.7
−52	35.244	−16	175.89	20	567.29	57	1 428.6	93	2 947.3
−51	37.155	−15	182.60	21	583.47	58	1 460.5	94	3 001.7
−50	39.148	−14	189.50	22	599.98	59	1 493.0	95	3 056.9
−49	41.227	−13	196.60	23	616.84	60	1 525.9	96	3 112.8
−48	43.392	−12	203.90	24	634.05	61	1 559.4	97	3 169.5
−47	45.647	−11	211.40	25	671.62	62	1 593.5	98	3 226.9
−46	47.995	−10	219.12	26	669.54	63	1 628.0	99	3 285.1
−45	50.438	−9	227.05	27	687.82	64	1 663.2	100	3 344.1
−44	52.978	−8	235.19	28	706.48	65	1 698.8	101	3 403.8
−43	55.978	−7	243.55	29	725.50	66	1 735.1	102	3 464.4
−42	58.363	−6	252.14	30	744.90	67	1 771.9	103	3 525.8
−41	61.214	−5	260.96	31	764.68	68	1 809.3	104	3 587.9

续表

温度 t/℃	绝对压力 p/kPa	温度 t/℃	绝对压力 p/kPa	温度 t/℃	绝对压力 p/kPa	温度 t/℃	绝对压力 p/kPa	温度 t/℃	绝对压力 p/kPa
-40	64.173	-4	270.01	32	784.85	69	1 847.2	105	3 650.9
-39	67.245	-3	279.30	33	805.41	70	1 885.8	106	3 714.8
-38	70.431	-2	288.82	34	826.36	71	1 924.9	107	3 779.4
-37	73.735	-1	298.59	35	847.72	72	1 964.6	108	3 844.9
-36	77.159	0	308.61	36	869.48	73	2 005.0	109	3 911.3
-35	80.707	1	318.88	37	891.64	74	2 045.9	110	3 978.5

表 3-12 HFC—134a 饱和压力表

温度 t/℃	绝对压力 p/kPa	温度 t/℃	绝对压力 p/kPa	温度 t/℃	绝对压力 p/kPa	温度 t/℃	绝对压力 p/kPa	温度 t/℃	绝对压力 p/kPa
-60	16.317	-30	84.739	0	292.82	30	770.06	60	1 681.3
-59	17.386	-29	88.815	1	303.57	31	792.43	61	1 721.5
-58	18.513	-28	93.045	2	314.62	32	815.28	62	1 762.3
-57	19.700	-27	97.435	3	325.98	33	838.63	63	1 803.9
-56	20.949	-26	101.99	4	337.65	34	862.47	64	1 846.2
-55	22.263	-25	106.71	5	349.63	35	886.82	65	1 889.3
-54	23.645	-24	111.60	6	361.95	36	911.68	66	1 933.1
-53	25.097	-23	116.67	7	374.59	37	937.07	67	1 977.7
-52	26.621	-22	121.92	8	387.56	38	962.98	68	2 023.1
-51	28.221	-21	127.36	9	400.88	39	989.42	69	2 069.2
-50	29.899	-20	132.99	10	414.55	40	1 016.4	70	2 116.2
-49	31.658	-19	138.81	11	428.57	41	1 043.9	71	2 164.0
-48	33.501	-18	144.83	12	442.94	42	1 072.0	72	2 212.6
-47	35.431	-17	151.05	13	457.68	43	1 100.7	73	2 262.0
-46	37.451	-16	157.48	14	472.80	44	1 129.9	74	2 312.3
-45	39.564	-15	164.13	15	488.29	45	1 159.7	75	2 363.4
-44	41.774	-14	170.99	16	504.16	46	1 190.1	76	2 415.4
-43	44.083	-13	178.08	17	520.42	47	1 221.1	77	2 468.3
-42	46.495	-12	185.40	18	537.08	48	1 252.6	78	2 522.1
-41	49.013	-11	192.95	19	554.14	49	1 284.8	79	2 576.8
-40	51.641	-10	200.73	20	571.60	50	1 317.6	80	2 632.4

温度 t/℃	绝对压力 p/kPa	温度 t/℃	绝对压力 p/kPa	温度 t/℃	绝对压力 p/kPa	温度 t/℃	绝对压力 p/kPa	温度 t/℃	绝对压力 p/kPa
-39	54.382	-9	208.76	21	589.48	51	1 351.0	81	2 689.0
-38	57.239	-8	217.04	22	607.78	52	1 385.1	82	2 746.5
-37	60.217	-7	225.57	23	626.50	53	1 419.8	83	2 805.0
-36	63.318	-6	234.36	24	645.66	54	1 455.2	84	2 864.5
-35	66.547	-5	243.41	25	665.26	55	1 491.2	85	2 925.0
-34	69.907	-4	252.73	26	685.30	56	1 527.8	86	2 986.6
-33	73.403	-3	262.33	27	705.80	57	1 565.2	87	3 049.1
-32	77.037	-2	272.21	28	726.75	58	1 603.2	88	3 112.8
-31	80.815	-1	282.37	29	748.17	59	1 641.9	89	3 177.6

2）化学性质

①热稳定性

CFC—12 和 HFC—134a 热稳定性都很好，CFC—12 只有当温度达到 400 ℃ 以上时，与明火接触才会分解出对人体有害的光汽。

②溶水性

水在 CFC—12 中的溶解度很小，且随温度的降低而减小。所以在 CFC—12 系统中，应该严格限制水的含量，一般规定 CFC—12 中的含水量不得超过 0.002 5%。制冷系统在充灌 CFC—12 之前，必须经过严格的干燥处理，且需在充液管路中或系统中设有干燥器，CFC—12 常用 XH—5 型分子筛作干燥剂。

HFC—134a 的溶水性比 CFC—12 要强得多，因此对系统的干燥和清洁性要求更高。HFC—134a 制冷系统中如果存在少量水分，在润滑油等作用下，将会产生酸、CO 和 CO_2，会对金属产生腐蚀作用，因此需要高效新型的干燥剂对系统进行干燥，如 XH—7 或 XH—9 型分子筛，CFC—12 中使用的干燥剂不能用于 HFC—134a。

③与润滑油的溶解性

在常温下，CFC—12 能与矿物润滑油以任意比例相互溶解，因此矿物润滑油可随 CFC—12 进入制冷系统的各个部位。HFC—134a 分子中不含氯原子而含两个氢原子，它与矿物油几乎不相溶。但在温度较高时，能完全溶解于聚烃基乙二醇（PAG）和聚脂类润滑油（POE）；在温度较低时，只能溶解于 POE 合成润滑油。

a. 聚烃基乙二醇润滑油（PAG）

PAG 润滑油与 HFC—134a 不能完全互溶，低黏度时互溶性较好，高黏度时互溶性降低。PAG 在高温的情况下可分解成水、酸、一氧化碳和二氧化碳，有可能造成压缩机镀铜现象。PAG 与矿物油、CFC—12 不相溶，若原系统内存在有少量这些物质时，将使 PAG 润滑性能降低。PAG 吸水性也很强，其饱和吸水量可超过 10%。

PAG 润滑油主要用在 HFC—134a 制冷剂应用初期。由于 PAG 存在以上一些缺点，实际应用的 PAG 油都经过了改性处理。

b. 聚酯类润滑油(POE)

聚酯油与 HFC—134a 互溶性好,与 CFC—12 等制冷剂也互溶,不会出现低温沉积现象,其吸水性比矿物油强,但水分与油是牢固结合的,在节流装置处不会结冰,原系统内残余的矿物油等物质对其性能影响不明显。由于在聚酯油中加了添加剂,故其耐磨性能良好。它与聚丁腈橡胶、氯丁橡胶等弹性材料相容性较好,与绝缘材料也有较好的相溶性。

④对金属和非金属的作用

CFC—12 对一般金属不起腐蚀作用,但能腐蚀镁及含镁量超过 2% 的铝镁合金。CFC—12 对天然橡胶和塑料有膨润作用,故密封材料应采用耐腐蚀的丁氰橡胶(NBR)或氯醇橡胶。HFC—134a 对钢、铁、铜、铝等金属均未发现有相互化学反应,仅对锌有轻微作用。HFC—134a 与大部分塑料、橡胶等材料不发生化学反应、溶解、溶胀,但是与氟橡胶不相溶。HFC—134a 系统不能使用丁腈橡胶 NBR 的 O 型密封圈,应使用聚丁腈橡胶 H—NBR、氯丁橡胶或三聚乙丙烯橡胶的 O 型密封圈。

3)安全性

CFC—12 无色、无味、毒性小、不燃烧、不爆炸,是一种很安全的制冷剂。

HFC—134a 也是无色、无味、不燃烧、不爆炸。HFC—134a 的毒性非常低,在空气中不可燃,安全类别与 CFC—12 一样为 A1,是很安全的制冷剂。

4)环保性

CFC—12 对大气臭氧层有破坏作用,其臭氧消耗潜能值 ODP(Ozone Depletion Potential)为 1;且有温室效应,其全球变暖潜能值 GWP(Global Warming Potential)为 8 100 左右,因此它是蒙特利尔议定书中的第一批淘汰物质。HFC—134a 分子中不含氯原子,对臭氧层无破坏作用,其 ODP 为 0,但是有温室效应,其 GWP 为 1 300。

我国有关部门对汽车空调制冷剂替代工作已有明确规定。决定以 R—134a 为新的制冷剂,2010 年完全淘汰 R—12 制冷剂,采用新制冷剂的汽车空调装置加注制冷剂的接口采用不同规格的螺纹。新制冷剂空调装置及其配件应采用绿色标志。

3.3.3 汽车空调制冷剂的使用

制冷剂,具有潜在的危险,这涉及它的物理化学性质。所有制冷剂都是以液态形式储存,压力比较高。所有制冷剂都是化学品,如果处理不当,都会对人体造成损害,甚至是致命的,如:冻伤、致盲、窒息,以致引起心脏衰竭。此外,有些新制冷剂,包括 R—134a 已经发现在某些条件下能够燃烧。因此应当熟悉制冷剂安全使用。它是处理紧急情况下的救命符。

在维修汽车空调系统时,都要遵守以下操作注意事项。

1)穿戴安全防护眼镜和手套

准备维修汽车空调系统时,或者准备使用制冷剂回收和再生设备时,或者准备搬运制冷剂时,都应当戴工作眼镜。小心液体制冷剂喷洒在眼睛内,以防造成冻伤和刺激眼睛。同时,带上适当的橡胶手套或其他布质手套。无论何时,都应当谨防液体制冷剂直接洒在皮肤上,冻伤皮肤。并且制冷剂是天然油料的溶剂,会使皮肤干裂。

2)避免吸入空调制冷剂和润滑油的油雾

一旦眼睛、鼻和咽喉暴露在油雾之中,易受刺激。从汽车的空调系统排出制冷剂时,应使用维修设备。如果系统高压一侧出了故障,工作场所应赶快通风,然后才能继续工作。

3)不要用压缩空气进行压力试验或检漏试验

因为给 R—134a 维修设备或车辆空调系统加高压空气时,空气和 R—134a 混合,容易起火燃烧,并产生大量的"光气"。

4)低温贮存制冷剂

保证制冷剂容器(钢瓶)的温度不超过 50 ℃。如果超过 50 ℃,易发生爆炸。

5)汽车空调系统维修作业应在通风良好的环境里进行

因为制冷剂容易聚集在低洼处,而呼吸高浓度的制冷剂蒸气,容易窒息,或引起其他病变,如心脏病等。

3.3.4 汽车空调制冷剂的检测

夏季,制冷剂泄漏是空调使用中最为常见的故障。制冷剂泄漏容易造成环境污染,另外增加车主维护车辆的费用和时间。制冷剂有的需要一年添加一次,有的可能 2 个月添加一次。以下是汽车空调检漏的 6 种方法。

1)目测检漏

发现系统某处有油迹时,此处可能为渗漏点。目测检漏简便易行,没有成本,但是除非系统突然断裂的大漏点,并且系统泄漏的是液态有色介质,否则目测检漏无法定位。因为通常渗漏的地方非常细微,而且汽车空调系统本身有很多部位几乎看不到。

2)高压氮气检漏

向系统充入 10 ~ 20 kg/cm² 压力氮气,再在系统各部位涂上肥皂水,冒泡处即为渗漏点。这种办法是目前路边修理厂最常见的检漏方法,但是人的手臂是有限的,人的视力范围是有限的,很多时候根本看不到漏点。

当然,也可以在充入氮气后,把系统浸入水中,冒泡处即为渗漏点。这种方法和涂抹肥皂水检漏方法实质一样,虽然成本低,但有明显的缺点:检漏用的水分容易进入系统,导致系统内的材料受到腐蚀,同时高压气体也有可能对系统造成更大的损害,进行检漏时劳动强度也很大,这样就使维护检修的成本上升。

3)卤素灯检漏

点燃检漏灯,手持卤素灯上的空气管,当管口靠近系统渗漏处时,火焰颜色变为紫蓝色,即表明此处有大量泄漏。这种方式有明火产生,不但很危险,而且明火和制冷剂结合会产生有害气体,此外也不易准确地定位漏点。所以这种办法现在几乎没有人使用了。

4)气体压差检漏

利用系统内外的气压差,将压差通过传感器放大,以数字或声音或电子信号的方式表达检漏结果。此方法也是只能"定性"地知道系统是否渗漏而不能准确地找到漏点。

5)电子检漏

用探头对着有可能渗漏的地方移动,当检漏装置发出警报时,即表明此处有大量的泄漏。电子检漏产品容易损坏,维护复杂,容易受到环境化学品如汽油、废气的影响,不能准确定位漏点。

6)荧光检漏

它是利用荧光检漏剂在紫外/蓝光检漏灯照射下会发出明亮的黄绿光的原理,对各类系统中的流体渗漏进行检测的。在使用时,只需将荧光剂按一定比例加入到系统中,系统运作20 min后戴上专用眼镜,用检漏灯照射系统的外部,泄漏处将呈黄色荧光。荧光检漏的优点是定位准确,渗漏点可以直接用眼睛看到,而且使用简单,携带方便,检修成本较低,代表了汽车检漏的发展方向。TP荧光检漏技术在国外已经有50多年的历史了,得到了包括通用、大众、三菱在内的世界主要汽车制造商的认可和应用。

复习思考题

1. 发动机冷却液主要成分可以分为哪些?

2. 简述发动机冷却液的检查方法。

3. 为什么一般情况下亚洲地区的冷却液与北美地区的冷却液不能混用?

4. 理想的制动液应满足哪些性能要求?

5. 选用合成型制动液的好处有哪些?

6. 进行汽车空调系统维修时,针对制冷剂的安全使用应该注意哪些事项?

7. 某车主发现发动机冷却液低于最低限,准备买点冷却液回来,但听朋友说只要直接加水就行。到底应该怎么办?

8. 发动机冷却液的颜色刚添加的时候是绿色的,开了一段时间就变成暗黄色,看上去还有点浑浊,而且有异味,应该怎么办?

9. 一辆丰田皇冠轿车行驶中,快速将制动踏板踩到底时,发现无制动作用,经查无机械故障,请分析其原因。

第4章

其他易耗材料

能力目标

1. 能合理选配汽车轮胎；
2. 会正确使用汽车轮胎；
3. 会选用正确的胶黏剂。

知识目标

1. 了解汽车轮胎的基本结构、分类、标志和基本参数；
2. 了解汽车胶黏剂的种类以及在汽车上的应用；
3. 掌握汽车对轮胎的基本要求、汽车轮胎的使用性能；
4. 掌握汽车轮胎选配的基本原则；
5. 掌握汽车胶黏剂的组成。

4.1 汽车轮胎

轮胎是汽车的重要部件之一，它直接与路面接触，和汽车悬架共同来缓和汽车行驶时所受到的冲击，保证汽车有良好的乘坐舒适性和行驶平顺性；保证车轮和路面有良好的附着性，提高汽车的牵引性、制动性和通过性；承受着汽车的重量，轮胎在汽车上所起的重要作用越来越受到人们的重视。轮胎的合理使用关系到汽车安全行驶、节约能源和降低汽车运输成本。轮胎费用约占汽车成本的 10% 以上，轮胎的技术状况可在 10% ~ 15% 范围内影响油耗。1990年3月，我国交通部发布的第 13 号部令《汽车运输业车辆技术管理规定》，明确提出要求加强汽车轮胎管理，提高轮胎使用维修技术水平。

汽车对轮胎的基本要求有：具有一定的刚度、强度、弹性和承载能力；胎面应具有能增强附着作用的花纹；轮胎在汽车高速行驶的情况下剧烈摩擦，温度升高，导致轮胎的物理性能下降，同时会引起负荷增加，工作条件恶化，所以还特别要求轮胎在高速使用的条件下安全可靠。

4.1.1 汽车轮胎的类型与结构特点

汽车上大多使用充气轮胎。充气轮胎按组成结构不同，分为有内胎轮胎和无内胎轮胎；充气轮胎按胎体中帘线排列的方向不同,还可分为斜交轮胎、子午线轮胎;按胎面花纹可分为普通花纹轮胎、混合花纹轮胎和越野花纹轮胎。

(1)轮胎的组成

轮胎通常由外胎、内胎、垫带3部分组成。也有不需要内胎的,其胎体内层有气密性好的橡胶层,且需配专用的轮辋。世界各国轮胎的结构,都向无内胎、子午线结构、扁平(轮胎断面高与宽的比值小)和轻量化的方向发展。

外胎由胎面、胎侧、缓冲层(或带束层)、帘布层及胎圈等组成。用于承受各种作用力。

1)胎冠

胎冠是轮胎与路面接触的部位,由抗磨损的合成橡胶制成。胎冠直接承受冲击和摩擦。并且使轮胎与路面间保持较大的附着力,故胎冠应具有较高的弹力、弹性和耐磨性能。为了使轮胎能够降低滚动阻力,提高耐久性,增加轮胎与路面之间的附着力,防止轮胎打滑,胎面制有各种花纹。汽车在湿滑积水的路面行驶时,胎冠花纹可以起到排水的作用,从而增大了行驶的安全性。

2)胎侧

胎侧是轮胎侧部帘布层外层的胶层,用于保护胎体。

3)帘布层

帘布层用浸胶的棉线、人造丝、尼龙、聚酯纤维和钢丝等材料制成,是轮胎的受力骨架层,用以保证轮胎具有必要的强度及尺寸稳定性。

4)缓冲层

缓冲层(或带束层)为斜交轮胎胎面与胎体之间的胶布层或胶层,用于缓冲外部冲击力,保护胎体,增进胎面与帘布层之间的黏合。

5)胎圈

胎圈是轮胎安装在轮辋上的部分,由胎圈芯和胎圈包布组成,起固定轮胎作用。

轮胎的规格以外胎外径 D、胎圈内径或轮辋直径 d、断面宽 B 及扁平比(轮胎断面高 H/轮胎断面宽 B)等尺寸加以表示,单位一般为英寸(in,1 in = 2.54 cm)。汽车轮胎是橡胶与纤维材料及金属材料的复合制品,制造工艺是机械加工和化学反应的综合过程。橡胶与配合剂混炼后经压出制成胎面;帘布经压延、裁断、贴合制成帘布筒或帘布卷;钢丝经合股、包胶后成型为胎圈;然后将所有半成品在成型机上组合成胎坯,在硫化机的金属模型中,经硫化而制成轮胎成品。

(2)轮胎的结构特点和使用性能

1)普通斜交轮胎

斜交轮胎是一种老式的结构。胎体中的帘布层与缓冲层各相邻层帘线交叉。帘线与胎面中心呈35°角,由一侧胎边穿过胎面到另一侧胎边。由这种斜置帘线组成的帘布层,通常有多层,它们交错叠合起来,成为胎体的基础。由于帘布层的斜交排列,给轮胎胎面和胎体增加了强度。

2)子午线轮胎

子午线轮胎是指轮胎的内部帘布编织排列方向与胎面中心线成90°角,形似地球仪上的子午线而得名。一般这种轮胎胎顶加钢丝层,能承受较大的内压应力,胎面不易变形,具有良好的抓地力和稳定性,适合高速行驶。现在大多轿车都采用子午线轮胎。

这种轮胎的特点是帘布层帘线排列的方向与轮胎的子午断面一致(即胎冠角为零度),由于帘线的这样排列,使帘线的强度能得到充分利用,子午线轮胎的帘布层数一般比普通的斜线胎约可减少40%~50%。帘线在圆周方向只靠橡胶来联系。

目前子午胎占世界轮胎总产量的比例达80%,轿车轮胎基本上100%采用子午线胎。子午线轮胎因结构科学合理,受力很大程度上得到改善,与斜交轮胎相比具有许多优越的性能:

①滚动阻力小,耗油低。由于子午线轮胎帘布层数少,行驶温度低,散热快,又因周向变形小,故滚动阻力比普通斜线胎小15%~20%,滑行距离多25%左右,因此,使用子午线轮胎不但可提高汽车的行驶速度,还可提高汽车燃油经济性(一般可降低油耗5%~12%)。

②承载能力大。由于子午线轮胎帘线排列与轮胎主要的变形方向一致,因而使帘线强度得到充分有效的利用,故比普通斜线轮胎承载能力高10%以上。如仅具有一层钢线帘线的国产9.00R20型子午线轮胎的承载能力为1 800 kg,而具有10层棉线帘布的同尺寸的普通斜线轮胎的承装能力仅为1 350 kg。

③减振性能好。因子午线胎体的径向弹性大,径向(垂直于地面方向)变形大,可以缓和不平路面的冲击,使汽车平稳性得到改善,乘坐舒适,同时也降低了车辆受冲击损坏的可能性,有助于延长车辆的使用寿命。

④使用寿命长。由于子午线轮胎胎面与胎体帘布层之间具有刚性较大的带束层,因此轮胎在路面上滚动时,周向变形小,相对滑移小。又因轮胎体的径向弹性大,使轮胎接地面积增大,压强减小,故胎面耐磨性强,且耐刺扎,不易爆胎,行驶里程可比普通斜线轮胎多30%。

斜交轮胎的寿命通常为80 000~100 000 km;子午线轮胎为100 000~150 000 km。

⑤附着力大。子午线轮胎在行驶时接地面积较大,同时由于带束层的作用,接地压强分布较均匀,从而提高了附着力,减少了侧滑现象。

⑥安全性好。子午线轮胎接触路面面积大,附着力大,滚动阻力小,使用寿命长。子午线轮胎的胎压低,没有内胎,没有内外胎之间的摩擦,行驶过程中轮胎的温度低于斜交轮胎,爆胎的概率明显低于斜交轮胎,扎胎后泄气较慢。

斜交轮胎一旦被扎破,轮胎很快泄气。驾驶员瞬间处理不当,就会酿成后患。子午线轮胎内壁有一层没有硫化的橡胶(白黏层),若扎了钉子,白黏层就会黏住钉子,这样放气的速度明显降低,驾驶员有充足的时间进行处理。

⑦子午线轮胎的弱点及使用注意事项:

a.子午线轮胎的胎侧较薄,故变形大,胎侧与胎圈受力比普通斜线轮胎大得多,因此,子午线轮胎胎面与胎侧的过渡区及轮辋附近易产生裂口。同时,子午线轮胎对路面上很小的凹凸不平较敏感,吸收冲击能力差,这对乘坐的舒适性不利。因此,子午线轮胎不宜在不良路面的道路上行驶,并且在行驶中应避开车辙、路缘、石块或其他锐利障碍物撞击胎侧。

b.由于子午线轮胎胎侧薄,侧向强度低,使侧向稳定性能变差。因此,在行驶中应避免高速急转弯和紧急制动,以防止轮胎早期磨损。

c.子午线轮胎工艺复杂,生产成本高,价格比普通斜线轮胎高25%左右。

d.子午线轮胎不宜与普通斜线轮胎混装在同一辆汽车上,因为这两种轮胎径向弹性、同向滑移不同,将会引起轮胎滚动半径不等。也不能前轮装子午线轮胎,后轮装斜线轮胎,否则在高速公路上转弯时很容易甩尾,特别是在雨天,更容易发生。

e.严格保持子午线轮胎出厂时要求的标准气压。子午线轮胎的充气标准比斜线轮胎高。

同时还应注意,不允许降低在行驶中正常升高的胎压。

f. 要按技术保养规定进行轮胎换位,轮胎的适时换位可以减少各轮胎磨损速率不同及轮胎花纹不均匀磨损,有利于汽车行驶的平顺性。

g. 在高速公路上使用子午线轮胎,绝不能超载。如果超负荷行驶,就会因子午线轮胎带束层的角度排列不均匀引起角度效应增大,同时也使汽车的操纵性、稳定性能变差,极易引起爆胎。

3)无内胎充气轮胎

近年来在轿车和一些货车上日益广泛地使用。它没有内胎,空气直接压入外胎中,因此要求外胎和轮辋之间有很好的密封性。

无内胎轮胎在外观上和结构上与有内胎轮胎近似,所不同的是无内胎轮胎的外胎内壁上附加了一层厚 $2 \sim 3$ mm 的专门用来封气的橡胶密封层。它是用硫化的方法黏附上去的。在密封层正对着胎面的下面贴着一层用未硫化橡胶的特殊混合物制成的自黏层。当轮胎穿孔时,自黏层能自行将刺穿的孔黏合,故名有自黏层的无内胎轮胎。多数在胎圈上做出若干道同心的环形槽纹,在轮胎内空气压力的作用下,槽纹能使胎圈可靠地紧贴在轮辋边缘上,以保证轮胎与轮辋之间的气密性。但也有的胎圈外是光滑而没有槽纹的。

无内胎轮胎的优点是:轮胎穿孔时,压力不会急剧下降,能安全地继续行驶;不存在因内、外胎之间摩擦和卡住而引起的损坏;气密性较好,可以直接通过轮辋散热,所以工作温度低,使用寿命较长;结构简单,质量较小。

无内胎轮胎的缺点是:途中修理较为困难;此外,自黏层只有在穿孔尺寸不大时方能黏合;天气炎热时自黏层可能软化而向下流动,从而破坏车轮平衡。因此,一般多采用无自黏层的无内胎轮胎。它的外胎内壁只有一层密封层,当轮胎穿孔后,由于其本身处于压缩状态而紧裹着穿刺物,故能长期不漏气。

4.1.2 汽车轮胎的选配

能否正确选配及使用轮胎不仅影响轮胎的使用寿命、汽车运输的经济效益,而且还关系到乘员的人身安全。轮胎正确选配包括:轮胎的尺寸规格与轮辋相匹配;轮胎的速度等级与对应的最高速度相适应;轮胎的负荷能力与载荷质量相匹配等。轮胎的尺寸规格、速度等级及负荷能力均标记在胎侧,选用时需认真核对,使轮胎符合上述要求,进行选配。

(1)轮胎规格的表示方法

轮胎的尺寸规格用外胎直径 D、轮辋的名义直径 d、轮胎断面宽度 B 和轮胎断面高度 H、负荷下静半径和滚动半径等表示,见图 4.1。

1)轮胎断面宽度。是指轮胎按规定气压充气后,轮胎外侧面之间的距离。

2)轮辋名义直径。是指轮辋规格中直径大小的代号,与轮胎规格中相对应的直径一致。

3)轮胎断面高度。是指轮胎按规定气压充气后,轮胎外直径与轮辋名义直径之差的一半。

4)轮胎外直径。是指轮胎按规定气压充气后,在无负荷状态下胎面最外表的直径。

5)负荷下静半径。是指轮胎在静止状态下只承受法向负荷作用时,由轮轴中心到支承平面的垂直距离。

6)轮胎滚动半径。是指车轮旋转运动与平移运动的折算半径。

7)轮胎的高宽比是指轮胎的断面高度(H)与轮胎断面宽度(B)的百分比,表示为 $H/B\%$。

8）轮胎系列就是用轮胎的高宽比的名义值大小（不带％）表示的，例如"80"系列、"75"系列和"70"系列等。

9）轮胎的层级是表示轮胎承载能力的相对指数，主要用于区别尺寸相同但结构和承载能力不同的轮胎。轮胎的层级数与轮胎帘布层的实际层数没有直接关系，就是说轮胎的层级不代表轮胎帘布层的实际层数。轮胎层级常用 PR（PLY RATING）表示。

斜交轮胎的规格：用 $B—d$ 表示，斜交轮胎的尺寸 B 和 d 均用单位 in（英寸）例如 9.00—20，表示轮胎断面宽度为 9.00 英寸、轮胎内径为 20 英寸的斜交轮胎。

子午线轮胎的规格：国产子午线轮胎的规格用 BRd 来表示。其中 R 代表子午线轮胎（即"Radial"的第一个字母）。国产轿车子午线轮胎断面宽 B 已经全部改为公制单位 mm，载重汽车轮胎断面宽 B 有英制和公制两种单位。货车子午线轮胎的宽度一般用英寸（in）为单位。

如：195/60 R 14 85 H（上海桑塔纳 2000GSi 轿车轮胎），其中：195——轮胎宽度 195 mm；60——扁平比为 60％（扁平比为轮胎高度 H 与宽度 B 之比。扁平比有 60、65、70、75、80 五个级别）；R——子午线轮胎；14——轮胎内径 14 英寸（in）；85——荷重等级，即最大载荷质量，荷重等级为 85 的轮胎的最大载荷质量为 515 kg；H——速度等级，表明轮胎能行驶的最高车速。H 的最高车速为 210 km/h。

部分车型使用轮胎的规格如表 4-1。

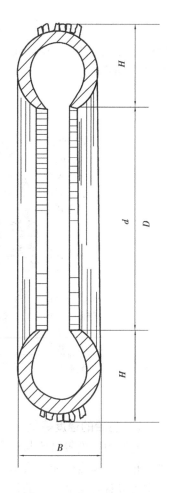

图 4-1　轮胎尺寸的表示

表 4-1　部分车型使用轮胎的规格

轮胎规格	车　型
195/60R14 82	上海通用别克赛欧,雪铁龙爱丽舍,捷达王,波罗 1.4 MT 等
195/60R14 86	桑塔纳 Gli,桑塔纳 2000 等
195/65R15 91	广本 2.3 VTI,广本 2.0 Exi,帕萨特 1.8 Gsi,宝来 1.8 等
205/60R15 91	奥迪 A6 1.8/1.8T/2.4,红旗 CA7202,风神蓝鸟 2.0i,现代索纳塔 2.0 GLS
205/65R15 94	广本雅阁 3.0 V6,尼桑风度 3.0GV、2.0G,丰田佳美 3.0 V6 XLE 等
215/70R15 98	通用别克新世纪,通用别克 GL8 商务车,林肯城市等
225/60R16 98	奔驰 S280（1999 款）,奔驰 S320（1999 款）,奔驰 S500（1999 款）等

选配轮胎时要特别注意与轮辋配套。不同型号规格的轮辋，直径即使相同，轮辋宽度和凸缘高度往往各不相同。窄胎装宽轮辋，或宽胎装窄轮辋，都会造成轮胎早期损坏，甚至发生行

车事故。特别是轿车轮胎,应根据轮辋规格,选用相应扁平率的轮辋的轮胎。在轮胎外侧有其规格标志。选用时必须正确了解它们的含义,才能识别各种轮胎的性能和特点,做到正确选配,如图 4-2。

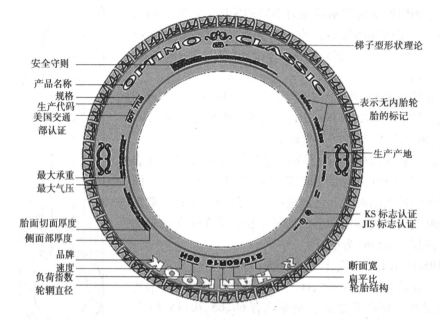

图 4-2　轮胎侧面标记

(2)轮胎的速度等级

轮胎的速度等级要与对应的最高速度相匹配。近年来,汽车和轮胎的性能都有很大提高。要求轮胎的速度性能和汽车的最高速度相匹配。为此,轮胎需表明其速度等级,在轮胎规格标志中可以看到速度级别的代号,各个速度级别均对应一个最高时速如表 4-2;不同轮辋名义直径轿车轮胎最高速度见表 4-3。比如,经常在高速公路上行驶的车辆应选择速度级别高的轮胎,一般的轿车选 T 级就可以了。

表 4-2　轮胎的速度等级

速度等级代号	行驶速度 /(km·h⁻¹)	速度等级代号	行驶速度 /(km·h⁻¹)	速度等级代号	行驶速度 /(km·h⁻¹)	速度等级代号	行驶速度 /(km·h⁻¹)
A2	10	B	50	K	110	S	180
A3	15	C	60	L	120	T	190
A4	20	D	65	M	130	U	200
A5	25	E	70	N	140	H	210
A6	30	F	80	P	150	V	240
A7	35	G	90	Q	160		

表 4-3　不同轮辋名义直径对应的轮胎最高行驶速度（摘录）

轮胎速度级别符号	轮胎最高行驶速度/(km·h⁻¹)		
	轮辋名义直径 10 in	轮辋名义直径 12 in	轮辋名义直径 ≥13 in
Q	135	145	160
S	150	165	180
T	165	175	190
H		195	210

（3）轮胎负荷能力

轮胎的负荷能力是指在一定行驶速度和相应充气压力时的最大载荷。它的表示方法有三种：

以"层级"表示。轮胎的层级是表示轮胎承载能力的相对指数，主要用于区别尺寸相同但结构和承载能力不同的轮胎。轮胎的层级数与轮胎帘布层的实际层数没有直接关系，就是说轮胎的层级不代表轮胎帘布层的实际层数。轮胎层级常用 PR（PLY RATING）表示。

以"负荷指数"表示。轮胎负荷指数是指在规定条件下（轮胎最高速度、最大充气压等）轮胎负荷能力的数字符号。轮胎负荷指数用 LI 表示，轮胎负荷能力用 TLCC 表示。轮胎负荷指数目前有 0,1,2,…,279,共 280 个。

以"负荷级别"表示。负荷级别与层级之间的关系见表 4-4、表 4-5。

表 4-4　轮胎负荷指数与负荷值对应表（节录）

负荷指数	86	87	88	89	90	91	92	93	94	95	96	97
负荷值/kg	530	545	560	580	600	615	630	650	670	690	710	730
负荷指数	98	99	100	101	102	103	104	105	106	107	108	109
负荷值/kg	750	775	800	825	850	875	900	925	950	975	1 000	1 030
负荷指数	110	111	112	113	114	115	116	117	118	119	120	121
负荷值/kg	1 060	1 090	1 120	1 150	1 180	1 215	1 250	1 285	1 320	1 360	1 400	1 450
负荷指数	122	123	124	125	126	127	128	129	130	131	132	133
负荷值/kg	1 500	1 550	1 600	1 650	1 700	1 750	1 800	1 850	1 900	1 950	2 000	2 060

表 4-5　负荷级别与层级对应表

负荷	对应层级	负荷	对应层级	负荷	对应层级
A	2	E	10	J	18
B	4	F	12	L	20
C	6	G	14	M	22
D	8	H	16	N	24

4.1.3　汽车轮胎的合理使用

在轮胎的使用过程中，除了要合理选配轮胎，同时要合理使用轮胎，才能延长轮胎的使用寿命。

1）合理搭配

轮胎应按照规定车型来装，并根据行驶地区道路条件选择适当的胎面花纹。要求在同一轴上装用厂牌、尺寸、帘线层数、花纹相同、磨损程度相同的轮胎。同一名义尺寸的不同厂牌的轮胎，其实际尺寸有所差别，轮胎尺寸大小不一致，会产生高低不一，承受负荷不均衡，附着力不一样，磨耗不均匀。胎面花纹不同，与地面附着系数不同，同样会造成磨耗程度的差别。因此，不能将外周尺寸大小悬殊，花纹不同的轮胎混装使用。应尽量实行整车换胎，搞好轮胎换位。备胎是做临时替用，且长时间挂在车上，橡胶易老化，应选择一条质量相当、花纹一致的同类旧胎或翻新胎。

2）使用合适胎压

轮胎工作气压直接关系到汽车行驶的安全性和经济性。轮胎制造厂在设计各种规格轮胎时，都规定了其最大负荷量和相应的充气压力，使用时应按轮胎规定的气压标准进行充气，否则，将造成轮胎早期磨损和损坏。

轮胎气压低于标准值，对轮胎产生的影响分析：轮胎气压低于标准值行驶时，其径向变形增大，轮胎两侧将发生过度挠曲，胎侧内壁受压，胎侧外壁受拉，胎体内的帘线产生较大的变形和交变应力。周期性的压缩变形，会加速帘线的疲劳损坏。变形也使轮胎帘布层和轮胎与地面间相对滑移增大，摩擦产生的热量多，轮胎温度急剧上升。轮胎的应力增大和温度升高，降低了橡胶的抗拉强度，使帘线松散和局部脱层，在遇有障碍受到冲击时，极易爆破。轮胎气压过低，轮胎在接触面上的压力不均匀，轮胎向里弯曲，胎面的中部负荷要小一些，因而，胎面的边缘负荷急剧增大，使材料的应力增大，有时称这种现象为"桥式效应"。产生"桥式效应"时，胎面磨损不均匀，行驶面的中部几乎保持不变，而胎肩部分严重磨损，通常形成齿状或波浪状，这是胎压过低时轮胎磨损的特征。在胎压过低时，轮胎花纹凹部极易嵌入道路上的钉子和石块，引起机械损伤。并装的双胎在低压行驶时，由于胎侧屈挠变形特别大，两个相近的轮胎易接触，相互摩擦而磨损，然后磨坏胎体；若并装双胎中有一只轮胎气压过低时，行驶中轮胎负荷将由另一只轮胎承担而超载，加剧轮胎的损坏。轮胎气压过低，还将使滚动阻力加大，降低行车速度，增加燃料的消耗。实验表明，当汽车的各轮胎的气压均较标准降低49 kPa，则会增加5%的油耗；而仅一侧两个轮胎较标准降低49 kPa，则增加2.5%油耗；前轮一只轮胎较标准降低49 kPa，则增加1.5%的油耗。当轮胎气压低于标准的20%～25%时，就会减少20%的轮胎行驶里程，相应增加10%的油耗。

轮胎气压高于标准值，对轮胎产生的影响分析：轮胎气压高于标准气压行驶时，将使轮胎的帘线受到过度伸张，胎体帘线的应力增大，帘线疲劳过程加快，引起帘线拉断，造成轮胎早期爆破。胎压过高时，轮胎与路面的接触面积减小，增加了单位面积上的负荷，将加速胎冠中部的磨耗，这是胎压过高时轮胎磨损的特点。并装的双胎中的一只轮胎气压过高，特别是内侧轮胎气压过高，受道路拱形路面的影响，更易造成超载而过早损坏。胎压过高还使汽车的平顺性降低，加速汽车部件的磨损和损坏；在不平的路面上行驶，胎压过高，其车震荡加剧，其车垂直位移增加，这要消耗能量，使汽车的燃料消耗增加。实验表明，轮胎气压过低或过高，轮胎的使用寿命都缩短，轮胎的气压减低20%，轮胎的使用寿命会缩短15%。

3）严禁超载

当汽车超载或装载不均衡时，便引起轮胎超载。超载时，轮胎损坏的特点和胎压过低行驶时的损坏相似，但是，超载时轮胎损坏更严重。因为，在这种情况下，胎体帘线的应力加大，轮胎材料的疲劳强度下降,产生热量大(特别是在轮胎胎肩部位),而且轮胎与路面接触面积上的压强增大,分布更不均匀。必须注意,轮胎超载不能用提高胎压方法予以补偿。因为,这会引起胎体帘线的应力显著增大,造成轮胎的早期报废。超载的轮胎碰上障碍物时,常发生对角线形成十字形、直线形及 Y 形胎冠爆破。超载还能引起胎体脱层,胎面和胎侧脱空。当悬架的弹簧变形时,超载可能是轮胎与车身相接触,引起轮胎损坏。

4)合理控制车速

随着车速的增加,轮胎的变形频率、胎体的振动以及轮胎的圆周和侧向扭曲变形(即形成静止波)也随之增加。当车速达到某一速度时,此能量大部分转换成热量,使轮胎的工作温度和气压升高,加速老化。此外,车速过高,胎体受力增加,还容易产生帘布层破裂和胎面剥落现象,严重时造成轮胎爆裂,这在高速公路上行驶时是非常危险的。车速过高,轮胎所受动载荷增大,在不平路面时更为严重。因此,控制车速是非常必要的。

5)注意胎温

轮胎的工作气压应与胎温相适应。汽车在行驶时,其轮胎断面产生变形,而形成挠曲变形,轮胎产生内部摩擦,引起轮胎发热,胎温升高、胎内气体受热膨胀,致使胎压升高。胎温升高,对轮胎的使用寿命有很大影响,它能使橡胶老化,降低物理性能,产生龟裂,同时还会发生胎体帘布层脱层以致破坏。当胎温超过 95 ℃,就有爆破危险。实验表明,轮胎内部的温度与轮胎的负荷和速度的乘积成正比,与外胎的厚度平方成反比。在负荷和胎压正常的情况下,轮胎升温的主要原因是天气炎热,散热条件差。大气温度每上升 10 ℃,行驶时轮胎温升控制系数应降低 10 ℃。我国北方地区冬季时间长,气温较低,每年从 11 月中旬至次年 3 月上旬,大气温度都低于 13 ℃,从而有利于充分发挥轮胎的最佳性能,可适当增加轮胎的气压 29 ~ 49 kPa。短途运输也可参考这个数值。但是在炎热的夏季,轮胎内的摩擦产生的热量不易散发出去,应适当降低轮胎的充气压力。所以,夏季行车时,要特别注意爆胎问题。在行驶中如果发现胎温过高,应将汽车停在阴凉地点,待胎温降低后再继续行驶,不得采用泼冷水或放气降压。

汽车轮胎的使用寿命受行驶速度和气温的共同影响。但在气温相同的情况下,行驶速度越高,轮胎的使用寿命越短。

4.2　汽车用胶黏剂

随着汽车工业的发展,胶黏剂/密封胶是汽车生产中重要的工艺材料之一,渗透在汽车制造过程的各个环节,具有独特功能,当前我国各种汽车车型更新换代产品逐渐投产,各汽车制造厂对胶黏剂的应用给予越来越多的关注。

黏结是一门新技术,它采用的是新材料,新工艺。它具有快速、牢固、经济及节能的特点,可以代替部分的焊接、铆接和机械装配等繁琐的工艺,连接可靠,不会使零件之间发生变形。

胶黏剂/密封胶在汽车的结构增强、密封防锈、减振降噪、隔热消音、紧固防松、内外装饰以及简化制造工艺、减轻车身质量、促进新型结构材料在汽车上的应用等方面起着特殊的作用。随着汽车向环保节能、安全舒适、轻量化、低成本、长寿命和无公害方向发展的需求,新型高品质汽车胶黏剂/密封胶的开发和应用必将更加重要。

4.2.1　胶黏剂的组成

天然的胶黏剂的组成比较简单,合成黏结剂大多是由多种成分混合制成。一般包括:黏料、固化剂、填料、稀释剂与溶剂增韧剂等。

1)黏料

黏料是使黏结剂获得良好的黏附性能,通常由多种高聚物组成。例如环氧树脂、酚醛树脂、聚氨酯、氯丁橡胶等。黏料的性质和用量对胶黏剂起决定性作用。

2)固化剂

固化剂参与化学反应,通过催化剂与主体混合物质进行化学反应,使胶黏剂固化。固化剂的种类用量不同,对胶黏剂的寿命、工艺及强度都有很大的影响。

3)填料

在胶黏剂中加入填料,可以降低成本,提高黏结强度、耐热性、耐久性、消除制件成型应力。

4)稀释剂

稀释剂的主要作用是用来溶解黏料,能降低合成胶黏剂的黏度,提高胶黏剂的渗透力,改善其工艺性能,延长使用期限。

5)溶剂增韧剂

能增加韧性,增进固化体系的塑性,提高弹性和改进耐寒性能等。

除上述成分以外,为增加胶黏剂的某一些方面的使用性能加入各种附加剂。在高温条件下使用胶黏剂要加入阻燃剂;防止胶层过快老化的防老剂;提高原来不黏或难黏的材料之间的黏结力的增黏剂等。

4.2.2　胶黏剂在汽车上应用的主要部位及作用

胶黏剂在汽车工业中已经成为黏结各种零件和防止"三漏"的重要材料。据统计,目前我国每辆轿车用胶约20 kg,中型车约16 kg,重型车约22 kg。预计到2010年,我国汽车工业对各种类型的胶黏剂和密封胶的总需求量将达到10万吨。

(1)汽车胶黏剂/密封胶的分类与品种

不同种类的汽车胶黏剂/密封胶适用于汽车部位,见表4-6。

表4-6　汽车胶黏剂/密封胶的分类与品种

应用部位	应用工艺或胶黏剂/密封剂的种类
汽车车身	焊装线用:点焊胶、折边胶、增强防振胶、补强胶片、高膨胀阻尼填充胶;涂装线用:焊缝密封胶、抗石击涂料、指压密封胶、隔热阻尼胶板;挡风玻璃:车身挡风及侧窗玻璃用胶黏剂/密封胶。
汽车装饰	车窗玻璃托架用胶黏剂、车门防水胶黏剂、地板用胶黏剂/密封胶、门窗密封黏接胶、复合材料结构件胶黏剂、车身内外装饰件商标及胶带、塑料装饰件胶黏剂、顶棚/侧围/车门及行李箱内板等内饰件胶黏剂等。
汽车装配	发动机、底盘装配用各类液态防渗漏密封胶,螺纹锁固黏接密封胶等。
零部件	刹车蹄片胶黏剂、橡胶密封条内密封胶、滤芯及滤清器黏接密封胶、车灯黏接密封胶、喇叭黏接胶、座椅胶黏剂、橡胶金属复合型零部件用胶黏剂;油箱、水箱防渗密封胶、防渗剂。

续表

应用部位	应用工艺或胶黏剂/密封剂的种类
模具材料	汽车主模型、模具用可加工塑料及配套胶，铸造胶。
制造工艺	工艺保护胶带和装配固定胶带、可剥性保护涂层、刀具胶黏剂、各种修补胶黏剂和密封胶、其他工艺用胶。

（2）汽车胶黏剂/密封胶的应用

1）焊装工序用胶

焊装工序用胶包括：点焊胶、折边胶、增强防震胶，结构补强胶片和高膨胀阻尼填充胶等5种。焊装工序用胶黏剂/密封胶多为结构型、半结构型胶，起到减少焊点、代替焊接、增强结构、密封防锈、降低振动噪声的作用。这类胶黏剂/密封胶与油面钢板有良好的黏附性，通常无需专门的加热固化设备（在油漆烘干炉中与漆同时固化），对清洗、磷化、电泳等涂漆工艺没有任何不良影响。

2）涂装工序用胶

涂装工序用胶包括：焊缝密封胶、抗石击涂料、隔热阻尼胶板和指压密封胶等4种。汽车制造过程中涂装工艺非常关键，虽然在该工艺中用胶品种不多，却是目前用胶量最大的，单车平均用量在10 kg左右。目前使用的大多为PVC塑溶胶产品。该类产品具有很好的触变性，可以挤涂，也可以喷涂，在中涂漆和面漆施工后不会产生变色现象。焊缝密封胶可以防止空气、雨水、尘土进入车内，起到密封、防锈、防漏的重要作用。而车底抗石击涂料可以抵抗车轮带起的砂石对车底盘的冲击，提高防腐蚀能力，延长车体寿命，同时可以降低车内噪音。

3）总装工序及内饰用胶

聚氨酯玻璃胶黏剂是总装工序最重要的品种，用于挡风玻璃、侧窗玻璃等的直接黏接密封，取代传统的装配工序，提高整车的安全系数。内饰用胶品种多，如普通的氯丁橡胶胶黏剂、丙烯酸酯压敏胶、聚氨酯胶黏剂、丁基密封胶和胶带等。主要用于车身顶棚内饰材料、车门防水膜、车门板内饰材料等的黏贴。

4）发动机和底盘装配用胶

汽车发动机、变速箱、底盘装配用黏接密封胶主要用于各种平面、孔盖、管接头的密封，螺栓和轴的固持或锁固等，防止油、气、水的泄露和螺栓的松动。主要品种有厌氧胶和硅酮密封胶及其他液态密封胶。其中厌氧胶施工工艺性好，固化速度快，强度高，还可以制成微胶囊型进行预涂。而硅酮胶弹性好，耐热性、耐老化性好。

5）汽车零部件用胶

汽车零部件生产过程中也大量使用胶黏剂/密封胶，如刹车蹄与摩擦片黏接用的蹄片胶、仪表板真空吸塑用胶黏剂、滤清器滤芯胶黏剂、渗浸堵漏胶黏剂、车灯用胶黏剂、内饰材料和隔音、隔热材料用胶黏剂等。

（3）汽车胶黏剂/密封胶主要品种的发展方向

1）汽车折边胶

折边胶是黏接强度要求相对较高的一种结构胶黏剂。在经历了环氧树脂、聚丙烯酸酯、聚氯乙烯等类胶黏剂并存局面之后，目前国内普遍应用单组分高温固化环氧腔。为了改善其脆性,通常采用合成橡胶或热塑性树脂进行增韧改性。低温感应固化环氧类折边胶是国外技术的新发展,它克服了传统意义上的固化温度要求高、贮存期短的问题。橡胶型折边胶在国外也有应用,如美国 PPG 公司的 Hc7707 胶,其剥离强度明显提高,贮存期间环境温度对其黏度影响不大,适合在无恒温装置的自动涂胶设备上使用。

2)焊缝密封胶

PVC 塑溶胶以其成本低廉、无味、无毒、施工工艺性好、密封效果优异等良好的综合性能,成为当前车身焊缝密封的理想材料,是应用最普及,研究最多的一种焊缝密封胶。为了提高它与车身的黏附性,多采用改性增黏剂进行增强。近几年来,PVC 焊缝密封胶的生产厂家数量猛增,产品综合性能已有较大提高,其中低温塑化型和低密度型是焊缝密封胶的两个发展方向。我国适合汽车焊缝密封专用的 PVC 塑溶胶及其配套辅助材料的开发,还有待深入研究,存在的主要问题是某些关键原材料一直依赖进口,可喜的是最近国内已有研究机构在掺混树脂和增黏剂开发方面取得了实质性的突破。

3)车身顶棚胶

溶剂型氯丁胶以其初黏力好、使用方便、适合汽车流水线生产节奏的优势,长期成为软质顶棚与车身顶盖黏接普遍采用的胶种。但该胶在冬夏不同季节里的黏接质量较难控制,而有机溶剂的挥发对作业环境及人体健康也有影响。水基型和压敏型是车身顶棚胶发展的重要方向,日本某株式会社的,1230A 双组分水基丙烯酸酯胶,喷涂时凝涂迅速,初黏强度高,但两组分配比要求严格,需要专用涂胶设备,管理必须规范;压敏型顶棚胶是将压敏胶与软质车身顶棚材料复合在一起,其技术和工艺的综合性比较优越,目前国内亦有这类产品并已在汽车生产中使用。

4)挡风玻璃胶

用橡胶密封条来实现挡风玻璃与车身的固定和密封仍是卡车车窗玻璃装配的主要方式,而轿车和豪华客车的生产已普遍采用单组分湿气固化聚氨酯胶的"直接黏接法"。在过去的较长的一段时间里,我国汽车制造业一直从国外进口单组分湿气固化聚氨酯胶,直到"八五"期间,开发这种胶才被列入国家重点科技攻关项目,并基本上实现了国产化。最近,国外挡风玻璃聚氨酯已出现了无底剂型新产品,取消了漆面底剂,简化了操作工艺。同时,瞬时定位型单组分聚氨酯胶的研究也有报道。这种胶黏剂的出现,解决了聚氨酯固化速度较慢、固定挡风玻璃需要夹具配合带来的不便。

5)可预涂微胶囊厌氧胶

可预涂微胶囊厌氧胶是厌氧胶系列的新品种,它的应用使螺纹件机械化涂布变成了现实,提高了生产效率。因此,被国内外汽车制造厂家广泛采用。美国乐泰公司的系列厌氧胶技术水平在世界居领先地位,一直引导着我国厌氧胶技术的发展。20 世纪 80 年代,国内开发出水基型和溶剂型中等强度的微胶囊厌氧胶品种,但由于外观和性能上与乐泰同类产品相比差距较大,在机械涂胶应用上受到一定限制。为了解决汽车工业对高强度微胶囊厌氧胶的需求,国内相关科研单位与汽车厂家进一步携手联合开发出水基型双组分高强度微胶囊产品,并成功地将其应用到汽车螺纹件的锁固上,质量达到国外同类产品水平,且具有一定的价格优势,提升了我国微胶囊厌氧胶的应用和汽车制造的技术水平。

经过近 20 年的发展,国内一些技术难度相对较高的汽车用胶,在主要品种上已基本可以满足需要。但在提高产品质量和适应汽车大批量流水线生产工艺方面。尚需做进一步的工作;机械化程度和标准作业同国外先进水平相比还有较大差距,配套的涂胶设备还过多的依赖进口。

复习思考题

1. 轮胎通常由哪三部分组成?

2. 什么叫子午线轮胎? 其有什么特点?

3. 某条轮胎上有标记"195/60 R 14 85 H",请解释这些字母和数字的含义。

4. 轮胎的帘布层有什么作用?

5. 子午线轮胎能不能与普通斜线轮胎混装在同一辆汽车上?

6. 若轮胎气压高于标准值,对轮胎将产生哪些不良影响?

7. 一车主想将原车为 175/70R13 的轮胎更换为 185/60R14,是否合理? 请说明理由。

8. 列举汽车车身使用的黏结剂的种类。

9. 目前国内普遍应用单组分高温固化环氧胶。为了改善其脆性,通常使用什么方法?

第 **2** 篇
汽车修复材料

第 **5** 章
金属材料

━━

能力目标

1. 能够确定何种金属材料适合制造汽车零件;

2. 能够正确解释和区别不同标号金属的性能及用途。

知识目标

1. 了解铁碳合金基础知识;

2. 了解金属合金及导致金属性能不同的根本原因;

3. 了解碳对铁碳合金组织和性能的影响;

4. 掌握汽车上常用有色金属的性能要求。

　　金属材料是应用最广泛的材料,目前仍占据材料工业的主导地位。从常用金属材料标准数据中,可以发现包括 9 大类 1 200 余种材料,它们包括黑色金属的型钢、钢板及钢带、钢管、钢丝、钢丝绳,有色金属的棒材、线材、板材、带材及箔材、管材等 9 大类。

5.1　黑色金属

黑色金属:如生铁、铁合金、铸铁、钢、合金钢等。钢和生铁都是以铁为基础,以碳(C)为主要添加元素的合金,统称为铁碳合金。

习惯上把含碳量 >2.11% 的归类于铁,含碳量 <2.11% 的归类于钢。

当铁中含 C 在 0.03% ~1.2% 范围时则为钢,含 C 在 1.2% ~2.5% 范围的铁缺乏实用性,一般不进行工业生产。

5.1.1　铸铁及其分类

铸铁是 C 的质量分数大于 2.11% 的铁碳合金,并且还含有较多的 Si、Mn 和一定的 S、P 等元素。铸铁是一种使用历史悠久的重要工程材料。我国人民在春秋时期已发明了生铁冶炼技术,并用其制造生产工具和生活用具,比西欧各国早两千年。现在,铸铁仍是工程上最常用的金属材料,广泛应用在机械制造、冶金、矿山、石油化工、交通等行业。据统计,按重量百分比计算,在农业机械中铸铁件中占 40% ~60% ,在汽车、拖拉机中占 50% ~70% ,在机床制造中占 60% ~90% 。铸铁之所以应用广泛,是因为它的生产设备和工艺简单,价格便宜,且有良好的铸造性、切削加工性及减振性等优良的使用性能和工艺性能。

铸铁的性能与其组织中所含的石墨有密切的关系。下面从石墨的形成过程开始,讨论各类铸铁的组织、性能及用途。

(1)铸铁的石墨化

铸铁的石墨化就是铸铁中 C 原子析出和形成石墨的过程。一般认为石墨既可以从铁液中析出,也可以自奥氏体中析出,还可以由渗碳体分解得到。

1)Fe-Fe₃C 和 Fe-C 双重相图

生产实践和科学实验指出,渗碳体是一个亚稳定的相,石墨才是稳定相。因此描述铁碳合金组织转变的相图实际上有两个,一个是 Fe-Fe₃C 系相图,另一个是 Fe-C 系相图。把二者叠合在一起,就得到一个双重相图,如图 5-1 所示。图中实线表示 Fe-Fe₃C 系相图,部分实线再加上虚线表示 Fe-C 系相图。显然,按 Fe-Fe₃C 系相图进行结晶,就可得到白口铸铁;按 Fe-C 系相图进行结晶,就将析出和形成石墨,即发生石墨化过程。

2)铸铁冷却和加热时的石墨化过程

按 Fe-C 系相图进行结晶,铸铁冷却时的石墨化过程包括:从液体中析出一次石墨;由共晶反应生成共晶石墨;由奥氏体中析出二次石墨;由共析反应生成共析石墨。

铸铁加热时的石墨化过程为:亚稳定的渗碳体,当在比较高的温度下长时间加热时,会发生分解,产生石墨化,即

$$Fe_3C \rightarrow 3Fe + C$$

加热温度越高,分解速度相对就越快。

无论是冷却时的石墨化过程或是加热时的石墨化过程,凡是发生在 P′S′K′线(温度)以上的,统称为第一阶段石墨化;凡是发生在 P′S′K′线(温度)以下的,统称为第二阶段石墨化。

3)影响铸铁石墨化的因素

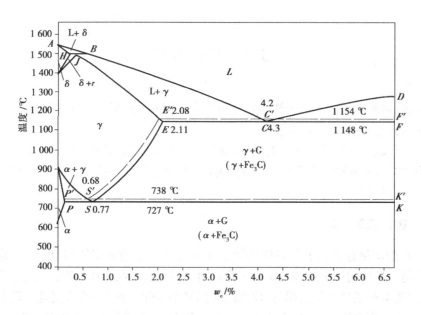

图 5-1　Fe-Fe3C 和 Fe-C 双重相图

L—液态金属　γ—奥氏体　G—石墨　δ,α—铁素体

①化学成分的影响

C,Si,Mn,S,P 对石墨化有不同的影响。其中 C,Si,P 是促进石墨化的元素,Mn 和 S 是阻碍石墨化的元素。在生产实际中,若 C,Si 的含量过低,则铸铁易出现白口,力学性能与铸造性能都较差;若 C,Si 的含量过高,则铸铁中石墨数量多且粗大,基体内铁素体量多,力学性能下降。

②冷却速度的影响

铸件冷却越缓慢,即过冷度较小,越有利于按照 Fe-C 相图进行结晶和转变,越有利于石墨化过程充分地进行。当铸件冷却较快,即过冷度增大时,原子扩散能力减弱,利于按照 Fe-Fe$_3$C 相图进行结晶和转变,不利于石墨化的进行。

(2)铸铁的分类

1)按碳存在的形式分类

按碳存在的形式可将铸铁分为三类:

①灰口铸铁

灰口铸铁中的 C 主要以石墨形式存在,断口呈灰白色。工业上的铸铁大多是这一类铸铁,其力学性能虽然不高,但生产工艺简单,价格低廉,故在工业上获得广泛应用。

②白口铸铁

白口铸铁的第一、第二阶段的石墨化全部被抑制,完全按图 5-1 所示实线结晶,除少量溶于铁素体外,C 都以渗碳体的形式存在,断口呈白色。这类铸铁组织中都存有共晶莱氏体,硬而脆,很难切削加工,主要用作炼钢原料。但由于它的耐磨性高,也可铸造出表面有一定深度的白口层,而中心为灰口铸铁的铸件,称为冷硬铸铁件。冷硬铸铁应用于一些要求耐磨的零件,如轧辊、球磨机的磨球及犁铧等。

③麻口铸铁

麻口铸铁中的 C 部分以渗碳体和部分以石墨的形式共存,断口呈灰白色。这种铸铁有较大脆性,工业上很少应用。

2）按石墨的形态分类

铸铁中石墨的形状、大小和分布情况,称为石墨的形态。常见的铸铁石墨形态有 20 余种,但可归纳为片状、蠕虫状、絮状及球状四大类,如图 5-2 所示。灰口铸铁又可据此相应分为普通灰口铸铁、蠕墨铸铁、可锻铸铁及球墨铸铁四类。

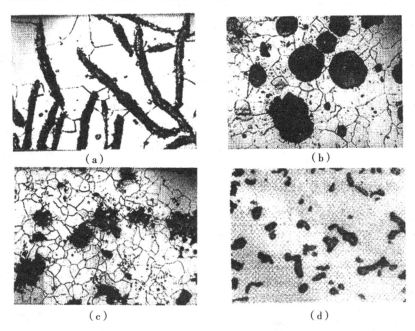

（a）　　　　　　　　　（b）

（c）　　　　　　　　　（d）

图 5-2　铸铁石墨形态

（a）片状石墨　（b）球状石墨　（c）絮状石墨　（d）蠕虫状石墨

3）按化学成分分类

按化学成分又可分为两类。

①普通铸铁

普通铸铁即常规元素的铸铁,如普通灰口铸铁、高强度灰口铸铁、球墨铸铁、可锻铸铁、蠕墨铸铁。

②合金铸铁

合金铸铁又称为特殊性能铸铁,是向普通灰口铸铁或球墨铸铁中加入一定量的合金元素,如 Cr,Ni,Cu,Al,Pb 等制成的铸铁。

（3）灰口铸铁

灰口铸铁是价格便宜、应用最广泛的铸铁材料。在各类铸铁的总产量中,灰铸铁占 80% 以上。我国灰口铸铁的牌号如表 5-1 所示。"HT"表示"灰口铁",后面的数字表示最低抗拉强度。

表 5-1 灰口铸铁的牌号、性能及应用

分类	牌号	铸铁主要壁厚/mm	试棒毛坯直径/mm	抗拉强度 σ_b/MPa	抗压强度 b_c/MPa	硬度/HBS	显微组织		应用举例
							基体	石墨	
普通灰口铸铁	HT100	所有尺寸	30	100	500	143~229	F+P	粗片	
	HT150	4~8	13	280		170~241	F+P	较粗片	端盖、汽轮泵体、轴承座、阀壳、管子及管路附件、手轮;一般机床底座、床身及其他复杂零件、滑座、工作台等
		>8~15	20	200		170~241			
		>15~30	30	150	650	163~229			
		>30~50	45	120		163~229			
		>50	60	100		143~229			
	HT200	6~8	13	320		187~225	P	中等片	汽缸、齿轮、底架、机件、飞轮、齿条、衬筒;一般机床床身及中等压力液压筒、液压泵和阀的壳体等
		>8~15	20	250		170~241			
		>15~30	30	200	750	170~241			
		>30~50	45	180		170~241			
		>50	60	160		163~229			
孕育铸铁	HT250	8~15	20	290		187~225	细珠光体	较强片	阀壳、油缸、汽缸、缸体联轴器、机体、齿轮、齿轮箱外壳、飞轮、衬筒、凸轮、轴承座等
		>15~30	30	250	1 000	170~241			
		>30~50	45	220		170~241			
		>50	60	200		163~229			
	HT300	>15~30	30	300		187~225	索氏体或屈氏体	细小片	齿轮、凸轮、车床卡盘、剪床、压力机的机身、导板、自动车床及其他重载荷机床的床身;高压液压筒、液压泵和滑阀的体壳等
		>30~50	45	270	1 100	170~241			
		>50	60	260		170~241			
	HT350	>15~30	30	350		197~269			
		>30~50	45	320	1 200	187~225			
		>50	60	310		170~241			
	HT400	>20~30	30	400		207~269			
		>30~50	45	380	—	187~269			
		>50	60	370		197~269			

灰口铸铁有铁素体基体、珠光体基体和铁素体加珠光体基体三种,其组织如图 5-3 所示。

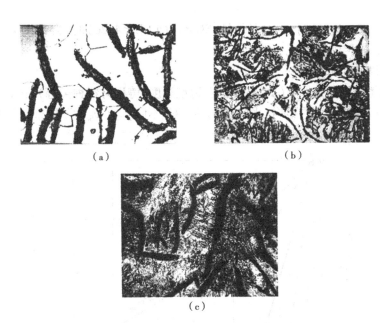

图 5-3　三种灰铸铁的显微组织

(a)铁素体灰铸铁　(b)珠光体-铁素体灰铸铁　(c)珠光体灰铸铁

1)影响灰口铸铁组织和性能的因素

影响灰口铸铁组织和性能的因素主要是化学成分和冷却速度。

①化学成分

控制化学成分是控制铸件组织和性能的基本方法。生产中主要是控制 C,Si 含量。C,Si 强烈促进石墨化。C,Si 含量过低时,铸铁易出现白口组织,力学性能和铸造性能都较低;含量过高时,石墨片过多且粗大甚至在铁液的表面出现石墨飘浮,降低了铸件的性能和质量。因此,灰口铸铁中的 C,Si 的质量分数一般分别控制在:2.5% ~4.0% ,1.0% ~3.0% 。

Mn 是阻碍石墨化的元素,能溶于铁素体和渗碳体中,增强 Fe,C 原子间的结合力,扩大奥氏体区,阻止共析转变时的石墨化,促进珠光体基体的形成。锰还能与 S 生成 MnS,减少 S 的有害作用。Mn 的质量分数一般为 0.5% ~1.4% 。

P 是促进石墨化的元素。铸铁中 P 含量增加时,液相线降低,从而提高了铁液的流动性。在铸铁中,P 的质量分数大于 0.3% 时,常常会形成二元或三元 P 共晶体。P 共晶体硬而脆,降低了铸铁的强度,但提高了其耐磨性。所以,当要求铸铁要有较高强度时,要限制 P 的质量分数(一般在 0.12% 以下),而耐磨铸铁则要求有一定的 P 的质量分数(可达 0.3% 以上)。

S 是有害元素,它强烈促进白口化,并使铸造性能和力学性能恶化。少量 S 即可生成 FeS(或 MnS)。FeS 与 Fe 形成低熔点(约 980 ℃)共晶体,沿晶界分布。因此应限定 S 的含量在 0.15% 以下。

生产中一般用碳当量 CE 和共晶度 SC 来评价铸铁成分的石墨化能力。铸铁的碳当量就是将其中所含元素按促进石墨化的能力折算成碳时所相当总的 C 质量分数。可根据公式 $CE = w_C + 1/3(w_{Si} + w_P)$ 来计算,式中,w_C,w_{Si},w_P 均为该元素的质量分数。共晶度是指铸铁中实际碳含量与共晶碳含量的比值:

$$SC = w_C / [4.26 - (w_{Si} + w_P)]$$

SC = 1(即 CE = 4.26)时,为共晶铸铁;SC < 1(即 CE < 4.26)时,为亚共晶铸铁;SC > 1(即 CE > 4.26)时,为过共晶铸铁。

②冷却速度

在一定的铸造工艺条件下(如浇注温度、铸型温度、铸型材料种类等),铸铁的冷却速度对石墨化完成的程度有很大的影响。图 5-4 所示的是不同 $w_C + w_{Si}$ 时不同壁厚(冷却速度)铸件的组织。

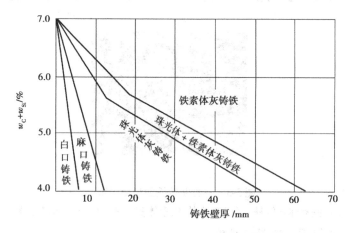

图 5-4 铸铁壁厚和 C,Si 含量对铸件组织的影响

2)孕育处理

孕育处理就是变质处理,孕育处理后的灰铸铁称为孕育铸铁。常用的孕育剂有两种,一种为硅类合金,例如,最常用的是 Si 的质量分数为 75% 的硅铁合金、Si 的质量分数为 60% ~ 65% 和 Ca 的质量分数为 25% ~ 35% 的硅钙合金等,后者石墨化能力比前者高 1.5 ~ 2 倍,但价格较贵。另一类是碳类,例如石墨粉、电极粒等。孕育处理的目的是:

①使铁液内同时生成大量均匀分布的非自发晶核,以获得细小均匀的石墨片,并细化基体组织,提高铸铁的强度;

②避免铸件边缘及薄断面处出现白口组织,提高断面组织的均匀性。表 5-2 所列的 HT200 或 HT250 以上的灰铸铁均属孕育铸铁。

孕育铸铁具有较高的强度和硬度,可用来制造力学性能要求较高的铸件,如汽缸、曲轴、凸轮、机床床身等,尤其是截面尺寸变化较大的铸件。

3)灰铸铁的热处理

热处理不能改变石墨的形状和分布,对提高灰铸铁的力学性能作用不大,因此,在生产中主要用来消除内应力和改善切削加工性能。

①消除内应力退火

一些形状复杂和尺寸稳定性要求较高的重要铸件,如机床床身、柴油机汽缸体等,为了防止变形和开裂,须进行消除内应力退火(又称为人工时效)。工艺规定是:加热到温度 500 ~ 550 ℃,加热速度为 60 ~ 120 ℃/h。温度不宜过高,以免发生共析渗碳体的球化和石墨化。保温时间则取决于加热温度和铸件壁厚,一般是:壁厚 < 20 mm 时,保温时间为 2 h,壁厚每增加 25 mm,保温时间增加 1 h。冷却速度为 20 ~ 50 ℃/h,到 150 ~ 220 ℃后出炉在自然环境中冷却。

②消除铸件白口、降低硬度的退火

灰口铸铁件表层和薄壁处产生的白口组织难以切削加工,需要退火降低其硬度。退火在共析温度以上进行,使渗碳体分解成石墨,所以又称为高温退火。工艺是:加热到 850 ~ 900 ℃,保温 2 ~ 5 h,然后随炉冷却,冷至 250 ~ 400 ℃后出炉在自然环境中冷却。退火铸件的硬度可下降 20 ~ 40 HBS。

3)表面淬火

有些铸件如机床导轨、缸体内壁等,当需要提高硬度和耐磨性时,可进行表面淬火处理,如高频表面淬火、火焰表面淬火等。淬火后表面硬度可达 50 ~ 55 HRC。

(4)球墨铸铁

球墨铸铁是 20 世纪 50 年代发展起来的一种高强度铸铁材料,其综合力学性能接近于钢,因铸造性能很好、成本低廉、生产方便,在工业中得到了广泛的应用和快速的发展。

1)球墨铸铁的成分和球化处理

球墨铸铁的成分要求比较严格,一般范围是:C 的质量分数为 3.6% ~ 3.9%,Si 的质量分数为 2.0% ~ 2.8%,Mn 的质量分数为 0.6% ~ 0.8%,S 的质量分数小于 0.07%,P 的质量分数小于 0.1%。与灰口铸铁相比,它的碳含量较高,一般为过共晶成分,通常 CE 在 4.5% ~ 4.7% 范围内变动,以利于石墨球化。

球墨铸铁的球化处理必须伴随孕育处理,通常是在铁液中同时加入一定量的球化剂和孕育剂。国外使用的球化剂主要是金属镁,实践证明,铁液中 Mg 的质量分数为 0.04% ~ 0.08% 时,石墨就能完全球化。我国普遍使用稀土镁球化剂。Mg 是强烈的反石墨化元素。为了避免白口,并使石墨球细小、均匀分布、光圆,一定要加入孕育剂。常用的孕育剂 Si 的质量分数为 75% 的硅铁和硅钙合金等。

2)球墨铸铁的牌号、组织和性能

我国球墨铸铁牌号用"QT"标明,其后两组数字表示最低抗拉强度和伸长率,如表 5-2 所列。

表 5-2　球墨铸铁牌号和力学性能

材料种类	基　体	力学性能(不小于)					应用举例
		σ_b/MPa	$\sigma_{0.2}$/MPa	δ/%	a_K/(J·cm^{-2})	HBS	
QT400—17	铁素体	400	250	17	60	≤179	汽车、拖拉机的底盘零件;16 ~ 64 大气压阀门的阀体、阀盖
QT420—10	铁素体	420	270	10	30	≤207	
QT500—5	铁素体 + 珠光体	500	350	5	—	147 ~ 241	机油泵齿轮
QT600—2	珠光体	600	420	2	—	229 ~ 302	柴油机、汽油机的曲轴;磨床、铣床、车床的主轴;空压机、冷冻机的缸体、缸套
QT700—2	珠光体	700	490	2	—	229 ~ 302	
QT800—2	珠光体	800	560	2	—	241 ~ 321	
QT1200—1	下贝氏体	1 200	840	1	30	HRC≥38	汽车、拖拉机的传动齿轮

由表中数据可知,球墨铸铁的抗拉强度远远超过灰口铸铁,而与钢相当。其突出的特点是

屈强比($\sigma_{0.2}/\sigma_b$)高,为0.7~0.8,而钢一般只有0.3~0.5。在一般的机械设计中,材料的许用应力根据$\sigma_{0.2}$来确定,因此对于承受静载的零件,使用球墨铸铁比铸钢还节省材料,重量更轻。

不同基体的球墨铸铁如图5-5(a),(b),(c)所示,性能差别很大(见表5-3)。珠光体球墨铸铁的抗拉强度比铁素体基体的高50%以上,而铁素体基体的球墨铸铁的伸长率为珠光体基体的3~5倍。球墨铸铁具有较高的疲劳强度。表5-3所示的是球墨铸铁和45钢试验的对称弯曲疲劳强度,可见带孔和带台肩试样的疲劳强度大致相同。试验还表明,球墨铸铁的扭转疲劳强度甚至超过45钢。在实际应用中,大多数承受动载的零件是带孔或带台肩的,因此完全可以用球墨铸铁来代替钢材制造某些重要零件,如汽车发动机的曲轴、连杆、凸轮轴等。

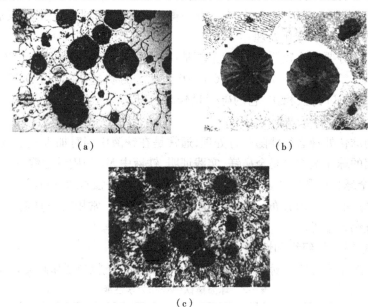

(a)　　　　　　　　　　　　(b)

(c)

图5-5　三种球墨铸铁的显微组织
(a)铁素体球墨铸铁　(b)珠光体球墨铸铁　(c)珠光体+铁素体球墨铸铁

表5-3　球墨铸铁调质和正火后的组织和力学性能

热处理工艺	显微组织	力学性能			
		σ_b/MPa	δ/%	α/$(J \cdot cm^{-2})$	HBS
调质:980 ℃退火, 900 ℃油淬, +580 ℃回火	回火索氏体+石墨	800~1 000	1.7~2.7	26~32	240~340
正火:980 ℃退火, 900 ℃正火, +580 ℃去应力	珠光体+5%铁素体+石墨	700	2.5	5~10	317~321

(5)可锻铸铁

可锻铸铁是由一定成分的白口铸铁经过可锻化(石墨化)退火而获得的具有团絮状石墨的铸铁。其大致成分范围为:C 的质量分数为 2.4% ~2.7% ,Si 的质量分数为 1.4% ~1.8% ,Mn 的质量分数为 0.5% ~0.7% ,P 的质量分数为 0.008% ,S 的质量分数为 0.025% ;同时为缩短石墨化退火周期,还往往向铸铁中加入 B,Al,Bi 等孕育剂(可缩短一半多时间)。

表 5-4 列出了我国可锻铸铁的牌号、性能和应用。其中,"KTH"和"KTZ"分别为铁素体基体可锻铸铁和珠光体基体可锻铸铁的代号,代号后的第一组数字表示铸铁的最低抗拉强度,第二组数字表示其最低的伸长率。如 KTZ700—02 表示珠光体可锻铸铁,其最低抗拉强度为 700 MPa,最低伸长率为 2% 。

表 5-4　可锻铸铁的牌号和力学性能

分类	牌 号	铸件壁厚 /mm	试棒直径 /mm	抗拉强度 σ_b/MPa	伸长率 /%	硬度 /HBS	应用举例
铁素体可煅铸铁	KT300—6	>12	16	300	6	120 ~163	弯头、三通等管件
	KT330—8	>12	16	330	8	120 ~163	螺丝扳手等、车轮壳等
	KT350—10	>12	16	350	10	120 ~163	汽车拖拉机前后轮壳、减速器壳、制动器等
	KT370—12	>12	16	370	12	120 ~163	
珠光体可煅铸铁	KTZ450—5	—	16	450	5	152 ~219	曲轴、凸轮轴、连杆、齿轮、活塞环、轴套、万向节头、棘轮、扳手、传动链条
	KTZ500—4	—	16	500	4	179 ~241	
	KTZ600—3	—	16	500	4	201 ~269	
	KTZ700—2	—	16	700	2	240 ~270	

可锻铸铁的组织特征是:石墨化工艺不同,可锻铸铁的组织状态就不同。图 5- 6 所示的为可锻铸铁的石墨化退火工艺曲线图。若对可锻铸铁进行完全石墨化退火,则可得到铁素体 + 团絮状石墨的组织如图 5-7(a)所示,称其为铁素体基体可锻铸铁;若按图 5-6 所示的工艺只进行了第一阶段石墨化退火,则得到的组织为珠光体 + 团絮状石墨如图 5-7(b)所示,将其称为珠光体基体可锻铸铁。上述两种可锻铸铁中的团絮状石墨表面不规则,表面积与体积比较大,使可锻铸铁的力学性能比灰口铸铁高,强度、塑性和韧度都有明显的提高。铁素体可锻铸铁具有较高的塑性和韧度,且铸造性能好,它常用于制造形状复杂的薄截面零件,其工作时易受冲击和振动,如汽车、拖拉机的后桥壳、轮壳、转向机构及管接头等;珠光体可锻铸铁强度和耐磨性较好,可用于制造曲轴、连杆、凸轮、活塞等强度和耐磨性要求较高的零件。

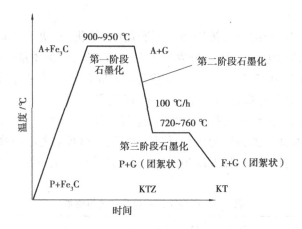

图 5-6 可锻铸铁的石墨化退火工艺曲线

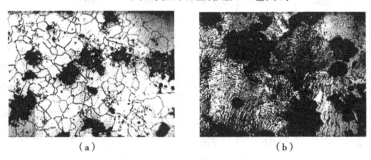

（a）　　　　　　　　　　　（b）

图 5-7 可锻铸铁的显微组织
（a）铁素体可锻铸铁　（b）珠光体可锻铸铁

（6）蠕墨铸铁

蠕墨铸铁是近几十年来迅速发展起来的新型铸铁材料,它是在一定成分的铁液中加入适量的蠕化剂,凝固结晶后铸铁中的石墨形态介于片状与球状之间,形似蠕虫状。通常变质剂和蠕化剂为稀土硅铁镁合金、稀土硅铁合金、稀土硅铁钙合金或混合稀土。蠕墨铸铁的化学成分与球墨铸铁相似,即要求高碳、高硅、低磷并含有一定量的镁和稀土,一般成分范围是:C 的质量分数为 3.5% ~3.9% ,Si 的质量分数为 2.1% ~2.8% ,Mn 的质量分数为 0.4% ~0.8% ,P 和 S 的质量分数均小于 0.1% 。

蠕墨铸铁的组织特征是:其显微组织是由蠕虫状石墨 + 金属基体组成。与片状石墨相比,蠕虫状石墨的长径比值明显减小,一般在 2 ~10 范围内;同时,蠕虫状石墨往往还与球状石墨共存。在大多数情形下,蠕墨铸铁组织中的金属基体比较容易得到铁素体基体(其质量分数超过 50%);当然,若加入 Cu,Ni,Sn 等稳定珠光体的元素,可使基体中珠光体的质量分数高达 70% ,再加上适当的正火处理,珠光体的质量分数更可增加到 90% 以上。

蠕墨铸铁的力学性能介于基体组织相同的优质灰铸铁和球墨铸口铁之间,见表 5.5。当成分一定时,蠕墨铸铁的强度、韧度、疲劳强度和耐磨性等都优于灰口铸铁,对断面的敏感性也较小;但蠕虫状石墨是互相连接的,使得蠕墨铸铁的塑性和韧度比球墨铸铁低,强度接近球墨铸铁。此外,蠕墨铸铁还有优良的抗热疲劳性能、铸造性能和减振能力,其热导性接近于灰口铸铁,但优于球墨铸铁。蠕墨铸铁广泛用来制造柴油机缸盖、汽缸套、机座、电机壳、机床床身、钢锭模、液压阀等零件。

表5-5 蠕墨铸铁的牌号和力学性能(JB 4403—87)

牌 号	力学性能(≥)			硬度/HBS	主要基体组织
	抗拉强度 σ_b/MPa	屈服强度 $\sigma_{0.2}$/MPa	伸长率/%		
RuT420	420	335	0.75	200 ~ 280	珠光体
RuT380	380	300	0.75	193 ~ 274	珠光体
RuT340	340	270	1.0	170 ~ 249	珠光体 + 铁素体
RuT300	300	240	1.0	140 ~ 217	铁素体 + 珠光体
RuT260	260	195	3	121 ~ 197	铁素体

(7)特殊性能铸铁

1)耐热铸铁

普通灰口铸铁的耐热性较差,只能在低于400 ℃左右的温度下工作。研究表明,铸铁在高温下的损坏形式,主要是在反复加热与冷却过程中相变和氧化引起铸铁的生长和微裂纹的形成、扩展以致失效;其中铸铁的生长是指其在反复加热与冷却时产生的不可逆体积增大现象,这主要是由于氧化性气体沿石墨边界或裂纹渗入内部产生内氧化,或铸铁中的渗碳体高温分解为密度小体积大的石墨和铸铁基体的其他组织转变引起的。提高铸铁的耐热性即获得耐热铸铁可以采取如下几方面措施:

①合金化在铸铁中加入 Si,Al,Cr 等合金元素,可使铸铁表面形成一层致密的稳定性很高的氧化膜,阻止氧化气氛渗入铸铁内部产生内氧化;通过合金化获得单相铁素体或奥氏体基体,使其在工作温度范围内不发生相变,从而减少因相变而引起的铸铁生长和微裂纹。

②经过球化处理或变质处理,石墨转变成球状和蠕虫状,提高铸铁金属基体的连续性,减少氧化气氛渗入铸铁内部的可能性,有利于防止铸铁内氧化和生长。

常用耐热铸铁有:中硅耐热铸铁(RTSi—5.5),中硅球墨铸铁(RTQSi—5.5),高铝耐热铸铁(RTAl—22),高铝球墨铸铁(RTQAl—22),低铬耐热铸铁(RTCr—1.5)和高铬耐热铸铁(RTCr—28)等。耐热铸铁常用作炉栅、水泥焙烧炉零件、辐射管、退火罐、炉体定位板、中间架、炼油厂加热耐热件、锅炉燃烧嘴等。

2)耐蚀铸铁

提高铸铁耐蚀性的主要途径是合金化。在铸铁中加入 Si,Al,Cr 等合金元素,能在铸铁表面形成一层连续致密的保护膜;在铸铁中加入 Cr,Si,Mo,Cu,Ni,P 等合金元素,可提高铁素体的电极电位;另外,通过合金化还可以获得单相金属基体组织,减少铸铁中的腐蚀微电池。上述方法都可用以提高铸铁的耐蚀性,同时还保持了铸铁的一定的力学性能,因此广泛用于制造化工管道、阀门、泵、反应器及存储器等。

目前应用较多的耐蚀铸铁有高硅铸铁(STSi15)、高硅钼铸铁(STSi15Mo4)、铝铸铁(STAl5)、铬铸铁(STCr28)、抗碱球墨铸铁(STQNiCrRe)等。例如,高硅铸铁有优良的耐酸性(但不耐热的盐酸),常用作耐酸泵、蒸馏塔等;高铬铸铁具有耐酸耐热耐磨的特点,用于制造化工机械零件(如离心泵、冷凝器等)。

3）耐磨铸铁

耐磨铸铁主要用于制造要求高耐磨性的零件。根据组织可分为下面几类：

①耐磨灰铸铁在灰口铸铁中加入少量合金元素如 P,V,Cr,Mo,Sb,稀土等,可以增加金属基体中珠光体数量,且使珠光体细化;同时也细化了石墨,使铸铁的强度和硬度升高,大大提高了铸铁的耐磨性。耐磨灰口铸铁如磷铜钛铸铁、磷钒钛铸铁,铬钼铜铸铁、稀土磷铸铁、锑铸铁等,具有良好的润滑性和抗咬合、抗擦伤的能力,可广泛用于制造要求高耐磨的机床导轨、汽缸套、活塞环、凸轮轴等零件。

②抗磨白口铸铁控制化学成分(如加入 Cr,Mo,V 等促进白口化元素)和增加铸件冷却速度,可以使铸件获得没有游离石墨而只有珠光体、渗碳体和碳化物组成的组织,这种白口组织具有高硬度和高耐磨性。例如,Cr 的质量分数大于 12% 的高铬白口铸铁,经热处理后基体可为高强度的马氏体;再加上高硬度的铬碳化合物的存在,因而具有优异的抗磨损性能。抗磨白口铸铁广泛应用于制造犁铧、杂质泵叶轮、泵体、各种磨煤机、矿石破碎机、水泥球磨机、抛丸机的衬板、磨球、叶片等零件。

③冷硬铸铁(激冷铸铁)冷硬铸铁实质上是一种加入少量 B,Cr,Mo,Te 等元素的低合金铸铁经表面激冷处理(工艺中用冷的金属铸模成形即可)获得的,其表面有一定深度的白口层,而心部仍为正常铸铁组织。如冶金轧辊、发动机凸轮、气门摇臂及挺杆等零件,要求表面应具有高硬度和耐磨性而心部应具有一定的韧度的零件,就可以采用冷硬铸铁制造。

④中锰抗磨球墨铸铁是一种 Mn 的质量分数 4.5% ~9.5% 的抗磨合金铸铁。当 Mn 的质量分数在 5% ~7% 时,基体部分主要为马氏体;当 Mn 的质量分数增加到 7% ~9% 时,基体部分主要为奥氏体;同时组织中还存在有复合型的碳化物$(Fe,Mn)_3C$。马氏体和碳化物具有高的硬度,是一种良好的抗磨组织;奥氏体加工硬化显著,使铸件表面硬度升高,耐磨性提高,而其心部仍具有一定韧度,所以中锰抗磨球墨铸铁具有较高力学性能、良好的抗冲击性和抗磨性。中锰抗磨球墨铸铁可用于制造磨球、煤粉机锤头、耙片、机引犁铧、拖拉机履带板等耐冲击、耐磨零件。

5.1.2　碳素钢及其应用

(1)普通碳素结构钢

按 GB 700—88 的规定,碳素结构钢的牌号以钢材的最低屈服强度表示。这类钢虽然含有有害杂质及非金属夹杂物较多,但其冶炼方法简单、工艺性好、价格低廉,而且在性能上也能满足一般工程结构件及普通零件的要求,因此,用量很大,约占钢材总量的 80% 。

钢的牌号是由代表屈服点的"屈"字的汉语拼音首位字母"Q",屈服点值(数字),质量等级符号 A,B,C,D,脱氧方法等的符号(用脱氧方法等名称的汉语拼音首位字母表示,如沸腾钢(F)、半镇静钢(b)、镇静钢(Z)、特殊镇静钢(TZ))组成。其中"Z"与"TZ"符号可以省略。例如,Q235—A. F 代表碳素结构钢,屈服点值为 235 MPa,并为 A 级沸腾钢。

普通碳素结构钢的牌号、化学成分、力学性能及应用举例如表 5-6 和表 5-7。

表 5-6　普通碳素结构钢的牌号和化学成分（GB 700—88）

牌号	质量等级	化学成分（质量分数）/%					脱氧方法	相当旧牌号
		C	Mn	Si	S	P		
				≤				
Q195	—	0.06~0.12	0.25~0.50	0.30	0.050	0.045	F,b,Z	B_1,A_1
Q215	A	0.09~0.15	0.25~0.55	0.30	0.050	0.045	F,b,Z	A_2
	B				0.045			C_2
Q235	A	0.14~0.22	0.30~0.65	0.30	0.050	0.045	F,b,Z	A_3
	B	0.12~0.20	0.30~0.70		0.045	0.040		C_3
	C	≤0.18	0.35~0.80		0.040	0.035	Z	—
	D	≤0.17			0.035		TZ	—
Q255	A	0.18~0.28	0.40~0.70	0.30	0.050	0.045	Z	A_4
	B				0.045		Z	C_4
Q275	—	0.28~0.38	0.50~0.80	0.35	0.050	0.045	Z	C_5

表 5-7　碳素结构钢的力学性能及应用举例

牌号	质量等级	屈服强度 σ_s/MPa				抗拉强度 σ_b/MPa	伸长率 δ_s/MPa				应用举例
		钢材厚度（直径）/mm					钢材厚度（直径）/mm				
		≤16	>16~40	>40~60	>60~100		≤16	>16~40	>40~60	>60~100	
		≥					≥				
Q195	—	(195)	(185)	—	—	315~390	33	32	—	—	用于制造受力较小的零件，如：螺钉、螺母、垫圈等，焊接件、冲压件及桥梁建筑等金属结构件
Q215	A B	215	205	195	185	335~410	31	30	29	28	
Q235	A B C D	235	225	215	205	375~460	26	25	24	23	
Q255	A B	255	245	235	225	410~510	24	23	22	21	用于制造承受中等载荷的零件，如：小轴、销子、连杆等零件
Q275	—	275	265	255	245	190~610	20	19	18	17	

（2）优质碳素结构钢

优质碳素结构钢含有害杂质 P，S 的量及非金属夹杂物较少，其均匀性及表面质量都比较好，且必须同时保证钢的化学成分和力学性能。这类钢的产量较大，价格便宜，力学性能较好，广泛用于制造各种机械零件和结构件。这些零件通常都要经过热处理后使用。

1)优质碳素结构钢的编号及成分特点

优质碳素结构钢的牌号是用两位数字表示钢中 C 的质量分数,以万分之几表示。例如,"40 钢"表示平均 C 的质量分数为 0.40% 的优质碳素结构钢。不足两位数时,前面补 0。从 10 钢开始,以数字"5"为变化幅度上升一个钢号。若数字后带"F"(如 08F),则表示为沸腾钢。优质碳素结构钢按含锰不同,分为普通含锰量(w_{Mn} = 0.35% ~ 0.8%)和较高含锰量(w_{Mn} = 0.7% ~ 1.2%)两组。较高含锰量的一组,在钢号后加"Mn",如 15Mn,20Mn 等。

优质碳素结构钢的牌号、化学成分、力学性能和用途如表 5-8。

表 5-8　优质碳素结构钢的牌号、化学成分、力学性能及用途(GB 699—88)

钢号	化学成分(质量分数)/%					最低力学性能					应用举例
	C	Si	Mn	P	S	σ_s/ MPa	σ_b/ MPa	δ/ %	ψ/ %	α/(J· cm^{-2})	
08F	0.05 ~ 0.11	≤0.03	0.25 ~ 0.50	≤0.035	≤0.035	295	175	35	60	—	受力不大但要求高韧度的冲压件、焊接件、紧固件,如螺母、垫圈等
10F	0.07 ~ 0.14	≤0.07	0.25 ~ 0.50	≤0.035	≤0.035	315	185	33	55	—	
15F	0.12 ~ 0.19	≤0.07	0.25 ~ 0.50	≤0.035	≤0.035	355	205	29	55	—	
08	0.05 ~ 0.12	0.17 ~ 0.37	0.35 ~ 0.65	≤0.035	≤0.035	325	195	33	60	—	
10	0.07 ~ 0.14	0.17 ~ 0.37	0.35 ~ 0.65	≤0.035	≤0.035	335	205	31	55	—	
15	0.12 ~ 0.19	0.17 ~ 0.37	0.35 ~ 0.65	≤0.035	≤0.035	375	225	27	55	—	渗碳淬火后的强度要求不高的受磨零件,如凸轮、滑块、活塞销等
20	0.17 ~ 0.24	0.17 ~ 0.37	0.35 ~ 0.65	≤0.035	≤0.035	410	245	25	55	—	
25	0.22 ~ 0.30	0.17 ~ 0.37	0.50 ~ 0.80	≤0.035	≤0.035	450	275	23	50	71	
30	0.25 ~ 0.35	0.17 ~ 0.37	0.50 ~ 0.80	≤0.035	≤0.035	490	295	21	50	63	负荷较大的零件,如连杆、曲轴、主轴、活塞销、表面淬火齿轮、凸轮等
35	0.32 ~ 0.40	0.17 ~ 0.37	0.50 ~ 0.80	≤0.035	≤0.035	530	315	20	45	55	
40	0.37 ~ 0.45	0.17 ~ 0.37	0.50 ~ 0.80	≤0.035	≤0.035	570	335	19	45	47	
45	0.42 ~ 0.50	0.17 ~ 0.37	0.50 ~ 0.80	≤0.035	≤0.035	600	355	16	40	39	
50	0.47 ~ 0.55	0.17 ~ 0.37	0.50 ~ 0.80	≤0.035	≤0.035	630	375	14	40	31	
55	0.53 ~ 0.60	0.17 ~ 0.37	0.50 ~ 0.80	≤0.035	≤0.035	645	380	13	35	—	
60	0.57 ~ 0.65	0.17 ~ 0.37	0.50 ~ 0.80	≤0.035	≤0.035	675	400	12	35	—	弹性强度或强度要求较高的零件,如轧辊、弹簧、钢丝绳、偏心轮等
65	0.62 ~ 0.70	0.17 ~ 0.37	0.50 ~ 0.80	≤0.035	≤0.035	695	410	10	30	—	
70	0.67 ~ 0.75	0.17 ~ 0.37	0.50 ~ 0.80	≤0.035	≤0.035	715	420	9	30	—	
75	0.72 ~ 0.80	0.17 ~ 0.37	0.50 ~ 0.80	≤0.035	≤0.035	1 080	880	7	30	—	
90	0.77 ~ 0.85	0.17 ~ 0.37	0.50 ~ 0.80	≤0.035	≤0.035	1 080	930	6	30	—	
85	0.82 ~ 0.90	0.17 ~ 0.37	0.50 ~ 0.80	≤0.035	≤0.035	1 130	980	6	30	—	

续表

钢　号	化学成分(质量分数)/%					最低力学性能					应用举例
	C	Si	Mn	P	S	σ_s/ MPa	σ_b/ MPa	δ/ %	Ψ/ %	α/(J· cm^{-2})	
15Mn	0.12 ~ 0.19	0.17 ~ 0.37	0.70 ~ 1.00	≤0.035	≤0.035	410	245	26	55	—	
20Mn	0.17 ~ 0.24	0.17 ~ 0.37	0.70 ~ 1.00	≤0.035	≤0.035	450	275	24	50	—	
25Mn	0.22 ~ 0.30	0.17 ~ 0.37	0.70 ~ 1.00	≤0.035	≤0.035	490	295	22	50	71	
30Mn	0.27 ~ 0.35	0.17 ~ 0.37	0.70 ~ 1.00	≤0.035	≤0.035	540	315	20	45	63	应用范围与普通含锰量的优质碳素结构钢相同
35Mn	0.32 ~ 0.40	0.17 ~ 0.37	0.70 ~ 1.00	≤0.035	≤0.035	560	335	19	45	55	
40Mn	0.37 ~ 0.45	0.17 ~ 0.37	0.70 ~ 1.00	≤0.035	≤0.035	590	355	17	45	47	
45Mn	0.42 ~ 0.50	0.17 ~ 0.37	0.70 ~ 1.00	≤0.035	≤0.035	620	375	15	40	39	
50Mn	0.48 ~ 0.56	0.17 ~ 0.37	0.70 ~ 1.00	≤0.035	≤0.035	645	390	13	40	31	
60Mn	0.57 ~ 0.65	0.17 ~ 0.37	0.70 ~ 1.00	≤0.035	≤0.035	695	410	11	35	—	
65Mn	0.62 ~ 0.70	0.17 ~ 0.37	0.70 ~ 1.20	≤0.035	≤0.035	735	430	9	30	—	
70Mn	0.67 ~ 0.75	0.17 ~ 0.37	0.70 ~ 1.20	≤0.035	≤0.035	785	450	8	30	—	

2)优质碳素结构钢的热处理及应用

常用的优质碳素结构钢的性质及应用范围如下。

08 钢、10 钢的含碳量很低,其强度低而塑性好,具有较好的焊接性能和压延性能,通常轧制成薄板或钢带。主要用于制造冷冲压零件,如各种仪表板、容器及垫圈等零件。

15 钢、20 钢、25 钢也具有较好的焊接性和压延性能,常用于制造受力不大、韧度较高的结构件和零件,如焊接容器、制造螺母、螺钉等,以及制造强度要求不太高的渗碳零件,如凸轮、齿轮等。渗碳零件的热处理一般是在渗碳后再进行一次淬火(840 ~ 920 ℃)及低温回火。

35 钢、40 钢、45 钢、50 钢、55 钢属于调质钢,可用来制造性能要求较高的零件,如齿轮、连杆、轴类等。调质钢一般要进行调质处理,以得到强度与韧度良好配合的综合力学性能。对综合力学性能要求不高或截面尺寸很大、淬火效果差的工件,可采用正火代替调质。

60 钢、65 钢、70 钢、75 钢、80 钢、85 钢属于弹簧钢,经适当热处理后,可用来制造要求弹性好、强度较高的零件,如弹簧、弹簧垫圈等,也可用于制造耐磨零件。冷成形弹簧一般只进行低温去应力处理。热成形弹簧一般要进行淬火(850 ℃)及中温回火(350 ~ 500 ℃)处理。耐磨件则进行淬火(850 ℃)及低温回火(200 ~ 250 ℃)处理。

(3)碳素工具钢

在机械制造业中,用于制造各种刃具、模具及量具的钢称为工具钢。由于工具要求高硬度和高耐磨性且多数刃具还要求热硬性,所以工具钢的含碳量均较高。工具钢通常采用淬火 + 低温回火的热处理工艺,以保证高硬度和耐磨性。

碳素工具钢的 C 的质量分数为 0.65% ~ 1.35%。根据其 S,P 的含量不同,碳素工具钢又可分为优质碳素工具钢和高级优质碳素工具钢两类。

1)碳素工具钢的编号及成分特点

碳素工具钢的钢号以"碳"字汉语拼音字头"T"表示,其后面加上顺序数字,数字表示钢的 C 的平均质量分数,以千分之几表示,如为高级优质碳素工具钢,则在数字后再加"A"字。如 T8 钢表示 C 的质量分数平均为 0.8% 的优质碳素工具钢。T12A 钢表示 C 的质量分数平均为

1.2%的高级优质碳素工具钢。含锰量较高者,在钢号后标以"Mn",如 T8Mn。碳素工具钢的优点是容易锻造、加工性能良好,而且价格便宜,生产量约占全部工具钢的 60% 左右。缺点是淬透性低,Si,Mn 含量略有改变,就会对淬透性产生较大的影响。因此,对碳素工具钢中的含硅量和含锰量限制较严,一般为 $w_{Si} < 0.35\%$,$w_{Mn} < 0.40\%$,这种钢还容易产生淬火变形和淬裂,尤以形状复杂的工具为甚,同时它的回火抗力也较差。为了提高碳素工具钢的可锻性及减少其淬裂倾向,其硫、磷含量应比优质碳素结构钢限制更严格,即 $w_S \leqslant 0.030\%$,$w_P \leqslant 0.035\%$;在高级优质碳素工具钢中 $w_S \leqslant 0.02\%$,$w_P \leqslant 0.03\%$。碳素工具钢的钢号、成分、力学性能及用途如表5-9。

表5-9 碳素工具钢的牌号、化学成分、力学性能及用途

牌 号	化学成分 w/ %			退火状态硬度 HBS(≥)	试样淬火硬度 HRC(≥)	用 途
	C	Si	Mn			
T7 T7A	0.65~0.74	≤0.35	≤0.40	187	800~820℃ 水 62	承受冲击、韧性较好、硬度适当的工具,如手钳、大锤、改锥等
T8 T8A	0.75~0.84	≤0.35	≤0.40	187	780~800℃ 水 62	承受冲击,要求较高硬度的工具,如冲头、压缩空气工具、木工工具等
T8Mn T8MnA	0.80~0.90	≤0.35	0.40~0.60	187	780~800℃ 水 62	同上,但淬透性较大,可制造截面积较大的工具
T 9 T9A	0.85~0.94	≤0.35	≤0.40	192	760~780℃ 水 62	韧性中等、硬度高的工具,如冲头、木工工具等
T10 T10A	0.95~1.04	≤0.35	≤0.40	197	760~780℃ 水 62	不受剧烈冲击,高硬度、耐磨的工具,如车刀、刨刀、冲头、丝锥、手锯条
T11 T11A	1.05~1.14	≤0.35	≤0.40	207	760~780℃ 水 62	不受剧烈冲击,高硬度、耐磨的工具,如车刀、刨刀、冲头、丝锥等
T12 T12A	1.15~1.24	≤0.35	≤0.40	207	760~780℃ 水 62	不受剧烈冲击,高硬度、耐磨的工具,如锉刀、刮刀、精车刀、丝锥、量具
T13 T13A	1.25~1.35	≤0.35	≤0.40	217	760~780℃ 水 62	同 T12,要求更耐磨的工具如剃刀、刮刀

淬火后硬度不是指用途举例中各种工具硬度,而是指碳素工具钢材料在淬火后的最低硬度。

2) 碳素工具钢的热处理与应用

工具钢的毛坯一般为锻造成形,再由毛坯机加工成工具产品。碳素工具钢锻造后,因硬度高,不易进行切削加工,有较大应力,组织又不符合淬火要求,故应进行球化退火,以改善切削加工性,并为最后淬火作组织准备,退火后的组织应为球状珠光体,其硬度一般小于 217 HBS。淬火加热温度要根据钢种来确定,同时也要考虑性能要求,工件形状、大小及冷却介质等。淬火冷却时,由于其淬透性较低,为了得到马氏体组织,除形状复杂、有效厚度或直径小于 5 mm 的小刃具在油中冷却外,一般都选用冷却能力较强的冷却介质(如水、盐水、碱水等)。还应指出,淬火时,较强的冷却介质会使淬火应力变大,故可能引起较大的变形甚至开裂,这是碳素工具钢一个显著弱点。碳素工具钢经热处理后,硬度可达 60 ~ 65 HRC,其耐磨性和加工性都较好,价格便宜,在生产上得到广泛应用。碳素工具钢在使用性能上的缺点是热硬性差,当刃部温度大于 200 ℃时,硬度、耐磨性会显著降低。碳素工具钢大多用于制造刃部受热程度较低的手用工具和低速、小走刀量的机用工具,也可用于制造尺寸较小的模具和量具。

(4) 铸钢

一些形状复杂、综合力学性能要求较高的大型零件,由于在工艺上难于用锻造方法成形,在性能上又不能用力学性能低的铸铁制造,因而需要采用铸钢件。目前铸钢在重型机械制造、运输机械、国防工业等部门应用较多,如轧钢机机架、水压机横梁与汽缸、机车车架、铁道车辆转向架中的摇枕、汽车与拖拉机齿轮拨叉、起重行车车轮、大型齿轮等。工程上用的碳素铸钢的 C 的质量分数为 0.2% ~ 0.6%(见表 5-10),含碳量过高,则塑性不好,凝固时易产生裂纹。要提高碳素铸钢的力学性能,则可通过加入合金元素来形成合金铸钢。

表 5-10　工程用铸钢的牌号、化学成分、力学性能和用途(摘自 GB 11352—89)

牌号	主要化学成分 w/%					室温力学性能					用途
	C	Si	Mn	P	S	σ_s /MPa	σ_b /MPa	δ/%	Ψ/%	a_K/(J· cm^{-2})	
	≤					≥					
ZG 200 ~ 400	0.20	0.50	0.80	0.04	0.04	200	400	25	40	30 (60)	用于受力不大,要求韧性好的零件,如机座、变速箱壳等
ZG 230 ~ 450	0.30	0.50	0.90	0.04	0.04	230	450	22	32	25 (45)	用于受力不大,要求韧性好的零件,如外壳、轴承盖、底板、阀体等
ZG 270 ~ 500	0.40	0.50	0.90	0.04	0.04	270	500	18	25	22 (35)	用作轧钢机机架、轴承座、连杆、曲轴等
ZG 310 ~ 570	0.50	0.60	0.90	0.04	0.04	310	570	15	31	15 (30)	用于载荷较高的零件,如大齿轮、缸体、制动鼓等
ZG 340 ~ 640	0.60	0.60	0.90	0.04	0.04	340	640	10	18	10 (20)	用作齿轮、棘轮等

5.1.3 合金结构钢

(1)合金结构钢的分类与编号

依据 GB 3077—88 规定,合金结构钢的分类方法有两种:①按使用的加工方法可分为压力加工用钢(热压力加工或冷拔坯料)和切削加工用钢;②按冶金质量可分为优质钢、高级优质钢(牌号后加"A")、特级优质钢(牌号后加"E"),后者是经电渣重熔冶炼后得到的高质量的合金结构钢。

合金结构钢编号原则是按国家标准的规定,采用"数字 + 元素符号 + 数字"的方法,前面的两位数字表示 C 的平均质量分数,以万分之几表示。合金元素后面的数字一般表示合金元素的质量分数,如果合金元素的平均 w_{Me} 小于 1.5%,则一般只标元素符号而不标数字,当其平均 w_{Me} 分别大于或等于 1.5%,2.5%,3.5% 时,则在元素后相应地标出 2,3,4,…。例如,12CrNi3 钢,表示其 C 的平均质量分数为 0.12%,Cr 的平均质量分数小于 1.5%,Ni 的平均质量分数为 3%。

合金结构钢包括合金渗碳钢、合金调质钢、合金弹簧钢和滚动轴承钢。

(2)合金渗碳钢

1)性能特点和用途

合金渗碳钢零件经渗碳、淬火和回火后,零件表面具有高硬度和高耐磨性,而心部具有较高的韧度和足够的强度;有良好的热处理工艺性能,在高温渗碳条件下奥氏体晶粒不易长大,并具有良好的淬透性。

合金渗碳钢主要用以制造表面承受强烈磨损,并承受动载荷的零件,如汽车、拖拉机上的变速齿轮、内燃机上的凸轮、活塞销等,是机械制造中应用较广泛的钢种。

2)化学成分特点

合金渗碳钢实际就是碳素渗碳钢加入合金元素所形成的钢种,其 C 的质量分数一般为 0.10% ~ 0.25%,属于低碳钢范畴,以保证渗碳零件心部有较高的韧度。

在合金渗碳钢中,主加合金元素为 Cr,Mn,Ni,B 等,其主要作用是提高钢的淬透性。合金渗碳钢渗碳后可在油中淬火,其心部可得到低碳马氏体,可以提高强度,同时保持良好的韧度,还能提高渗碳层的强度和塑性,其中以 Ni 的作用最好。在合金渗碳钢中,除上述元素外,还加入少量的 V,W,Mo,Ti 等加强碳化物形成元素,其主要作用是细化晶粒,防止高温渗碳过程中奥氏体晶粒长大。此外,合金碳化物的存在,提高了渗碳层的耐磨性。合金渗碳钢可在油中淬火,减少了工件的变形与开裂倾向。

3)热处理特点和组织性能

①渗碳前的热处理

低、中淬透性渗碳钢一般在锻压后采用正火可以改善其切削加工性;高淬透性渗碳钢退火软化困难,通常在锻压后可进行一次在自然环境中淬火,再于 650 ℃ 左右高温回火,使其组织成为回火索氏体,有利于切削加工。

②渗碳后的热处理

渗碳后的热处理一般是淬火及低温回火,其回火温度为 180 ~ 200 ℃,表面硬度为 58 ~ 64 HRC,心部组织根据钢的淬透性及尺寸而定。对于渗碳时容易过热的钢种,在渗碳后需进行预备正火或淬火处理,以消除过热组织,细化晶粒,然后再进行淬火及低温回火处理。经过这种热处理后的工件可以达到"表硬里韧"的性能。

热处理后渗碳层的组织由合金渗碳体与回火马氏体及少量残余奥氏体组成,硬度为 60～62 HRC。心部组织与钢的淬透性及零件截面尺寸有关,完全淬透时为低碳回火马氏体,硬度为 40～48 HRC;多数情况下是托氏体、少量回火马氏体及少量铁素体,硬度为 25～40 HRC。心部的冲击韧度一般都高于 70 J/cm²。

(3)合金调质钢

1)性能特点及用途

合金调质钢,一般是指在碳素调质钢中加入合金元素所形成经调质处理后再使用的结构钢。调质后的组织为回火索氏体,具有强而韧的良好综合力学性能,是承受较复杂、多种工作载荷零件的合适材料。要获得具有良好综合力学性能的回火索氏体,其前提是在淬火后必须获得马氏体组织。作为基本性能要求,调质钢必须具有足够高的淬透性。

调质钢常用于制造承受较大载荷,同时还承受一定冲击的机械零件,如柴油机连杆螺栓、机床主轴、齿轮及汽车半轴等。调质钢是机械制造用钢中应用最广泛的结构钢。

2)调质钢的化学成分

合金调质钢的 C 的质量分数介于 0.21%～0.45%,属于中碳钢,含碳量过低不易淬硬,回火后强度不足;含碳量过高则韧度不足。合金调质钢较之于碳素调质钢,由于合金元素的强化作用,相当于代替了一部分碳量,故含碳量偏低,如 40Cr,35CrMnSi,25CrNiWA 等。

调质钢的主加合金元素为 Cr,Ni,Mn,Si 等,其主要作用是提高钢的淬透性。全部淬透的零件,在高温回火后,可获得高而均匀的综合力学性能,特别是高的屈强比(σ_s/σ_b)。此外,主加元素(除 B 以外)都有较显著强化铁素体的作用,当它们含量在一定范围时,还可提高铁素体的韧度。

调质钢的辅加元素为 Mo,W,V,Al 等,它们在合金调质钢中的含量一般较少,其主要作用为细化晶粒与提高回火稳定性。其中 Mo,W 有防止调质钢的第二类回火脆性的作用,V 可细化晶粒,Al 的主要作用是提高合金调质钢的渗氮强化效果。

3)热处理特点和组织性能

①调质处理前的热处理

零件的切削初加工或半精加工一般在调质处理前进行。由于合金调质钢有一定的含碳量,合金元素的作用又强烈,所以许多钢在轧制、锻造后的组织有很大的差别。碳钢和合金元素含量较低的调质钢淬透性较低,通常采用正火或退火处理,其组织为铁素体和珠光体,切削性能良好;高淬透性调质钢在自然环境中冷却即可获得马氏体组织,为了降低硬度,改善切削性能以及消除残余应力,在进行调质处理前需要进行预先热处理。对合金元素含量较少的钢可加热至 Ac3(850 ℃左右)以上进行退火处理,这样既可细化晶粒又可改善其切削加工性;对于合金元素含量较高的钢,则可加热至 Ac3 以上在自然环境中冷却,然后再在 Ac1 以下(即 650～700 ℃)进行高温回火,以便获得回火索氏体组织,使钢软化,便于切削加工。

②调质处理

调质处理是淬火后进行高温回火。淬火温度可根据钢的成分来确定。一般把钢件加热至 Ac3 以上(850 ℃左右)温度保温,然后放入油或水中进行淬火,最后进行回火。合金调质钢常规热处理后的组织是回火索氏体。调质钢的最终使用性能取决于回火温度。图 5-8 所示的是 40Cr 钢的回火温度与力学性能的关系。由图可以看出,随着回火温度的升高,钢的强度、硬度逐渐降低,而塑性、韧度则相应升高。选择不同的回火温度,可获得不同的强度与韧度组合。一般采用 500～650 ℃ 的高温回火处理,以获得回火索氏体,使钢材具有高的综合力学性能。高温回火时应防止某些合金钢产生回火脆性,如 CrNi,CrMn 钢等,高温回火后缓慢冷却时往往会产生第二类回火脆性,采用快速冷却则可以避免。但对于截面较大的零件,快速冷却往往受到限制,因此通常采用加入 Mo 和 W 合金元素的办法(其适当含量为:w_{Mo} 为 0.15%～0.30%,w_W 为 0.8%～1.2%),以抑制或防止第二类回火脆性。

一些重要调质钢零件如轴类、齿轮等,一般除了要求有良好的综合力学性能之外,往往还要求表面具有高硬度和高耐磨性,这时可采用感应加热表面淬火并低温回火的工艺,这时的表面组织为回火马氏体,从而提高了表面的耐磨性。如果对耐磨性要求更高,则可采用化学热处理,如渗氮处理,使表层形成高硬度的渗氮层,在这种情况下,最好选用 38CrMoAlA 钢,它是专门的渗氮用钢,由于钢中含有 Al,表层可形成高硬度的 AlN,渗氮效果良好。

调质钢淬透时的屈服强度可达 800 MPa 以上,冲击韧度为 80 J/cm² 以上。若截面未淬透时,综合力学性能将大为降低。

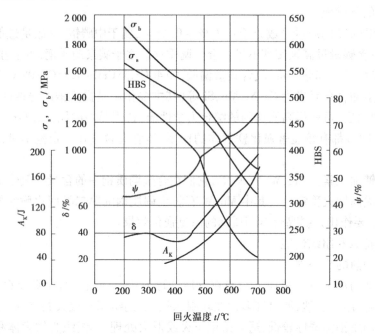

图 5-8　40Cr 钢的回火温度与力学性能的关系

(4)合金弹簧钢

1)性能特点及用途

合金弹簧钢的特点是具有很高的弹性强度。用它制造的弹簧等弹性零件,在工作时产生大量的弹性变形,在各种机械中起缓和冲击、吸收振动的作用。另外利用弹性变形储存的能量可以使机件完成规定的动作。弹簧在工作时一般承受循环载荷,大多数情况下因疲劳而破坏,因此,要求制造弹簧的材料具有高的疲劳强度。为了获得高的疲劳强度与弹性强度,要求钢材具有高的屈服强度,尤其是高的屈强比(σ_s/σ_b)。为了减轻材料对缺口的敏感性,弹簧还要有一定的塑性和韧度,并有良好的表面加工质量。

合金弹簧钢一般用于制造截面尺寸较大,承受较重载荷的弹簧和各种弹性零件,有时也用于制造具有一定耐磨性的零件。

2）化学成分特点

这类钢的含碳量较高,属于中、高碳钢,以保证得到高的弹性强度与疲劳强度。由于合金元素加入使 S 点左移,因此合金弹簧钢的含碳量较之碳素弹簧钢要低一些,一般 C 的质量分数为 0.45% ~0.70%。若含碳量过低,则钢的强度不足,含量过高,则韧度、塑性差,疲劳强度下降。

合金弹簧钢的主加合金元素为 Mn、Si、Cr 等,其主要目的是提高钢的淬透性和回火稳定性;Si,Mn 对铁素体有明显的强化效果,因而,可提高屈服强度和屈强比。辅加合金元素是少量的 W,Mo,V 等元素,其目的是为了提高钢的弹性强度、屈强比及耐热性,同时它们还可减少 SiMn 弹簧钢易产生脱碳与过热的倾向,其中 V 还能提高冲击韧度等。

3）热处理特点及组织性能

按照生产方式、弹簧尺寸,弹簧可分为热成形弹簧和冷成形弹簧两类。

①热成形弹簧

这类弹簧多用细圆钢或扁钢加热成形随即淬火及中温回火的工艺制造,可获得回火托氏体。其组织特点是具有高的弹性强度与疲劳强度,并有一定的塑性和韧度。这种方法适用于制造截面尺寸大于 10 mm 的螺旋弹簧和板弹簧。

热成形弹簧的表面质量对其使用寿命的影响很大,生产中,弹簧表面往往会出现裂纹、划痕、氧化、脱碳等缺陷,这些都会产生应力集中而成为疲劳源,显著降低疲劳强度。为了消除或减轻表面缺陷的有害影响,提高疲劳强度,热处理后对弹簧钢往往要进行喷丸处理,以强化表面,使弹簧表面形成残余压应力,从而提高疲劳强度和弹簧的使用寿命。如用 60Si2Mn 钢制造的汽车板簧经喷丸处理后,使用寿命可提高 5~6 倍。

②冷成形弹簧

这类弹簧的直径较细或厚度较薄,一般用冷拉弹簧钢或冷轧弹簧钢冷卷成形。对于直径小于 8 mm 的弹簧,常用冷拉弹簧钢丝冷绕而成。这类弹簧有三种制造方法。

a. 铅浴索氏体化冷拉钢丝,铅浴索氏体化处理的冷拉钢丝可获得最高的强度,σ_b 达 3 000 MPa 以上,其主要工艺特点是钢丝在冷拉过程中,首先将钢丝坯料在管式炉内快速加热到 Ac3 以上 80~100 ℃（即 900~950 ℃）,然后在 500~550 ℃铅浴槽内作等温淬火,这种处理称为"索氏体化"处理,可获得强度高、塑性好且最宜于冷拔的索氏体组织。然后多次冷拔至所需直径再冷卷成形。只需进行一次 200~300 ℃的去应力回火,以消除内应力并使弹簧定形,不需再经淬火、回火处理。

b. 油淬回火钢丝,油淬回火钢丝是冷拔到规定尺寸后再进行油淬回火处理的钢丝。这类钢丝的抗拉强度虽然不及铅浴索氏体化冷拉钢丝,但它的性能比较均匀一致,其抗拉强度波动范围小,冷卷成弹簧后,也只进行去应力回火,不需再经淬火、回火处理。

c. 退火状态的弹簧钢丝,退火状态供应的合金弹簧钢丝即冷拔后经软化退火过的钢丝。这类钢丝冷卷成弹簧后,需经淬火、回火处理,才能达到所需要的力学性能。

（5）滚动轴承钢

1）性能特点及用途

用来制造滚动轴承的内圈、外圈和滚动体的专用钢称为滚动轴承钢,属专用结构钢。滚动轴承是在周期性交变载荷下工作的,应力交变次数每分钟多达数万次。套圈和滚动体之间呈点或线接触,产生的接触应力高达 1 500 ~ 5 000 MPa。同时,套圈和滚动体的接触面之间不但存在滚动摩擦,而且还产生滑动摩擦,从而引起轴承的过度磨损,使其丧失精度。由此可见,轴承钢必须具有高而均匀的硬度和耐磨性、高的弹性强度和接触疲劳强度、足够的韧度及良好的淬透性,同时在大气或润滑剂中具有一定的耐蚀能力。因此,为保证组织的均匀性,必须严格控制钢的纯度、碳化物分布状况及脱碳程度等。这些要求可以通过控制轴承钢的成分、冶金质量和热处理等措施来达到。

滚动轴承钢一般专用于制造滚动轴承。从化学成分看它又属于工具钢,有时也用于制造精密量具、冷冲模、机床丝杠等耐磨件。滚动轴承钢的编号与其他合金结构钢略有不同,它是在钢号前面加"G",后跟 Cr 的质量分数,以千分之几表示,如 GCr15SiMn,表示 $w_{Cr} \approx 1.5\%$,$w_{Si} < 1.5\%$,$w_{Mn} < 1.5\%$ 的轴承钢。

2)化学成分特点

滚动轴承钢的 C 的质量分数为 0.95% ~ 1.10%,这样高的含碳量是为了保证轴承钢具有高的硬度和耐磨性。

主加合金元素为 Cr,其质量分数在 0.40% ~ 1.65% 的范围内。Cr 的作用是用于增加钢的淬透性,并使钢材在热处理后形成细小且均匀分布的合金渗碳体(Fe,Cr)3C,以提高耐磨性和接触疲劳强度。同时,(Fe,Cr)3C 还能细化奥氏体晶粒,淬火后可获得细针或隐晶马氏体,改善了钢的韧度。如含铬量过高(即 $w_{Cr} > 1.65\%$)时,会增加残余奥氏体量和碳化物分布的不均匀性,反而降低了轴承钢的性能。适宜 Cr 的质量分数为 0.40% ~ 1.65%。加入 Si,Mn,V 等进一步提高淬透性,用于制造大型轴承。V 部分溶于奥氏体中,部分形成碳化物 VC,提高钢的耐磨性并防止过热。无 Cr 钢中都含有 V。

滚动轴承钢要求极高的纯度,规定 $w_S < 0.02\%$,$w_P < 0.027\%$。非金属夹杂对轴承钢的性能尤其是接触疲劳性能影响很大,因此,轴承钢一般采用电炉冶炼,甚至进行真空脱气处理。

3)热处理特点及组织性能

滚动轴承钢的预先热处理主要为球化退火,其目的是为了获得球状珠光体组织,使锻造后钢的硬度降低(<210 HBS),改善切削加工性,并为淬火作好组织上的准备。其退火工艺通常是将零件加热到 790 ~ 800 ℃,然后冷到 710 ~ 720 ℃,保温 34 h 使之球化后随炉冷却。

滚动轴承钢的最终热处理为淬火及低温回火,这是最后决定轴承钢性能的重要热处理工序。滚动轴承钢的淬火温度一般在 800 ~ 840 ℃ 之间,其淬火温度要求很严格,应根据不同成分钢种选取合适的淬火温度。淬火加热温度过高,会出现过热组织(即残余奥氏体量增加及形成粗片状马氏体),使轴承的韧度和疲劳强度急剧下降;若加热温度过低,就会出现奥氏体内溶解的 Cr 和 C 量不足的情况,这将影响淬火后的硬度。淬火后应立即回火,其回火温度为 150 ~ 160 ℃ 并保温 4 h,回火的目的是去除内应力,提高韧度与尺寸稳定性。

轴承钢经淬火与回火后的金相组织为极细小的马氏体与分布均匀的粒状碳化物及少量的残余奥氏体。热处理后的硬度为 61 ~ 65 HRC。

在生产精密轴承时,低温回火难以彻底消除内应力和残余奥氏体,这样在长期保存或使用过程中会发生变形。这时可在淬火后立即进行一次冷处理,并在回火及磨削加工后,再在 120 ~ 130 ℃ 温度范围内保温 10 ~ 20 h,进行尺寸稳定化的时效处理。

5.1.4　其他常用合金结构钢

(1)低合金结构钢

1)性能特点及用途

低合金结构钢是在低碳碳素结构钢的基础上,加入少量合金元素而制成的工程用钢,虽然合金元素含量较少(一般合金元素的质量分数在 3% 以下),但其强度明显高于相同含碳量的普通碳素结构钢。例如,Q235 钢的屈服强度 $\sigma_s = 235$ MPa,而常用的低合金结构钢的屈服强度 $\sigma_s = 300 \sim 400$ MPa,若用低合金结构钢来代替碳素结构钢,就可在相同受载条件下使结构质量减轻 20% ~ 30%。低合金结构钢还具有良好的塑性($\delta > 20\%$)和焊接性能,便于冲压或焊接成形。此外,它还具有比碳素结构钢更低的冷脆转变温度,一般在 -40 ℃ 时冲击韧度仍能保证 $\alpha_K \geqslant 24 \sim 32$ J/cm^2,这对在高寒地区使用的构件及运输工具具有特别重要的意义。对于承受大气或海水腐蚀的低合金结构钢件,还具有一定的耐蚀性。

低合金结构钢不仅具有良好的性能,而且生产过程比较简单,价格与普通碳素结构钢相近,因此,用低合金结构钢代替普通碳素结构钢,在经济上具有重要意义。工业上,低合金结构钢广泛用于制造车辆、船舶、高压容器、输油输气管道、起重运输机械、大型钢结构桥梁等重要结构件。

低合金结构钢的牌号表示方法与合金结构钢的相同。当 C 的质量分数小于 0.1% 时,以含碳量的万分之几表示并用两位数字标示于钢号前,前面补 0,如 09MnV 钢,表示平均 C 的质量分数约为 0.09%。

2)化学成分特点

低合金结构钢应具有低碳、低合金的成分特点。采用低碳的目的是提高钢的塑性,以便获得良好的焊接性能和冷变形性能,其 C 的质量分数一般不超过 0.2%。低合金结构钢的优良性能是靠少量的合金化来实现的,常用的合金化元素有 Mn,Ti,V,Nb,Cu,P 等,其总质量分数一般不超过 3%。其中 Mn 是主要合金元素,它可降低奥氏体的分解温度,使珠光体细化并使其相对量增加,从而达到强化基体的目的,Mn 的质量分数一般在 1.8% 以下。Mn 含量过高,钢的塑性及韧度会显著下降,焊接性能也受到影响。附加元素 Ti,V,Nb 等在钢中可形成微细碳化物,能起细化晶粒和弥散强化的作用,从而可提高钢的抗拉强度、屈服强度以及低温冲击韧度。Cu,P 的作用是提高钢对大气的耐蚀能力。

3)热处理特点与组织性能

各种大型结构一般是以低合金结构钢在热轧或热轧后正火状态下通过冷作变形或焊接成形的,成形后不再进行热处理,其组织为铁素体和少量珠光体。对于强度要求更高的中、小型件,有时可进行淬火处理,以获得低碳马氏体而提高强度。

(2)易切削合金结构钢

在钢中加入某一种或几种易削元素,使其成为切削加工性能良好的钢,这类钢称为易切削钢。目前主要易切削添加元素有 S,Pb,P,Ca 等。它们利用自身或与其他元素形成一种对切削加工有利的夹杂物,使切削抗力降低,切屑易脆断,从而改善钢的切削加工性。

易切削钢中 S,P 含量较高,强度有所降低,主要适用于强韧度要求不高但能在自动机床上进行大批量生产的零件,如标准件、紧固件、缝纫机、自行车、汽车上的非重要结构件等零件,以及表面质量要求较高的车床丝杆、手表、照相机零件等。

易切削钢牌号以汉语拼音字母"Y"为首,其后面的数字表示平均 C 的质量分数,以万分之几表示。对含锰量较高的易切削钢,其后标出"Mn"。表 5-11 列出了常用易切削钢的牌号、化学成分和力学性能。

表 5-11　常用易切削钢的成分和性能

牌号	化学成分(质量分数)/ %							力学性能			
	C	Si	Mn	S	P	Pb	Ca	σ_b/MPa	δ/%	Ψ/%	HBS
Y12	0.03 ~ 0.16	0.15 ~ 0.35	0.70 ~ 1.00	0.10 ~ 0.20	0.08 ~ 0.15	—	—	390 ~ 540	22	36	170
Y12Pb	0.08 ~ 0.16	≤0.15	0.70 ~ 1.10	0.15 ~ 0.25	0.05 ~ 0.10	0.15 ~ 0.35	—	390 ~ 540	22	36	170
Y15	0.10 ~ 0.18	≤0.15	0.80 ~ 1.20	0.23 ~ 0.33	0.05 ~ 0.10	—	—	390 ~ 540	22	36	170
Y30	0.27 ~ 0.35	0.15 ~ 0.35	0.70 ~ 1.00	0.08 ~ 0.15	≤0.06	—	—	510 ~ 655	15	25	187
Y40Mn	0.37 ~ 0.45	0.15 ~ 0.35	1.20 ~ 1.55	0.20 ~ 0.30	≤0.05	—	—	590 ~ 735	14	14	207
Y45Ca	0.42 ~ 0.50	0.20 ~ 0.40	0.60 ~ 0.90	0.04 ~ 0.08	≤0.04	—	0.020 ~ 0.006	600 ~ 745	12	12	241

5.1.5　合金工具钢

合金工具钢是在碳素工具钢的基础上中入少量合金元素(Si,Mn,Cr,W,V 等)制成的,由于合金元素的加入,提高了材料的热硬性,改善了热处理性能。合金工具钢常用来制造各种量具、模具或切削刀具等。

合金工具钢按主要用途可分为 3 种:合金刃具钢、合金模具钢和合金量具钢。各类合金工具钢没有严格的使用界限,可以交叉使用。机床切削加工刀具常用高速钢制造。高速钢是一种含钨、铬、钒等合金元素较多的合金工具钢。它有很高的热硬性,当切削温度高达 550 ℃左右时,硬度仍无明显下降。高速钢具备足够的强度和韧性,可以承受较大的冲击和振动。此外,高速钢还具有良好的热处理性能和刃磨性能。常用的高速钢牌号有 W18Cr4V 和 W6Mo5Cr4V2 等。

常用低合金刃具钢和高速钢的牌号、热处理方法、性能及用途见表 5-12、表 5-13。

表5-12　常用低合金刃具钢的牌号、热处理、性能及用途

牌　号	淬火温度/℃	回火温度/℃	回火后硬度/HRC	用　途
Cr12	830～260 油	150～170	61～63	尺寸较大的钻头、绞刀等
9SiCr	860～880 油	180～200	60～62	薄刃刀具,如板牙、丝锥等
9Mn2V	780～820 油	150～200	60～62	磨床主轴、车床丝杠、量规等
CrWMn	800～830 油	140～160	62～65	长绞刀、拉刀、精密量具等
CrW5	800～850 油	160～180	64～65	低速切削硬金属刀具,如铣刀、车刀、刨刀等

表5-13　常用高速钢的牌号、热处理、性能及用途

种类	牌　号	热处理温度/℃			回火硬度/HRC	用　途
		退　火	淬　火	回　火		
铬系	W18Cr4V	860～880	1 260～1 300		63～66	一般切削刀具,如车刀、铣刀、刨刀、钻头等
	W12Cr4V4Mo	840～860	1 240～1 270		63	形状简单,只需很少磨削的刀具
铬钼系	W6Mo5Cr4V3	840～860	1 220～1 240	550～570	63～66	耐磨性与韧性很好配合的高速刀具,如扭制钻头
	W6Mo5Cr4V3	840～885	1 200～1 240		<65	形状复杂的刀具,如拉刀、铣刀
超硬	W18Cr4VCo10	870～900	1 200～1 260	540～590	64～66	切削硬金属的刀具
	W6Mo5Cr4V2Al	850～870	1 220～1 250	550～570	67～69	

5.1.6　特殊性能钢

特殊性能钢是一种含有较多合金元素,并具有某些特殊理化性能或其他性能的钢。常用的有易切削钢、不锈钢、耐热钢、耐磨钢及软磁钢等。下面简要介绍易切削钢、不锈钢和耐热钢。

(1) 易切削钢

易切削钢是在钢中加入一种或几种合金元素,利用其本身或与其他元素形成的对切削加工有利的夹杂物来改善钢材的切削性能。在易切削钢中加入的合金元素主要有硫、铅、磷、钙等。

硫在钢中能与锰形成 MnS,以非金属夹杂物的形式存在,破坏了金属的整体性,减少切断金属的能量,切削加工时易断屑;同时,MnS 还有润滑作用,其本身的硬度也较低,故能减少刀具磨损,提高切削表面质量。但硫的含量过高会增加热加工的难度。铅完全不溶于钢中,而是以极细的分散颗粒存在于钢中,对钢的性能影响不大。在切削时,铅受热易熔化,因而使切屑易断裂。同时,铅具有润滑作用,在切削时可减小摩擦。但铅对环境影响较大,熔炼时应采取

相应的防护措施。在钢中加入少量的磷($w_P \leq 0.15\%$),可提高其硬度和脆性,对改善低碳钢的切削性能和提高表面质量有较好的作用,但含量过高时,将使硬度过高,切削性能反而变坏。

我国常用的易切削钢的牌号、化学成分及力学性能见表5-14。

表5-14 易切削钢的牌号、化学成分及力学性能

牌 号	化学成分 w/ %					热轧钢力学性能				冷拉钢力学性能				
	C	Si	Mn	S	P	σ_b /MPa	δ_s /%	Ψ /%	HBS $\leq$	σ_b/MPa			σ_s /%	HBS
										钢材直径				
										< 20	20 ~ 30	$\geq$30		
Y12	0.08 ~ 0.16	$\leq$0.08	0.60 ~ 1.00	0.08 ~ 0.20	0.08 ~ 0.15	420 ~ 570	22	36	167	840 ~ 860	840 ~ 860	840 ~ 860	7	840 ~ 860
Y15	0.10 ~ 0.18	$\leq$0.08	0.70 ~ 1.10	0.20 ~ 0.30	0.05 ~ 0.10	400 ~ 550	22	36	160	840 ~ 860	840 ~ 860	840 ~ 860	7	840 ~ 860
Y20	0.15 ~ 0.25	0.15 ~ 0.35	0.60 ~ 0.90	0.08 ~ 0.15	$\leq$0.06	460 ~ 610	20	30	170	840 ~ 885	840 ~ 885	840 ~ 885	7	840 ~ 885
Y30	0.25 ~ 0.35	0.15 ~ 0.35	0.60 ~ 0.90	0.08 ~ 0.15	$\leq$0.06	520 ~ 670	15	25	187	870 ~ 900	870 ~ 900	870 ~ 900	6	870 ~ 900
Y40Mn	0.35 ~ 0.45	0.15 ~ 0.35	1.20 ~ 1.55	0.18 ~ 0.30	$\leq$0.05	600 ~ 750	14	20	207	—	—	—	—	—

过去应用的易切削钢主要是碳素易切钢,随着汽车工业的发展,合金易切钢的应用日益广泛,常用来制造承受载荷大的齿轮和轴类零件。除表中所列常用牌号之外,还有 Y12Pb,Y15Pb,Y35,Y45Ca 等易切削钢。

(2)不锈钢

不锈钢中主要的合金元素是铬和镍,铬能在钢的表面形成一层致密的氧化膜,使钢具有良好的耐蚀不锈性能。而且当 $w_{Cr} > 12\%$ 之后,钢基体的电极电位大大提高,从而使基体金属受到保护。常用的不锈钢为 $w_{Cr} > 13\%$ 的低碳高铬合金钢。按正火组织的不同,不锈钢有铁素体不锈钢、马氏体不锈钢和奥氏体不锈钢等。

1)铁素体不锈钢

这类钢含碳的质量分数低(w_C 小于 1.5%),铬的质量分数高($w_{Cr} = 12\% \sim 30\%$),它具有单相铁素体组织,抗蚀性好,能够抗大气与酸的腐蚀,并具有良好的高温抗氧化性,其塑性和焊接性能好,但强度不高,且不能用热处理强化,只能用冷塑性变形来提高强度。典型的钢种是1Cr17,主要适用于制造化工设备中的容器、管道等。

2)马氏体不锈钢

Cr13 型不锈钢是典型的马氏体不锈钢。因铬的质量分数低,抗蚀性比1Cr17 差。在这类钢中,1Cr13 和 2Cr13 具有良好的抗大气、蒸汽、海水等介质腐蚀的能力,且强韧性较好,适于制造在腐蚀条件下工作,承受冲击载荷的零件,如汽轮机叶片等。3Cr13 和 4Cr13 的强度和硬度较高,但耐蚀性下降,适于制造在弱腐蚀条件下工作的高硬度零件,如医疗器械、量具等。

3)奥氏体不锈钢

这类钢中含碳的质量分数很低,铬、镍的质量分数分别在18%和8%左右,钢的室温组织

为单相的奥氏体,耐蚀性比前两种钢都好。具有良好的塑性、韧性和焊接性能,但强度不高,切削性能很差。常用牌号有0Cr18Ni9、1Cr18Ni9等。

汽车用不锈钢主要有用于制造消声器外壳的耐热不锈钢和装饰用的耐蚀不锈钢。

(3)耐热钢

耐热钢是在高温下不发生氧化并具有较高强度的钢,用于制造在高温条件下工作的零件,如内燃机气阀等。耐热钢可分为抗氧化钢和热强钢两类。

1)抗氧化钢

抗氧化钢中加入的合金元素主要有铬、硅、铝等,这些元素与氧的亲和力大,首先被氧化,形成一层致密而牢固的高熔点氧化膜(Cr_2O_5、SiO_2、Al_2O_3),将钢与外界的高温氧化性气体隔绝,从而保证了钢不被氧化。

应用较多的抗氧化钢有2Cr20Mn9Ni2N和3Cr18Mn12Si2N,这类钢不仅抗氧化,而且铸造、锻压、焊接性能较好。因碳含量增多会降低抗氧化性,所以抗氧化钢一般为低碳成分。常用抗氧化钢的牌号、化学成分及用途见表5-15。

表 5-15　常用抗氧化钢的牌号、化学成分及用途

牌　号	化学成分 $w / \%$						用　途
	C	Si	Mn	Ni	Cr	其　他	
1Cr13Si3	≤0.12	2.30 ~ 2.80	≤0.70	≤0.60	12.50 ~ 14.50	—	制造各种承受应力不大的炉用零件,如喷嘴、退火炉罩、托架、吊挂等
1Cr13SiAl	0.10 ~ 0.20	1.00 ~ 1.50	≤0.70	≤0.60	12.00 ~ 14.00	Al 1.00 ~ 1.80	
3Cr18Ni25Si2	0.30 ~ 0.40	1.50 ~ 2.50	≤1.50	23.00 ~ 26.00	17.00 ~ 20.00	—	制造各种热处理炉内零件
3Cr18Mn12Si2N	0.20 ~ 0.30	1.40 ~ 2.20	10.50 ~ 12.50	—	17.00 ~ 19.00	N 0.22 ~ 0.33	制造渗碳零件、加热炉传送带、料盘等
2Cr20Mn9Ni2Si2N	0.17 ~ 0.26	1.80 ~ 2.70	8.50 ~ 11.00	2.00 ~ 3.00	18.00 ~ 21.00	N 0.20 ~ 0.30	同上,还可制造盐浴坩埚、加热炉管道等

2)热强钢

金属在高温下受力时,将发生缓慢的塑性变形,这种现象称为金属的蠕变。金属的热强性是金属在高温下保持高强度的能力。要提高金属的抗蠕变能力,就必须提高金属的热强性。

合金化是提高钢热强性的重要手段。在钢中加入钨、钼等合金元素,能提高其再结晶温度,从而阻碍蠕变的发展;加入铌、钒、钨、钼等碳化物形成元素,所形成的碳化物既产生了弥散强化,又阻碍了位错的移动,因而提高了抗蠕变能力。常用的热强钢的牌号、热处理方法、使用温度及用途见表5-16。

表 5-16 常用热强钢的牌号、热处理、使用温度及用途

类 别	牌 号	热处理		使用最高温度/℃		用 途
		淬火温度/℃	回火温度/℃	抗氧化性	热强性	
珠光体钢	15CrMo	930 ~ 960（正火）	680 ~ 730	350 ~ 600		锅炉、管道
	12CrMoV	980 ~ 1 020（正火）	720 ~ 760			
马氏体钢	1Cr13	1 000 ~ 1 050 水、油	700 ~ 790 油、水、空气	750	500	内燃机气阀
	1Cr12WMoV	1 000 油	680 ~ 700 空气、油	750	580	
	4Cr10Si2Mo	1 000 ~ 1 100 油、空气	700 ~ 800 空气	850	650	
奥氏体钢	4Cr14Ni14W2Mo	1 700 ~ 1 200 固溶处理	750 时效	850	750	汽轮机叶片、过热器

汽车上用耐热钢制造的零部件有发动机的进、排气门，涡流室镶块，涡轮增压器转子，排气净化装置等。国产汽车的气门用钢主要有：4Cr10Si2Mo（夏利）、45Cr 9Si3（桑塔纳）、8Cr20Si2Ni 等。

5.2 有色金属及其合金

除钢铁材料以外的其他金属材料统称为有色金属，如铝、铜、锌、铅、镁、钛等。有色金属具有黑色金属所不具备的许多特殊的物理和化学性能，又有一定的力学性能和较好的工艺性能，所以也是不可缺少的工程材料，但有色金属产量少、价格高，应节约使用。各种有色金属纯金属的力学性能都较差，所以工程上使用的多为有色金属合金。有色金属合金根据其适用于变形（压力加工）或铸造而进一步分成变形有色金属合金和铸造有色金属合金。其中铸造有色金属的牌号表示方法（GB/T 8063—1994）如下：

铸造有色金属合金牌号，由"Z"和基体金属的化学元素符号、主要合金化元素符号（其中混合稀土元素符号统一用 Re 表示）以及表明合金化元素质量分数的数字组成。合金化元素符号按其名义质量分数递减的次序排列，合金化元素质量分数小于1%时，一般不标明含量。在牌号后面标注大写字母"A"表示优质。如 ZAlSi7MgA，ZMgZn4RelZr。下面对工程上最常用的有色金属作简要介绍。

5.2.1 铝及铝合金

（1）工业纯铝

工业纯铝的纯度为 w_{Al} =98% ~99.7%，见表5-17。

表 5-17　工业纯铝

牌　号	L₁	L₂	L₃	L₄	L₅	L₆	L₇
w_{Al}/%	99.7	99.6	99.5	99.3	99.0	98.8	98.0

其性能特点如下：

密度较小，约为 2.7 kg/m³，仅为钢铁密度的 1/3 左右。熔点为 660 ℃，结晶后具有面心立方晶格，无同素异构转变，故铝合金的热处理原理与钢不同。具有良好的导电性和导热性，仅次于银、铜、金而居第四位，其导电能力为铜的 62%。抗大气腐蚀性能好，但不耐酸、碱、盐的腐蚀。强度低(σ_b 仅 80 ~ 100 MPa)，塑性好($\delta = 60\%$，$\psi = 80\%$)，可通过冷、热加工制成线、板、带、棒、管等型材，经冷变形加工后强度可提高，但塑性下降。主要用于制作导线、配制各种铝合金以及制作要求质轻、导热或耐大气腐蚀的器皿等。

(2) 变形铝合金

根据国标(GB/T 3190—1996、GB/T 16474—1996)，变形铝合金有不能用热处理强化合金和能用热处理强化合金两类。铝合金的热处理方法是淬火(固溶) + 时效处理。即通过淬火而得到过饱和固溶体，再通过时效处理而使组织、性能稳定。这是铝合金的主要强化手段，在其他有色金属中也有广泛应用。

变形铝合金一般可直接采用国际四位数字××××体系牌号；而未命名为国际四位数字体系牌号的变形铝合金，则采用四位字符牌号×O××(×表示数字，O 表示字母)。两者第一位数字 2 ~ 8 分别表示以铜(2)、锰(3)、硅(4)、镁(5)、镁和硅(6)、锌(7)和其他合金元素(8)为主要合金元素的铝合金；第二位数字或字母表示原始合金的改型情况(O 或 A 表示原始合金，1 ~ 9 或 B ~ Y 表示改型合金)；牌号最后两位数字用来区分和识别同一组中的不同合金。部分常用的变形铝合金的牌号、成分、性能特点及主要应用见表 5-18。

表 5-18　常用变形铝合金的牌号、成分、性能特点及用途(GB/T 3190—1996)

牌　号	化学成分 w/%（余量为 Al）									性能特点及用途
	Si	Fe	Cu	Mn	Mg	Ni	Zn	Ti	Cr	
2A01	0.5	0.5	2.2 ~ 3.0	0.2	0.2 ~ 0.5	—	0.1	0.15	—	通过淬火、时效处理，抗拉强度可达 400 MPa，强度高，故称硬铝。但不耐海洋、大气腐蚀。主要用于制造飞机骨架、螺旋桨叶片、螺钉等
2A11	0.7	0.7	3.8 ~ 4.8	0.4 ~ 0.8	0.4 ~ 0.8	—	0.1	0.15	—	
2A12	0.5	0.5	3.8 ~ 4.9	0.3 ~ 0.9	1.2 ~ 1.8	0.1	0.3	0.15	—	
2A50	0.7 ~ 1.2	0.7	1.8 ~ 2.6	0.4 ~ 0.8	0.4 ~ 0.8	0.1	0.3	0.15	—	力学性能与硬铝相近，并具有良好的热塑性，适于锻造，故称锻铝。主要用于制造航空、仪表工业中形状复杂、质量轻、强度要求高的锻件及冲压件。如压气机叶轮、飞机操纵臂等
2A70	0.35	0.9 ~ 1.5	1.9 ~ 2.5	0.2	1.4 ~ 1.8	0.9 ~ 1.5	0.3	0.02 ~ 0.1	—	
2A14	0.6 ~ 1.2	0.7	3.9 ~ 4.8	0.4 ~ 1.0	0.4 ~ 0.8	0.1	0.3	0.15	—	

续表

牌 号	化学成分 w/ %（余量为Al）									性能特点及用途
	Si	Fe	Cu	Mn	Mg	Ni	Zn	Ti	Cr	
5083	0.4	0.4	0.10	0.5 ~ 1.0	4.3 ~ 5.2	—	0.25	0.15	0.05 ~ 0.25	具有优良的塑性,良好的耐蚀性,故称防锈铝。不能热处理强化。用于制造有耐蚀性要求的容器,如焊接油箱、铆钉、蒙皮以及受力小的零件
5A05	0.5	0.5	0.10	0.3 ~ 0.6	4.8 ~ 5.5	—	0.2	—		
5A12	0.3	0.3	0.05	0.4 ~ 0.8	8.3 ~ 9.6	0.1	0.2	0.05 ~ 0.15	—	

（3）铸造铝合金

对于共晶成分附近的铝合金,因其组织中存在低熔点共晶体,故流动性好,塑性相对较差,只适于铸造,故称为铸造铝合金。它的牌号按铸造有色金属合金牌号的表示方法。此外也可用代号表示,代号由字母"ZL"及其后的三位数字组成:"ZL"表示铸铝,ZL后面的第一个数字1,2,3,4分别表示铝硅、铝铜、铝镁、铝锌系列,后面第二、第三两个数字表示顺序号。

铝硅合金是最常见的铸造铝合金,硅的质量分数为4.5% ~13%,俗称硅铝明。当只有铝、硅两种成分时称为简单硅铝明,如ZAlSi12（代号ZL102）,其抗拉强度较低,约为150 MPa,且不能热处理强化。为了提高这类合金的力学性能,生产中常采用变质处理的方法,即在浇注前向液态合金中加入质量约为合金总量2% ~3%的变质剂(常用2/3NaF + 1/3NaCl),以细化晶粒,改善合金的力学性能。

若在简单硅铝明中再加入铜、镁、锌等合金元素,则称为特殊硅铝明,如 ZAlSi5Cu1Mg（ZL105）、ZAlSi5Zn1Mg（ZL115）等。其抗拉强度可提高到200 MPa以上。

部分常用的铸造铝合金的牌号、成分、力学性能及用途见表5-19。

铝合金在汽车上的应用实例:ZL103用于风扇、离合器壳体、前盖、主动板等;ZL104用于缸盖盖罩、挺杆室盖板、离心式机油过滤器底座、转子罩、转子体、外罩及过滤法兰等;ZL108用于发动机活塞。

表 5-19　常用的铸造铝合金的牌号、成分、力学性能及用途

牌 号	化学成分 w/ %						力学性能			用 途
	Si	Cu	Mg	Zn	Mn	Al	σ_b /MPa	δ /%	HBS ≥	
ZL101	6.0 ~ 8.0	—	0.2 ~ 0.4	—	—	余量	210	2	60	形状复杂的砂型、金属型和压力铸造零件,如飞机、仪器零件、水泵壳体、工作温度不超过185 ℃的汽化器等
ZL104	8.0 ~ 10.5	—	—	—	0.2 ~ 0.5	余量	200	1.5	70	形状复杂的砂型、金属型和压力铸造零件,工作温度一般不允许超过200℃,如汽缸体等

续表

牌　号	化学成分 w/ %						力学性能			用　途
	Si	Cu	Mg	Zn	Mn	Al	σ_b /MPa	δ /%	HBS ≥	
ZL203	—	4.0 ~ 5.0	—	—	—	余量	230	3	70	砂型铸造,中等载荷,形状比较简单的零件,如托架和工作温度一般不超过 200 ℃并要求切削加工性能好的小零件
ZL302	0.8 ~ 1.3	—	4.5 ~ 5.5	—	0.1 ~ 0.4	余量	150	1	50	腐蚀性介质作用下的中等载荷零件,在严寒大气中以及工作温度不超过 200 ℃的零件,如海轮配件和各种壳体
ZL 401	6.0 ~ 8.0	—	0.1 ~ 0.3	9.0 ~ 13.0	—	余量	250	1.5	90	压力铸造零件,允许工作温度一般不超过 200 ℃,形状结构复杂的汽车、飞机零件

5.2.2　铜及铜合金

铜及铜合金是历史上应用最早的金属,具有良好的耐蚀性和导电、导热性能,铜合金还有较高的力学性能,目前工业上使用的铜及铜合金主要有工业纯铜、黄铜、青铜和白铜(铜镍合金)等。

(1)工业纯铜

纯铜因其是用电解法获得的,故也称电解铜。工业纯铜的纯度为 w_{Cu} =99.5% ~99.95% ,其牌号、成分、力学性能及用途见表5-20。

表5-20　纯铜的牌号、成分、力学性能及用途

牌　号	化学成分 w_{Cu}/ %	力学性能		用　途
		σ_b/ MPa	δ/ %	
T₁	99.95			电线、电缆、导电螺钉等
T₂	99.90	200 ~ 250	35 ~ 45	
T₃	99.70			电气开关、垫圈、铆钉、油管等
T₄	99.50			

纯铜的密度约为 8.9 kg/m³,熔点为 1 083 ℃,固态下晶体结构为面心立方晶格,无同素异构转变。具有很高的导电性和导热性,其导电性仅次于银而居第二位,故在电器工业和动力机械中得到广泛应用,如用于制作导线、散热器、冷凝器等。抗蚀较好,在大气、水蒸气、水及热水中基本不腐蚀,但在海水中易受腐蚀。强度低(σ_b 为 200 ~ 250 MPa),塑性高(δ 为35% ~45%),便于冷、热锻压加工。

（2）黄铜

黄铜是以锌为主要合金元素的铜合金，按成分和应用的不同，又可分为普通黄铜、特殊黄铜和铸造黄铜。

1）普通黄铜

它是铜、锌两元合金，其中锌的含量对黄铜性能的影响：当 $w_{Zn}=32\%$ 时，黄铜的塑性最好；当 $w_{Zn}=45\%$ 时，黄铜的强度最高。兼顾两者，所以 w_{Zn} 一般为 $30\%\sim40\%$，普通黄铜的常用牌号有 H70、H68、H62、H58 等，其中 H70（H68）$w_{Zn}=30\%$（32%），所以又称为七三黄铜；H62（H59）$w_{Zn}\approx40\%$，故称为六四黄铜。七三黄铜具有较高的强度和冷、热变形能力，适用于热轧、冷轧或冷拉成各种棒材、板材、带材、管材、线材等型材，制作复杂的冲压件、散热器外壳、轴套、弹壳等。六四黄铜强度高于七三黄铜，但塑性较差，只适合于热变形加工，制作热轧、热压零件。

2）特殊黄铜

在普通黄铜的基础上再加入少量的其他合金元素而得到的铜合金称为特殊黄铜。根据加入的元素为铝、硅、锰、锡等分别称为铝黄铜（HAl59—3—2）、铅黄铜（HPb59—1）、硅黄铜（HSi80—3）、锰黄铜（HMn58—2）和锡黄铜（HSn90—1）等。这些合金元素的加入可提高合金的强度、硬度和耐磨性，增加抗蚀性，改善切削加工性能和铸造性能等。因此特殊黄铜的性能均优于普通黄铜。

3）铸造黄铜

将上述黄铜合金熔化后浇注到铸型中去而获得零件毛坯的材料称为铸造黄铜，常用牌号有：ZCuZn38、ZCuZn31Al2、ZCu40Mn2、ZCuZn16Si4 等。铸造黄铜的力学性能虽不如相应牌号的黄铜，但可以直接获得形状复杂零件的毛坯，并显著减少机械加工的工作量，因此仍获得广泛应用。

常用黄铜的牌号、化学成分、力学性能及用途见表5-21。

表5-21　常用黄铜的牌号、化学成分、力学性能及用途

类别	牌号	主要成分 w/%			力学性能		用途
		Cu	Zn	其他	σ_b/MPa	δ/%	
普通黄铜	H80	79~81	余量	—	320	52	色泽美观，用于镀层及装饰
	H70	69~72	余量	—	320	55	多用于制造弹壳，有弹壳黄铜之称
	H68	67~70	余量	—	300	40	管道、散热器、铆钉、螺母、垫片等
	H62	60.5~63.5	余量	—	330	49	散热器、垫圈、垫片等
特殊黄铜	HPb59—1	57~60	余量	Pb 0.8~1.9	400	45	热冲压件和切削零件
	HMn58—2	57~60	余量	Mn 1.0~2.0	400	40	耐腐蚀和耐磨零件
铸造黄铜	ZCuZn31Al2	66~68	余量	Al 2.0~3.0	295 390	12 15	常温下要求耐蚀性较高的零件
	ZCuZn16Si4	79~81	余量	Si 2.5~4.5	345 390	15 20	接触海水工作的管配件及水泵叶轮、旋塞等

注：铸造黄铜力学性能中的两项指标分别为砂型铸造和金属型铸造的性能指标。

(3) 青铜

加入元素分别为锡、铝、硅、铍、锰、铅、钛等的铜合金统称为青铜。当主要加入元素为锡时称为锡青铜,其余均称为特殊青铜。青铜按工艺特点可分为压力加工青铜和铸造青铜两类。

1) 锡青铜

锡青铜中 w_{Sn} 一般为 3% ~ 14%,其中 w_{Sn} <8% 时塑性好,适合压力加工,称为压力加工锡青铜; w_{Sn} >10% 时塑性差,只能用于铸造,称为铸造锡青铜。压力加工青铜牌号的表示方法为:Q + 主加元素符号和含量 + 其他加入元素含量,如 QSn4—3 表示含锡 w_{Sn} =4%、含锌 w_{Zn} = 3%,其余为铜的锡青铜。铸造锡青铜的牌号按铸造有色金属合金牌号的表示方法,如 ZCuSn5Pb5Zn5,ZCuSn10Pb5,ZCuSn10Zn2 等。

锡青铜对大气、海水具有良好的耐蚀能力,且凝固时尺寸收缩小以及良好的耐磨性等,因而获得广泛应用,常用于制造轴承、蜗轮等耐磨零件,还常用于制作大鼎、大钟和大佛等。但锡青铜的致密性差,不适于制造密封性要求高的铸件。

2) 特殊青铜

由于锡青铜价格较昂贵,力学性能不太高,因此,在许多场合也常用铝青铜(ZCuAl10Fe3)、铅青铜(ZCuPb30)、铍青铜(QBe2)等特殊青铜。

①铝青铜具有可与钢相比的强度,高的韧性和疲劳强度,耐蚀、耐磨,受冲击时不产生火花,铸造生产的零件致密性好。常用于制造齿轮、摩擦片、蜗轮等要求高强度、高耐磨性的零件。

②铍青铜是 w_{Be} =1.7% ~ 2.5% 的铜合金。因为铍在铜中的固溶度随温度下降而急剧降低,所以铍青铜可以通过淬火加时效的方法进行强化,具有很高的强度和硬度(σ_b 可达 1 200 ~ 1 500 MPa,HBS 为 300 ~ 400),可以和高强度钢媲美。它的弹性极限、疲劳极限、耐磨性、抗蚀性也都很高,是具有很好的综合力学性能的一种合金。另外,它还具有导电、导热性好、耐寒、无磁、受冲击时不产生火花等诸多优点,只是由于价格昂贵,使用受到了限制。铍青铜在工业上主要用于制造重要的弹性元件、耐磨件及其他重要零件,如仪表齿轮、弹簧、航海罗盘、电焊机电极以及防爆工具等。

常用青铜的牌号、化学成分、力学性能及用途见表 5-22。

表 5-22　常用青铜的牌号、化学成分、力学性能及用途

类　别	牌　号	主要成分 w / %			力学性能		用　途
		Sn	Cu	其他	σ_b/MPa	δ/%	
压力加工锡青铜	QSn4—3	3.5 ~ 4.5	余量	Zn 2.7 ~ 3.3	350	40	弹簧、管配件和化工机械等较次要的零件
	QSn6.5—0.1	6.0 ~ 7.0	余量	P 0.1 ~ 0.25	300	38	耐磨及弹性零件
	QSn4—4—2.5	3.0 ~ 5.0	余量	Zn 3.0 ~ 5.0 Pb 1.5 ~ 3.5	300	35	轴承和轴套的衬垫等

续表

类 别	牌 号	主要成分 w / %			力学性能		用 途
		Sn	Cu	其他	σ_b/MPa	δ/%	
铸造锡青铜	ZCuSn10Zn2	9.0~11.0	余量	Zn 1.0~1.3	240 245	6 12	在中等及较高载荷下工作的重要管配件,阀、泵、齿轮等
	ZCuSn10P1	9.0~11.5	余量	P 0.5~1.0	220 310	2 3	重要的轴瓦、齿轮、连杆和轴套等
特殊青铜	ZCuAl10Fe3	Al 8.5~11.0	余量	Fe 2.0~4.0	490 540	13 15	重要的耐磨、耐腐蚀重型铸件,如轴套、螺母、蜗轮等
	QBe2	Be 1.9~2.2	余量	Ni 0.2~0.5	500	3	重要仪表的弹簧、齿轮、航海罗盘等
	ZCuPb30	Pb 27.0~33.0	余量	—	—	—	双金属轴瓦、减磨零件等

铜合金在汽车上的应用实例:H68 用于水箱夹片、水箱本体主片、暖风散热器主片等;HPb59—1 用于化油器配制针、制动阀阀座、曲轴箱通风阀座、储气筒放水阀本体及安全阀座等;ZCuPb30 用于曲轴轴瓦、曲轴止推垫圈等;QSn4—4—2.5 用于活塞销衬套、发动机摇臂衬套等;ZCuSn5Pb5Zn5 用于离心式机油过滤器上、下轴承。

5.2.3 镁及镁合金

(1)工业纯镁

纯镁的化学性质很活泼,这使得纯镁的冶炼比较困难,所以纯镁在工业上的应用比较晚。纯镁的牌号、化学成分及力学性能见表 5-23。

表 5-23　纯镁的牌号、化学成分及力学性能

牌 号	化学成分 w_{Mg} / %	力学性能				
		σ_s/ MPa	σ_b/ MPa	δ / %	Ψ / %	HBS
M_1	99.95					
M_2	99.92	115	25	8	9	30
M_3	99.85					

纯镁的密度很小,只有 1.74 kg/m³,是工业用金属中最轻的一种。熔点为(650±1)℃,在熔化温度时极易氧化甚至燃烧。固态下晶体结构为密排六方晶格,冷变形能力很差,但高纯度镁具有一定的塑性变形能力。强度低,大致与铝差不多。

(2)镁合金

采用镁合金制造汽车零件是轻量化的又一途径,尽管目前镁的价格较高,在汽车上的应用

还较少,但一直为汽车行业所关注,并不断寻求应用途径。镁合金是汽车行业应用潜力很大的轻金属。

镁合金分为铸造镁合金和变形镁合金两类。铸造镁合金的牌号用"ZM"加顺序号表示,如 ZM1,ZM3,ZM5 等;变形镁合金的牌号用"MB"加顺序号表示,如 MB1,MB5,MB7 等。

目前常用的镁合金主要有镁-锰系、镁-铝-锌系、镁-锌系等。

1)镁-锰系合金

镁-锰系合金中的主要合金元素是锰,其主要作用是改善纯镁的抗蚀性。当锰的质量分数在 1.3% ~2.5% 时,锰对合金的力学性能没有不利影响,但其在海水中的抗蚀性却显著提高。单纯的镁-锰合金(如 MB1)力学性能不高,且不能通过热处理强化。如在 MB1 合金的基础上加入少量($w = 0.15\%$ ~0.35%)的铈(如 MB8),可细化晶粒,从而提高力学性能。

镁-锰系合金的抗蚀性和焊接性能优于其他镁合金,MB1 主要用于生产板材、棒材、带材半成品及锻件,供制造受力不大,而要求高塑性、焊接性及耐蚀性的飞机零件。MB8 则可制作中等负荷的零件。

2)镁-铝-锌系合金

镁-铝-锌系合金与镁-锰系合金比较,其主要特点是强度高,可以通过热处理强化,并具有良好的铸造性能。但抗蚀性没有镁-锰系合金好,屈服强度和耐热性较低。

镁-铝-锌系合金中的铝是主要合金元素,锌和锰是辅助元素。铝在镁中有较大的固溶度,固溶强化作用显著。锌的主要作用是补充强化,并能改善合金的塑性。锰的主要作用是提高合金的抗蚀性。

铝和锌在镁中的固溶度都随温度的降低而减少,因此镁-铝-锌系合金可以进行热处理强化,但当 $w_{Al} < 8\%$ ~10% 时,热处理强化效果不明显。镁-铝-锌系变形镁合金 MB2,MB3 具有优良的热塑性变形能力和适中的焊接性,主要用于生产形状复杂的锻件和热挤压棒材。

镁-铝-锌系铸造镁合金 ZM5 具有较好的铸造性能和较高的力学性能,是目前广泛应用的一种镁合金,主要制作形状复杂的大型铸件和受力较大的飞机及发动机零件。

3)镁-锌-锆系合金

镁-锌-锆系合金是近期发展起来的高强度镁合金。与镁-铝-锌系合金相比,镁-锌-锆系合金形成组织疏松的倾向很小,铸造性能较好,屈服极限较高,且热塑性变形能力大。因此,镁-锌-锆系合金可用作高强度铸造合金和变形合金。常用的镁-锌-锆系合金 ZM1,ZM2,MB15 等。

镁-锌-锆系合金中的主要合金元素是锌和锆,锌的主要作用是固溶强化及通过热处理提高合金的屈服极限,其锌的质量分数在 6% 左右为宜。锆的主要作用是细化合金组织,提高强度和屈服极限,改善合金的塑性和抗蚀性,并能提高合金的耐热性。锆的质量分数在 0.5% ~0.8% 时作用效果最佳。但在合金中加锆的工艺复杂,且形成偏析的倾向较大。

在镁-锌-锆系合金中,ZM1 主要用于制造航空工业中的高强度、受冲击载荷大的零件,如飞机轮毂、轮缘、支架等;ZM2 主要用于制造航空工业中的工作温度较高(200 ℃以下)的零件,如发动机机座、电动壳体等;MB15 主要用于航空工业中制造受力较大的零件,如机翼长桁等。

各类常用镁合金的牌号、主要化学成分及力学性能见表 5-24。

表 5-24　常用镁合金的牌号、主要化学成分及力学性能

牌号	化学成分 w / %						力学性能		
	Al	Mn	Zn	Ce	Zr	Re	σ_b/MPa	$\sigma_{0.2}$/MPa	δ/%
ZM1	—	—	3.5 ~ 5.5	—	0.5 ~ 1.0	—	240	—	5.0
ZM2	—	—	3.5 ~ 5.0	—	0.5 ~ 1.0	0.7 ~ 1.7	190	—	2.5
ZM3	—	—	0.2 ~ 0.7	—	0.5 ~ 1.0	2.5 ~ 4.0	120	—	1.5
ZM5	1.5 ~ 9.0	0.15 ~ 0.5	0.2 ~ 0.8	—	—	—	150	—	2.0
MB1	—	1.3 ~ 2.5	—	—	—	—	180	100	5.0
MB2	3.0 ~ 4.0	0.15 ~ 0.5	0.2 ~ 0.6	—	—	—	230	120	12.0
MB3	3.5 ~ 4.5	0.3 ~ 0.6	0.8 ~ 1.4	—	—	—	240	140	10
MB8	—	1.5 ~ 2.5	—	0.15 ~ 0.35	—	—	220	100	11
MB14	—	1.4 ~ 2.2	—	2.5 ~ 3.5	—	—	250	160	10
MB15	—	—	5.0 ~ 6.0	—	0.3 ~ 0.9	—	320	250	6

5.2.4　钛及钛合金

(1)纯钛

钛的化学活性极高,易与氧、氢、氮和碳等元素形成稳定的化合物,这使钛的冶炼非常困难。纯钛有高纯度钛和工业纯钛。高纯度钛的纯度为 99.9%,而工业纯钛的纯度仅为 99.5%。

钛在固态下具有同素异构转变,转变温度因纯度的不同而异。高纯度钛的转变温度为 882 ℃。882 ℃以下,钛的晶体结构为密排六方晶格,用 α-Ti 表示;882 ℃以上,钛的晶体结构为体心立方晶格,用 β-Ti 表示。

钛的密度为 4.5 kg/m³,熔点为 1 668 ℃,高纯度钛的室温强度不高(σ_b 为 250 ~ 300 MPa),但塑性很好(δ 为 50% ~ 70%,ψ 为 85%)。钛能与氧和氮形成化学稳定性的致密氧化物和氮化物保护膜,在气体、淡水和海水中具有极高的抗蚀性,比铝合金、不锈钢和镍基合金都好。钛在大部分酸性液体中具有抗蚀性,但在任何浓度的氢氟酸中,都能迅速溶解。工业纯钛因含有较多的杂质元素,因此强度明显提高,而塑性显著下降。工业纯钛具有极高的冷加工硬化效应,高温强度和抗蠕变能力不高,低温性能较好,抗蚀性低于高纯度钛,与不锈钢相近。

工业纯钛主要用于飞机、船舶、化工以及海水淡化方面,制造各种零部件以及制造在 350 ℃以下工作的耐热零件,如热交换器等。

工业纯钛的牌号、成分及力学性能见表 5-25。

表 5-25　工业纯钛的牌号、成分及力学性能

牌　号	杂质元素的质量分数/%						力学性能		
	O	N	C	H	Fe	Si	σ_b/MPa	δ/%	γ 弯曲角
TA1	0.10	0.03	0.05	<0.015	<0.15	<0.10	350~500	30	130°
TA2	0.15	0.05	0.05	<0.015	<0.30	<0.15	450~600	25	90°
TA3	0.15	0.05	0.10	<0.015	<0.30	<0.15	550~700	20	80°

(2) 钛合金

1) 常用合金元素在钛合金的作用

①锆

锆在 α 钛和 β 钛中均能无限固溶,属中性元素,能起固溶强化作用。锆还能提高钛合金的高温性能,当锆的质量分数小于2%时,提高合金的抗蠕变效果最好。

②锡

锡与锆相似,在 α 钛和 β 钛中的固溶度都比较大,能起固溶强化作用,而且在提高强度的同时并不明显降低合金的塑性。锡还能显著提高合金的抗蠕变性。

③铝

钛合金中加入的铝主要溶于 α 钛,而少量溶于 β 相,是 α 稳定元素,固溶强化效果明显,而不明显降低塑性。铝还能减小氢脆现象,能提高钛合金的热强性和弹性模量,是钛合金中应用最广的合金元素。当铝的质量分数大于7%时,将使力学性能恶化,所以钛合金中铝的质量分数一般不超过7%。

④钒

钒在 β 钛中能无限固溶,是 β 稳定元素,在 α 钛中也有一定的溶解度。其强化效果比锡高,同时对塑性影响较小。在耐热钛合金中常加入钒以提高其抗蠕变能力和热稳定性,在钛合金中也得到广泛应用。

⑤钼

钼与钒相似,在钛合金中主要起固溶强化作用和改善合金的热加工性能,钼也能提高钛合金的抗蠕变能力和热稳定性,并有降低钛合金氢脆倾向的功能。

⑥铜

钛合金中的铜一部分溶于 α 相,一部分以 $TiCu_2$ 的化合物形式存在,可提高钛合金的热稳定性和热强性。当铜的质量分数超过极限溶解度时,可通过时效弥散强化,显著提高钛合金的室温和高温强度。

⑦硅

硅也属于 β 稳定元素,能有效地提高钛合金的热强性。当钛合金中硅的质量分数大于 0.2% 时,能形成 Ti_5Si_3 相或 $(TiZr)_5Si_3$ 相等硅化物,提高钛合金的抗蠕变性,但降低热稳定性。硅也有降低钛合金氢脆倾向的作用。

2) 钛合金的种类和牌号

①α 型钛合金

这类钛合金的退火组织为单相的 α 固溶体或 α 固溶体加微量的金属间化合物。其牌号用"TA"加顺序号表示,有 TA1~TA8 共8个牌号,其中 TA1,TA2,TA3 为工业纯钛。

②$(\alpha+\beta)$ 型钛合金

这类钛合金的退火组织为($\alpha+\beta$)固溶体。其牌号用"TC"加顺序号表示,有 TC1 ~ TC10 共 10 个牌号。

③β 型钛合金

这类钛合金的退火组织为单相的 β 固溶体组织。其牌号用"TB"加顺序号表示,有 TB1, TB2 共 2 个牌号。

钛合金可通过热处理的方法进行强化,基本原理既与铝合金相似,属于淬火时效强化类型,又与钢的热处理相似,也有马氏体相变。热处理工艺在此就不介绍了。

钛合金的牌号及化学成分见表5-26。

表5-26 钛合金的牌号及化学成分

类型	牌号	化学成分 w/ %										
		Al	Cr	Mo	Sn	Mn	V	Fe	Cu	Si	Zr	B
α型	TA4	2.0~3.3	—	—	—	—	—	—	—	—	—	—
	TA5	3.3~4.3	—	—	—	—	—	—	—	—	—	0.005
	TA6	4.0~5.5	—	—	—	—	—	—	—	—	—	—
	TA7	4.0~5.0	—	—	2.0~3.0	—	—	—	—	—	—	—
	TA8	4.0~5.5	—	—	2.0~3.0	—	—	—	2.5~3.2	—	1.0~1.5	—
β型	TB1	3.0~4.0	10.0~11.5	7.0~8.0	—	0.8~2.0	—	—	—	—	—	—
	TB2	2.5~3.5	7.5~8.5	4.7~5.7	—	0.8~2.0	4.7~5.7	—	—	—	—	—
(α+β)型	TC1	1.0~2.5	—	—	—	—	—	—	—	—	—	—
	TC2	2.0~3.5	—	—	—	—	—	—	—	—	—	—
	TC3	4.5~6.0	—	—	—	—	3.5~4.5	—	—	—	—	—
	TC4	5.5~6.8	—	—	—	—	3.5~4.5	—	—	—	—	—
	TC5	4.0~6.2	2.0~3.0	—	—	—	—	—	—	—	—	—
	TC6	4.5~6.2	1.0~2.5	1.0~2.8	—	—	—	0.5~1.5	—	—	—	—
	TC7	5.0~6.5	0.4~0.9	—	—	—	—	0.25~0.6	0.25~0.6	—	—	0.001
	TC8	5.8~6.8	—	2.8~3.8	—	—	—	—	0.2~0.35	—	—	—
	TC9	5.8~6.8	—	2.8~3.8	—	—	—	—	0.2~0.4	—	—	—
	TC10	5.5~6.5	—	—	1.5~2.5	—	5.5~6.5	0.35~1.0	0.35~1.0	—	—	—

(3) 钛合金的力学性能及应用

1) α 型钛合金

这类钛合金的主要合金元素是 α 稳定元素铝,其次是中性元素锡和锆。α 型钛合金不能热处理强化,主要性能特点是具有良好的热稳定性和热强性,优良的焊接性,但塑性变形能力较其他类型的钛合金差。

TA4,TA5,TA6 主要用作钛合金的焊丝材料。TA7 合金具有良好的热塑性和焊接性,热强性和热稳定性也较好,可制造在 500 ℃ 以下长期工作的零件。TA8 合金的室温和高温力学性能都高于 TA7 合金,能在 500 ℃ 长期工作,可用于制造发动机压气机盘和叶片等零件。

2) ($\alpha + \beta$) 型钛合金

这类钛合金的主要合金元素是 β 稳定元素钒、锰、铬、铁、钼等,此外还加入 α 稳定元素铝,有时也加入中性元素锡。($\alpha + \beta$) 型钛合金的强化方法除固溶强化外,还可通过热处理强化。主要性能特点是具有较高的力学性能和优的高温变形能力,但热稳定性较差,焊接性不如 α 型钛合金。

TC1,TC2 的力学性能接近于工业纯钛,并有优良的低温性能,可作低温材料使用。TC3,TC4,TC10 合金的性能特点是具有良好的综合力学性能,组织稳定性高,能在较宽的温度范围使用,应用广泛,可用作火箭发动机外壳、航空发动机压气机盘和叶片、结构锻件和紧固件等。

3) β 型钛合金

目前工业上使用的 β 型钛合金都是淬火后得到的介稳定 β 型合金,合金中的主要合金元素是 β 稳定元素钒、铬、钼等,其总含量高达 18% ~ 19%。

β 型钛合金有 TB1 和 TB2 两个牌号,其特点是在淬火状态下具有很好的塑性,可以冷成型,淬火时效后具有很高的强度,焊接性能好,高的屈服强度和高韧性,但热稳定性差。主要用于制造螺栓、铆钉、冷轧板材、带材等,可用作宇航工业的结构材料。目前,各国都在大力研制发展这类钛合金。

各类钛合金的力学性能见表 5-27。

表 5-27 各类钛合金的力学性能

类型	牌号	室温力学性能			高温力学性能		
		σ_b/ MPa	δ / %	a_K/ (J . cm^{-2})	试验温度 /℃	σ_b/ MPa	σ_{100}/ MPa
α 型	TA4	70	12	—	—	—	—
	TA5	700	15	60	—	—	—
	TA6	700	10	30	350	430	400
	TA7	800	10	30	350	500	450
	TA8	1 000	10	20 ~ 30	500	700	500
β 型	TB1	≤1 100	18	30	400	750	
	TB2	≤1 000	18	30	—	—	—

续表

类型	牌号	室温力学性能			高温力学性能		
		σ_b / MPa	δ / %	a_K / (J·cm^{-2})	试验温度 /℃	σ_b / MPa	σ_{100} / MPa
(α + β) 型	TC1	600	15	45	350	350	330
	TC2	700	12	40	350	430	400
	TC3	950	10	40	—	—	—
	TC4	950	10	40	400	630	580
	TC5	950	10	30	400	600	560
	TC6	950	10	30	450	600	550
	TC7	1 000	10	35	550	600	—
	TC8	1 050	10	30	450	720	700
	TC9	1 140	9	30	500	850	620
	TC10	1 050	12	35	400	800	800

5.2.5 粉末冶金材料及其他有色金属

(1)粉末冶金材料

1)粉末冶金简介

粉末冶金是利用金属粉末(或金属粉末与非金属粉末的混合物)为原料,将其混匀后压制成形,再经高温烧结而获得材料或零件的加工方法。近年来,粉末冶金在机械、冶金、化工、交通运输、轻工、电子、宇航等领域得到广泛的应用。粉末冶金零件在汽车上的使用越来越多,如发动机的双顶置凸轮轴和多气门化,使粉末冶金链轮、带轮、气门座及自动变速器的粉末冶金结构件日趋增多。

粉末冶金的生产过程包括粉末的生产、混料、压制成形、烧结以及烧结后的处理等工序。用粉末冶金的方法可以生产多种具有特殊性能的金属材料,如硬质合金、难熔金属材料、耐热材料、减摩材料、摩擦材料、磁性材料等,也可以制造许多机械零件,如齿轮、凸轮、轴套、衬套、摩擦片、含油轴承等。与一般零件的生产方法相比,它具有少切削或无切削,生产率高,材料利用率高等特点。

2)硬质合金

硬质合金是以碳化钨(WC)、碳化钛(TiC)等高熔点、高硬度的碳化物粉末与起黏结作用的金属钴粉末经混合、压制成形,再烧结而制成的粉末冶金制品。也称金属陶瓷硬质合金或烧结硬质合金。硬质合金具有高硬度(69~81 HRC)、高热硬性(可达900~1 000 ℃)、高耐磨性和较高的抗压强度。主要用于制造各种刀具,其切削速度、耐磨性及寿命都比高速钢高。硬质合金还可用于制造某些冷作模具、量具以及不受冲击、振动的高耐磨零件。

①钨钴类硬质合金主要成分为碳化钨和钴,其牌号用"YG"加数字表示,数字代表合金中钴的含量(质量分数×100)。如YG6表示钴的质量分数为6%,其余含量为碳化钨的钨钴类

硬质合金。常用牌号有 YG3,YG6,YG8 等。这类合金制造的刀具主要用于加工断续切削的脆性材料。

②钨钴钛类硬质合金主要成分为碳化钨、碳化钛和钴,其牌号用"YT"加数字表示,数字代表合金中碳化钛的含量(质量分数 ×100)。如 YT15 表示碳化钛的质量分数为 15% 的钨钴钛类硬质合金。常用牌号有 YT5,YT15,YT30 等。这类合金制造的刀具主要用于加工韧性材料,如各种钢材。

③通用硬质合金,这类合金是以碳化钽(TaC)或碳化铌(NbC)取代钨钴钛类硬质合金中的一部分碳化钛而制成的。通用硬质合金又称为万能硬质合金,其牌号用"YW"加代表序号的数字表示。这类合金制造的刀具适于加工各种钢材,特别是不锈钢、耐热钢及高锰钢等难加工的钢材。

④钢结硬质合金,这类合金是以一种或几种碳化物(如 TiC,WC 等)为强化相,以合金钢(如高速钢、铬钼钢等)的粉末为黏结剂而制成的。这类合金具有耐热、耐蚀和抗氧化等性能,可以进行焊接和锻造加工,退火后可进行切削加工,淬火、回火后具有高硬度(可达 70 HRC)和耐磨性,制造的刀具寿命与钨钴类硬质合金相近。由于它可切削加工,故适于制造各种形状复杂的刀具、模具及耐磨零件。

(2)轴承合金

轴承合金是用来制造滑动轴承(轴瓦和轴承衬)的专用合金。当轴在轴承中运转工作时,轴承的表面要承受一定的交变载荷,并与轴发生强烈的摩擦。为了减少轴承对轴的磨损,保证轴的运转精度和机器的正常工作,轴承合金应具备如下性能要求:足够的强度、硬度和耐磨性;足够的塑性和韧性;较小的摩擦系数和高的磨合能力;良好的导热性、抗蚀性和低的膨胀系数等。

为了满足上述要求,轴承合金的理想组织应由塑性好的软基体和均匀分布在软基体上的硬质点构成(或者相反)。软基体组织塑性高,能与轴(颈)磨合,并承受冲击载荷;软组织被磨凹后可储存润滑油,以减少摩擦和磨损,而凸起的硬质点则起支承作用。

目前汽车上应用较多的轴承合金是铜基合金(铜铅合金及铅青铜)和铝基合金(铝锡合金、铝铅合金及铝硅合金)。锡基和铅基巴氏合金在现代汽车工业上的应用范围已经很小。

1)锡基和铅基轴承合金

锡基轴承合金和铅基轴承合金是具备上述组织(软基体上均匀分布硬质点)的典型合金。

①锡基轴承合金(锡基巴氏合金)锡基轴承合金是 Sn-Sb-Cu 系合金,实质上是一种锡合金。其组织是由锑溶入锡中形成的固溶体为软基体,以锡与锑、锡与铜形成的化合物为硬质点组成的。这种合金具有良好的磨合性、韧性、导热性、耐蚀性和抗冲击性,适于制造最重要的轴承,如汽轮机、涡轮机、内燃机、压气机等的高速、重载轴承。

②铅基轴承合金(铅基巴氏合金)铅基轴承合金是 Pb-Sb-Sn-Cu 系合金,实质上是一种铅合金,它的性能略低于锡基轴承合金。但由于锡基轴承合金的价格昂贵,所以对某些要求不太高的轴承常用价廉的铅基轴承合金,如汽车、拖拉机的曲轴轴承,电动机轴承等一般用途的工业轴承。

锡基、铅基轴承合金的牌号由"ZCh"加基本元素符号、主加元素符号,再加主加元素和辅加元素的含量(质量分数 ×100)表示。如 ZChSnSb11—6,表示主加元素锑的质量分数为11%,辅加元素铜的质量分数为 6%,余量为锡的铸造锡基轴承合金。

常用锡基及铅基轴承合金的牌号、成分和性能见表 5-28、表 5-29。

表 5-28　常用锡基轴承合金的牌号、成分和性能

牌　号	主要成分 w/%			主要性能			
	Sb	Cu	Sn	σ_b/ MPa	δ_s/ %	HBS	a_K/(J.cm^{-2})
ZChSnSb11—6	10.0~12.0	5.5~6.5	余量	90	6.0	27	6.0
ZChSnSb8—4	7.0~8.0	3.0~4.0	余量	80	10.6	24	11.7
ZChSnSb4—4	4.0~5.0	4.0~5.0	余量	80	7.0	20	—

表 5-29　常用铅基轴承合金的牌号、成分和性能

牌　号	主要成分 w/%				主要性能			
	Sb	Sn	Cu	Pb	σ_b/ MPa	δ_s/ %	HBS	a_K/(J.cm^{-2})
ZChPbSn16—16—2	15.0~17.0	15.0~17.0	1.5~2.0	余量	78	0.2	30	1.4
ZChPbSb15—5—3	14.0~16.0	5.0~6.0	2.5~3.5	余量	68	0.2	32	1.5
ZChPbSb15—10	14.0~16.0	9.0~11.0	—	余量	60	1.8	24	4.4

2）铜基和铝基轴承合金

铜基轴承合金和铝基轴承合金大多属于硬基体软质点组织，其承载能力强，但磨合能力较差。铝基轴承合金的线膨胀系数较大，易与轴咬合，因此使用时需要增大轴承间隙。这两类轴承合金可由于一些要求不高的低速、轻载轴承。除上述各种轴承合金外，可作滑动轴承材料的还有粉末冶金制造的含油轴承、聚四氟乙烯工程塑料。

复习思考题

1. 简述冷却速度对铸铁石墨化的影响。
2. 随着钢中碳含量的增加，钢的力学性能有何变化？为什么？
3. 为什么钢铆钉通常采用低碳钢制造？
4. 为什么在进行热轧和锻造时，通常将钢材加热到 1 000~1 200 ℃？
5. 为什么钳工锯削 T10 钢料要比锯削 10 钢费力？
6. 是不是钢中碳含量越高，其质量越好，强度和塑性也越好？为什么？

7. 什么是球墨化铸铁？它有什么特性？可以用于制造哪些汽车零件？

8. 弹簧钢是否属于碳素结构钢？主要包含哪些品种？可以用于制造哪些汽车零件？

9. 什么是调质处理？举例说明采用调质处理的汽车零件。

10. 什么是耐热钢？它可分为哪两类？常用于制造哪些汽车零件？

11. 铝合金有什么样的性能特点？可以用于制造哪些汽车零件？

12. 铜合金有什么样的性能特点？可以用于制造哪些汽车零件？

13. 镁合金有什么样的性能特点？可以用于制造哪些汽车零件？

14. 工业纯钛和各种钛合金各有什么样的性能特点？

15. 什么叫粉末冶金？简述其特点和应用范围。

第 **6** 章

非金属材料

能力目标

1. 能正确辨识各种非金属材料；

2. 能正确选用各种非金属材料进行汽车修复工作。

知识目标

1. 掌握各种非金属材料的特性；

2. 掌握各种非金属材料的主要类别；

3. 了解各种非金属材料的主要品种。

6.1 橡 胶

6.1.1 概 述

(1)橡胶的特性

橡胶是一种在使用温度下处于高弹状态的高分子聚合物。橡胶制品在汽车上应用广泛，常用的橡胶种类超过 15 种，全车橡胶制品多达 300 件，包括轮胎、发动机减震橡胶(机脚胶)、各种软管、正时皮带等。橡胶的特性是：

①分子量很大，通常在几十万以上，有些甚至达到一百万左右；

②与其他材料相比，橡胶的弹性模量低且具有很高的伸长率，即在较小外力作用下即可产生很大变形，撤除外力后又能迅速恢复初始状态；

③具有一定的机械强度；优良的疲劳强度；

④良好的耐磨性、耐酸碱性、电绝缘性和密封性，经过特别处理的特种橡胶还能具有耐油、耐腐蚀、耐高温、耐低温、耐燃等特性；

⑤难得的蓄能特性，可用于缓冲、减振。

(2)橡胶的组成

橡胶制品主要是以生胶为基础，并加入各种配合剂和增强材料组成的高分子材料。

1）生胶

生胶按原料来源又可分为天然橡胶和合成橡胶。天然橡胶是从橡树等含胶质植物中采集的浆汁,经过去杂质、净化、凝固、水洗、压片等工艺后制成的高弹性物质。合成橡胶则是以石油、天然气等物质中获取的某些低分子不饱和烃作原料,经聚合反应而成。生胶的性质决定了橡胶制品的性质。

2）配合剂

配合剂是为了改善橡胶制品的使用性能或加工性能而加入的物质。其中,硫化剂和硫化促进剂使原本具有极大可塑性的胶料变为富有弹性的硫化胶;防老化剂可以防止橡胶老化,提高使用寿命;填充剂可以提高橡胶的强度和使用成本;增塑剂可以增强橡胶的塑性,使之易于加工和与其他材料相配。此外还有软化剂、发泡剂、着色剂等。

3）增强材料

增强材料主要用以提高橡胶的各种力学性能,如强度、硬度、耐磨性和刚性等。

6.1.2　常用的橡胶品种

（1）天然橡胶

天然橡胶是将采集的天然浆汁,经过加工后制成的固态物质,它是以异戊二烯为主要成分的天然高分子化合物。

天然橡胶为线性结构、呈非晶态,在常温下具有很高弹性。加热后它将逐渐变软,升温到130～140 ℃时软化,150～160 ℃时变黏,成熔融状态,当温度继续上升到200 ℃时开始分解,270 ℃时急剧分解。如果是将天然橡胶置于低温环境中,它将慢慢变硬,弹性逐渐降低,温度降至0 ℃,弹性明显减少,继续冷却到−72 ℃以下,将变成脆性固体。受冻的天然橡胶加热到常温后,可恢复原状。

天然橡胶的弹性、耐寒性和加工工艺性非常优良,被广泛用于制造轮胎、胶管等产品。但它也同时有不耐老化、不耐油和不耐高温的缺点。

（2）合成橡胶

合成橡胶分为通用合成橡胶和特种合成橡胶。其中通用合成橡胶的性能与天然橡胶较为接近,但是力学性能和加工性能较好,包含:丁苯橡胶、顺丁橡胶、异戊橡胶、氯丁橡胶、丁基橡胶、丁腈橡胶等;特种合成橡胶则具有一些特种性能,专供耐热、耐寒、耐化学腐蚀、耐辐射等特殊场合使用,包含三元乙丙橡胶、硅橡胶、氟橡胶、聚氨酯橡胶、丙烯酸酯橡胶、氯醇橡胶等。这些橡胶的性能特点及用途见表6-1。

表6-1　常用合成橡胶的主要特性

名　　称	代　　号	概　　述	优　　点	缺　　点	用途示例
丁苯橡胶	SBR	是以丁二烯和苯乙烯为单体共聚而成的浅黄色弹性体,是目前产量最大,品种也较多的一种合成橡胶	耐磨性能佳,耐老化、耐热等性能比天然橡胶更好	加工工艺性、自黏性和弹性较差	轮胎、胶管等

续表

名 称	代 号	概 述	优 点	缺 点	用途示例
顺丁橡胶	BR	是顺式-聚丁二烯橡胶的简称,其消耗量仅次于丁苯橡胶和天然橡胶	耐磨性能优良,弹性、耐油性好,适应季节变化性佳,易与金属黏合	加工性差,自黏性差,抗撕裂性差	轮胎、胶带、胶辊等耐磨性要求较高的产品
异戊橡胶	IR	异戊橡胶由异戊二烯单体定向聚合而得,外观白色,其性能与天然橡胶相似,所以又被称为合成天然橡胶	弹性好,抗撕裂性佳,电绝缘性,耐水性均优于天然橡胶	耐腐蚀性较差,加工工艺性差,生产成本较高	胎面胶、胎体胶、胎侧胶、胶带等
氯丁橡胶	CR	是氯丁二烯单体的弹性聚合物,分子链上挂有侧基C1作为极性基团,增强了分子间的作用力	力学性能好,耐油性、耐热性好,适应季节变化性佳,耐化学腐蚀	密度大,电绝缘性差,不易加工	减震零件,胶黏剂,油封等密封件
丁基橡胶	IIR	丁基橡胶是异丁烯与少量异戊二烯的共聚物,为白色或暗灰色透明弹性体	气密性好,耐老化,耐腐蚀,吸震性佳	弹性大,加工性差,耐光老化性差,动态生热大	内胎、电线绝缘包皮等
丁腈橡胶	NBR	是丁二烯和丙烯腈的共聚物。采用水相自由基乳液聚合而成,为浅黄色略带香味的弹性体	优异的耐油性,良好的耐热性、耐老化性、耐磨性,阻燃性能好	耐寒、耐臭氧性较差,加工性不好	耐油密封圈、油管、油封等
三元乙丙橡胶	EPDN	以乙烯、丙烯为主要单体,经溶液聚合而成的。其主链呈饱和状态,分子内无极性基团,分子链较柔顺	耐老化性能超群,耐热性、耐臭氧性能特别好,适应季节变化性优越	自黏性和互黏性均较差,加工性也差	耐热胶管,耐化学腐蚀的密封件等
硅橡胶	Q	大分子主链由硅氧原子组成,侧链可为甲基、乙烯基、苯基等有机基团,不同的基团组成的侧链,可以构成多品种的硅橡胶	耐水性、耐老化性良好,化学惰性大,防毒性好	机械强度低,不耐油,不耐酸碱	耐高温制品,高温绝缘品,油封

名　称	代　号	概　述	优　点	缺　点	用途示例
氟橡胶	FRM	由含氟单体聚合或缩聚而成的弹性聚合物	优异的耐腐蚀、耐油、耐化学腐蚀,良好的耐高温性,抗辐射	黏性差,耐低温性差,加工性差,成本高	耐热、耐油制品,高级密封件等
聚氨酯橡胶	UR	是由聚酯或聚醚与二异氰酸酯类化合物缩聚而得的弹性体	优异的耐磨性能,强度高,且具有良好的弹性、耐油性、耐老化性	耐水性、耐腐蚀性、耐高温性差	正时皮带,实心轮胎等耐磨制品,耐油胶管、垫圈等
丙烯酸酯橡胶	ACM	是丙烯酸酯与其他不饱和单体共聚而成的弹性体	优异的耐油性,良好的耐老化性、耐挠曲性、耐臭氧性和气密性	耐寒性、耐水性差	油封,皮碗等
氯醇橡胶	COECO	是环氧氯丙烷聚合而成的弹性体,或环氧氯丙烷与其他单体(如环氧乙烷、环氧丙烷等)的共聚物	优异的耐臭氧性、耐热老化性、耐寒性,抗压缩变形良好,气密性佳	电绝缘性差,弹性差	制冷器密封件,胶管等

6.1.3　橡胶制品在汽车上的应用

汽车使用的橡胶制品的材料主要包括:天然橡胶、丁苯橡胶、氯丁橡胶、丁基橡胶、丁腈橡胶、三元乙丙橡胶、硅橡胶、氟橡胶、聚氨酯橡胶和丙烯酸酯橡胶等。这些橡胶制品主要被用于汽车车身、电器仪表、发动机、传动、转向、悬挂和制动等系统内。

（1）密封件

根据不同的用途,汽车上的橡胶密封件又可分为密封条、油封、皮碗和防尘罩等。这些密封件除了应具有良好的密封性能外,还应根据不同的使用环境,具有良好的耐油、耐腐蚀、耐老化、耐高温、耐低温、耐磨等特性。

1）密封条(垫)

汽车上使用的密封条品种较多,有车门密封条,行李箱密封条,前、后挡风密封条,车窗玻璃密封条等(见图6-1)。此外,还包括发动机气门室盖密封垫,各种车灯密封垫,扬声器密封垫等。这些密封条(垫)采用的材料有:三元乙丙橡胶、氯丁橡胶和天然橡胶等。我国目前主要采用三元乙丙橡胶作密封条(垫)的材料。

2）油封

油封(含O形圈)是汽车上使用的密封件中,品种和数量都是最多的,是汽车上非常重要

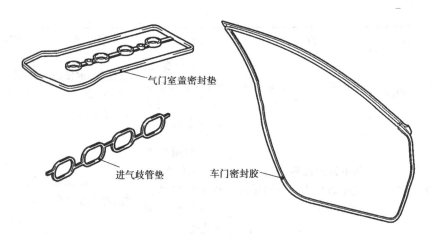

图 6-1　汽车上常见的密封条(垫)

的密封件。普遍采用的材料包括丁腈橡胶、硅橡胶、氟橡胶和丙烯酸酯橡胶等。

目前,制造油封用量最大的胶种是丁腈橡胶。我国将丁腈橡胶分为丁腈—18、丁腈—26和丁腈—40 三个牌号。这三种牌号中耐低温性最好的是丁腈—18,允许使用最低温度低达 -40 ℃;耐油性最好的是丁腈—40。这些普通的丁腈橡胶通常情况下最高工作温度不超过 100～120 ℃,但是经过特殊加工处理后的加氢丁腈橡胶、羟基丁腈橡胶等特殊品种的最高工作温度可以提高到 150 ℃,并且其耐油性也得到进一步的提升。

硅橡胶油封主要是以甲基乙烯基硅橡胶为原材料制成,其温度适应范围广,可在 -65～250 ℃ 的范围内正常工作。尤其针对高苯胺矿油和双酯润滑油,它具有较好的耐油性。硅橡胶在溶胀后有自润滑性,可减少轴在工作过程中的摩擦力。它适合制造高温高速油封,允许轴旋转的最高线速度达 50 m/s。进行改良后的产品,如氰硅胶、氟硅胶,能在很大程度上提高其耐油性,但价格也较高。

氟橡胶优异的耐油性使得它可以浸泡在任何车用润滑油中。但它也存在耐低温性差,且高温下耐磨性、抗撕裂性差的缺点。为此,可以在氟橡胶中添加聚四氟乙烯、聚四氟氯乙烯、聚偏氯乙烯等以改善其性能。使用聚四氟乙烯与橡胶复合制作的油封,能够用于旋转线速度高达 50 m/s 的轴密封。

丙烯酸酯橡胶的耐油性优于丁腈橡胶,价格低于氟橡胶,不仅在高温下弹性好,而且在低至 -30 ℃ 的条件下还能满足使用要求,目前已被广泛用于制造油封。

3)皮碗

皮碗也是一种密封件,经常被用于做往复运动轴与缸的密封,如制动皮碗被用于密封制动分泵的活塞与泵体。皮碗的形状有 V 形、U 形和 Y 形,近年来多采用 Y 形。皮碗可采用天然橡胶、丁苯橡胶、丁腈橡胶、三元乙丙橡胶等材料制作。

4)防尘套(见图6-2)

防尘套主要有直筒形和变截面波纹形等几种外形。它的工作条件比较温和,要求其兼备耐热、耐寒、耐油、耐老化等特性即可。单纯采用天然橡胶和丁腈橡胶即可满足一般要求,若采用氯丁、丁腈、三元乙丙橡胶等复合并用,可大大提高其使用寿命。

(2)连接胶管

汽车上的胶管通常是用橡胶与纤维或金属材料制成的可以挠曲的软管,这些管子通常比

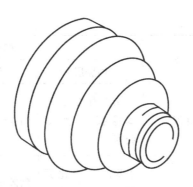

图 6-2　防尘套(变截面波纹形)

较柔软,能吸收振动。

　　连接软管虽然种类繁多,但大多数软管的基本结构都可以划分为:内胶层、增强层和外胶层,如图 6-3 所示。其中,内胶层是胶管接触输送介质的工作层,耐高、低温,耐介质腐蚀,具备良好的密封性、柔韧性,并有合适的强度、厚度;增强层具有较好的强度、刚度和抗变形能力,相当于胶管的骨架;外胶层是软管外面的保护层,具有较好的耐老化、耐磨等特性。

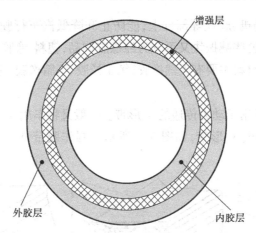

图 6-3　软管基本结构图

　　根据软管内部流体的不同,软管所采用的材料也不同,具体见表 6-2。

表 6-2　汽车用连接软管的主要种类及材料

软管种类	内部流体	软管采用材料		
		内胶层	增强层	外胶层
耐油软管(汽油管、柴油管、机油软管等)	燃油(汽油、柴油)润滑油等	丁腈橡胶等	黏胶丝、聚酯、玻璃丝、钢丝等	氯丁橡胶、三元乙丙橡胶、丁腈橡胶等
助力真空管、真空控制阀连接软管、炭罐连接软管等	空气(内含少许燃油蒸汽)	丁腈橡胶、氯丁橡胶、三元乙丙橡胶等	黏胶丝、聚酯等	氯丁橡胶、三元乙丙橡胶等

续表

软管种类	内部流体	软管采用材料		
		内胶层	增强层	外胶层
散热器连接软管（上、下水管）、加热器连接软管等	发动机冷却液	三元乙丙橡胶、丁苯橡胶、天然橡胶等	黏胶丝、尼龙等	氯丁橡胶、三元乙丙橡胶等
制动油管、离合器油管等	制动液	丁苯橡胶、氢化丁腈橡胶、丁基橡胶等	黏胶丝、聚酯、尼龙等	氯丁橡胶、三元乙丙橡胶等
空调管（高、低压管）	R134a,F12 等	丁腈橡胶、PA 等	黏胶丝、聚酯等	氯丁橡胶、丁基橡胶等

（3）减振块

减振块主要用于发动机、底盘等部件上,能防止和降低汽车行驶过程中的各种振动和噪声,提高汽车的舒适性。这些减振块又可分为纯橡胶制品,塑料-橡胶复合制品和金属-橡胶复合制品,其中采用的橡胶材料主要有天然橡胶、氯丁橡胶、丁腈橡胶、聚氨酯橡胶等。

（4）胶带

汽车上的胶带主要是用于动力传递的 V 形带。一般又将车用 V 形带分三种类型,即包布V 形带、切割 V 形带和多楔 V 形带,如图 6-4 所示。制作胶带常用胶种有丁腈橡胶和氯丁橡胶。

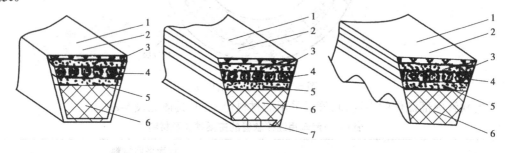

图 6-4　V 形带结构

1—包布层;2—顶布层;3—顶胶层;4—抗拉层;5—缓冲胶;6—底胶层;7—底布层

6.2　塑　料

6.2.1　概　述

（1）塑料的特性

塑料是以树脂为主要成分,或加入其他添加剂,在一定温度和压力的条件下,加工成型的高分子材料。如果按照其力学状态的定义来说,凡在室温下处于玻璃状态的高聚物均可称为塑料。塑料制品在汽车上应用已经非常普遍,而且还不断有更环保、更高性能的塑料被研制出来取代原来的其他材料。塑料的普遍特性有:

1)密度小

塑料的相对密度都比较小,远远低于钢铁等传统材料。因此大量采用塑料制作汽车配件不仅大幅降低金属材料的消耗,还对实现车辆轻量化,提高车辆燃油经济性具有重要意义。

2)吸振和消音性好

塑料具有良好的吸振和消音性,使用后可明显降低振动和噪声。如塑料齿轮的运用,因其摩擦系数小且具有自润滑功能,所以噪声小、允许转速高。又如,底盘喷涂的泡沫塑料不仅防止底盘金属件被锈蚀,而且能吸收行驶过程中沙粒对底盘的敲击振动,隔绝噪音。

3)化学稳定性好

大多数的塑料化学稳定性好,对酸、碱、盐等化学物品都具有良好的抗腐蚀能力,如聚四氟乙烯甚至能抵抗"王水"侵蚀。

4)电绝缘性好

大多数的塑料都具有良好的电绝缘性和较小的介电损耗,可与陶瓷、橡胶等材料相媲美,所以被广泛用于制作各种电器设备和电线绝缘包皮。

5)加工工艺性好

大部分的塑料都可以直接采用注塑或挤压成型的工艺,生产工艺简单,生产效率高,成本低。

(2)**塑料的组成**

除个别塑料为纯树脂组成外,大多数塑料都是由树脂和添加剂共同加工制成。塑料的各组分及其作用如下。

1)树脂

树脂是分子量不固定的,在常温下呈固态、半固态或半流动态的有机物质。它们在受热时能软化或熔融,在外力作用下可呈塑性流动状态。树脂是塑料的主要成分,具有将其他组分黏结起来而成型的能力,对塑料的性能起决定性作用。

树脂可分为天然树脂和合成材脂两大类。天然树脂是指植物或动物分泌的有机物质,如松香、虫胶等。天然树脂没有熔点,受热后逐渐软化,能溶于某些有机溶剂,但不溶于水。合成树脂是指用人工合成的方法制成的与天然树脂某些性能相似的高分子聚合物,主要被用于制造塑料。

树脂与塑料的区别主要在于:树脂是指加工前的原始聚合物,塑料则指加工后的一种合成材料及制品。合成树脂在制造塑料时,为了便于加工或改善性能,常加入各种添加剂,有时也直接加工成形,因此合成树脂通常是塑料的同义词,在实际应用中常与塑料这个术语通用。

2)添加剂

加入添加剂的主要作用是改善塑料的使用性能、成形加工性能和生产成本等。常见的添加剂有:填料、增塑剂、稳定剂、固化剂、着色剂、润滑剂、阻燃剂、发泡剂以及为了实现某些特殊用途添加的抗静电剂、防霉剂等。

填料又称为填充剂,是为了提高塑料的机械强度,降低成本,改进性能,而加入塑料中的物质。它是一种化学性质比较稳定的惰性物料。常用的粉状填料有木屑、滑石粉、铝粉、石墨粉等;纤维状填料有玻璃纤维、石棉纤维、碳纤维等;片状填料有麻布、棉布、玻璃布。如酚醛树脂中通常加入20%~60%的粉状木屑作填料,玻璃钢由聚酯、环氧树脂等加入玻璃纤维制成。

增塑剂主要用来提高树脂的可塑性和柔软性。增塑剂可渗透入高聚物链段之间,削弱聚合物链间的作用力,从而在一定温度和压力下使聚合物分子链容易运动,导致玻璃化温度下降,增加聚合物的可塑性、流动性和柔软性,改善加工性能,其用量一般不超过30%。常用的增塑剂是高沸点或低熔点的低分子有机物。它应与树脂很好混溶,而不起化学变化;不易从制品中析出或挥发;不降低制品主要性能;无毒、无害、低成本。常用的增塑剂主要有甲酸酯类、磷酸酯类等。

稳定剂的作用是防止成形过程中高聚物受热分解或长期使用过程中高聚物受光和氧的作用而老化降解。常用的稳定剂包括热稳定剂、光稳定剂和抗氧剂等。如在聚氯乙烯中加入硬脂酸盐,可以防止其在热成型过程中受热分解;炭黑、氧化锌等可以抑制光老化过程;胺类、酚类等抗氧剂则可以减缓树脂自动氧化反应速度。

固化剂能与树脂中的不饱和键或反应基团起作用而使树脂固结硬化。如用于环氧树脂的固化剂有胺类、酸酐类、聚酯类等;用于聚酯树脂的固化剂有过氧化物等;用于酚醛树脂的有六甲基四胺。为了加速固化过程,通常加入环烷酸钴、环烷酸锌等促进剂配合使用。

着色剂能够改变塑料固有颜色而使塑料制品具有各种鲜艳色彩。着色剂必须满足着色力强,色泽鲜艳,分散性好,耐热、耐光性好,不与其他组分发生化学变化等要求。工程塑料通常按照一定的要求加以着色,以改进其性能或作为特殊的标志。着色剂一般分为:无机颜料和有机染料两类。

润滑剂能改善塑料在加工成型时的流动性和脱模性。它在塑料成型过程中附着于材料表面以防止黏着设备和模具,增加流动性,使塑性制品表面光亮美观。常用的润滑剂有硬脂酸盐、脂肪酸、石蜡等。

阻燃剂能阻止塑料燃烧或使其自动熄灭。塑料的这种抗燃烧能力主要通过在其中加入含磷、氯、溴原子基团或 Sb_2O_3 等物质来实现。如在塑料中加入卤化物阻燃剂后,阻燃剂在燃烧过程中可以分解出卤素游离基,与聚合物反应产生 HX。由于 HX 的存在,使活泼的羟基浓度降低,燃烧速度随之减慢,直至火焰熄灭。

发泡剂能够使塑料形成微孔结构或蜂窝状结构,降低材料的密度。常用的发泡剂有碳酸氢钠、碳酸铵、亚硝酸铵、偶氮化合物、亚硝基化合物、卤化烃以及氨气、二氧化碳等。

其余的如抗静电剂能够减少或消除塑料表面静电荷的形成,适用于经常受摩擦的塑料制品,添加防霉剂则适用于潮湿环境中使用的塑料制品。

大多数的塑料都会添加稳定剂和润滑剂,其他组分则根据塑料种类和用途的不同而适当增减。如聚乙烯塑料不需要加增塑剂,而软聚氯乙烯塑料则加有大量的增塑剂。

(3)塑料的分类

塑料品种繁多,每一品种又有多个牌号,为了便于认识和使用塑料,一般按照其热性能和成形特点或用途对其进行分类。具体分类情况如表6-3。

表 6-3　塑料的分类

分类标准	类别	概述	特点	包含品种
按热性能和成形特点分	热塑性塑料	在特定温度范围内能反复加热软化和冷却硬化的塑料	成形工艺简单 废旧件可回收再用 耐热性和刚性较差	聚乙烯 聚苯乙烯 聚酰胺 ABS 等
	热固性塑料	一次加热成型后,再不能通过加热使其软化、熔解的塑料	刚性和耐热性好 生产周期较长 不可回收再用	酚醛树脂 环氧塑料等
按用途分	通用塑料	产量占全部塑料总产量的 80% 以上	产量大、用途广 通用性强 价格低	聚乙烯 聚氯乙烯 酚醛树脂等
	工程塑料	可用作结构材料的塑料,有时可代替金属作为工程构件	优异的力学性能 耐热性、可靠性好 使用寿命长	聚碳酸酯 聚酰胺 尼龙树脂等
	特种塑料	具有某些突出物理化学性能的塑料	如高绝缘性、高耐腐蚀性、高耐热性等	有机硅树脂 氟塑料

6.2.2　常用的塑料品种

(1)热塑性塑料

热塑性塑料是以加聚或缩聚树脂为基体,加入少量稳定剂、润滑剂、加或不加填料制取而成。其分子结构是链状的线形结构。它的工艺性能特点是受热时软化或熔化,具有可塑性,可重复塑制成一定形状的制品。这类塑料主要包含聚乙烯、聚氯乙烯、聚丙烯、聚苯乙烯、ABS 塑料、聚酰胺(尼龙)、聚甲基丙烯酸甲酯(有机玻璃)、聚碳酸酯、聚甲醛、聚苯醚、聚砜、聚对苯二甲酸乙二醇酯、聚酰亚胺、氟塑料、聚苯硫醚等。

1)聚乙烯(PE)

聚乙烯是目前产量最大的塑料品种,因为它用途丰富、原料来源广,生产成本低。按生产方法可将其分为高压、中压、低压聚乙烯;按产品密度则可分为低密度、中密度、高密度聚乙烯。高压法生产的聚乙烯密度低,结晶度、相对分子质量也较低,因而质地柔软,多用于制造薄膜、泡沫塑料等;低压法生产的聚乙烯密度高,结晶度、熔点较高,质地较硬,可用于制造容器、管道、绝缘材料等。中密度聚乙烯,性能接近于高密度聚乙烯,多用于制造薄板。此外,还有分子量为 $2 \times 10^6 \sim 6 \times 10^6$ 的超高分子量聚乙烯,它具有优良的耐磨性、耐化学腐蚀性和抗冲击性能,摩擦系数低,可自润滑,表面无黏着性,还有良好的消噪性。它主要用制造包装材料和工程材料,如精密齿轮以及耐磨部件等。

2)聚氯乙烯(PVC)

聚氯乙烯是目前应用范围最广的塑料品种之一,它由氯乙烯经自由基聚合反应而成。聚氯乙烯具有优异的化学稳定性和电绝缘性,易熔接和黏接。按所加增塑剂量的不同,可将其分为硬质聚氯乙烯和软质聚氯乙烯。硬质聚氯乙烯需添加的增塑剂量较少,强度、硬度较高,耐腐蚀、耐油、耐水性好,阻燃性佳,多用于制造塑料管、板等;软质聚氯乙烯需添加的增塑剂量较多,密封性、耐油性、成形性好,但强度、硬度较低,易老化,多用于制造薄膜、软管等。

3)聚丙烯(PP)

聚丙烯密度小,是常用塑料中材质最轻的一种,它由丙烯在催化剂作用下聚合而得。聚丙烯力学性能优于低压高密聚乙烯,而且电绝缘性优良,耐高温,易成形,但低温发脆、易老化。因此,聚丙烯大多被用于制造合成纤维、电线包皮、或是蜗轮、阀门等工程塑料制品。

4)聚苯乙烯(PS)

聚苯乙烯应用也非常广泛,它由苯乙烯经自由基聚合反应而得,是透明有光泽的热塑性塑料。聚苯乙烯电绝缘性、耐辐射性良好,且具有一定的刚性,但质脆不耐冲击,耐热性较差,易燃。因此,它多被用于制造各种注塑产品,如仪表透明罩壳、汽车灯罩、电工绝缘材料、玩具等。

5)ABS

ABS塑料又称塑料合金,由丙烯腈、丁二烯和苯乙烯三种单体聚合而成。它兼具优良的刚性、韧性和强度,具有良好的力学性能,同时它还拥有容易电镀、易于成形和价格低廉的特性,但抗老化、耐候性较差,长期使用容易起层。因此,它多被用于制造各种工程塑料如汽车挡泥板、仪表板,各种电气设备外壳等。

6)聚酰胺(PA)

聚酰胺俗称尼龙,是应用非常广泛的工程塑料,有PA—6、PA—66、PA—610、PA—12、PA—1010、铸型尼龙、芳香尼龙等丰富的品种,其中由聚酰胺得到的合成纤维,我国称为锦纶。聚酰胺是不透明或半透明的角质状固体,表面光亮度良好,无臭无毒,抗霉菌,耐磨擦、耐弱酸碱,具有良好的柔韧性、强度、电绝缘性和自润滑性,但对强酸、强碱和酚类等抗性较差。多用于制造各种耐磨件和一般零件。

7)聚甲基丙烯酸甲酯(PMMA)

聚甲基丙烯酸甲酯俗称有机玻璃,由甲基丙烯酸甲酯经自由基聚合而成。它的透光性非常优秀,可见光透过率高达92%,优于普通硅玻璃和其他透明塑料。聚甲基丙烯酸甲酯的强度、韧性与硬质聚氯乙烯相当,可耐酸碱,耐老化,但表面硬度低,易擦伤,较脆。多用于制造对透明度有要求的产品,如车窗玻璃、窥镜、透明仪器零件等。

8)聚碳酸酯(PC)

聚碳酸酯是淡琥珀色的透明固体,生产过程中需加入热稳定剂、紫外线稳定剂、润滑剂等添加剂,或可与其他高聚物共混以改进其成形时的流动性和综合力学性能。它具有出色的冲击韧性,同时具有优良的耐热性、耐寒性、耐磨性、电绝缘性和抗蠕变性等特性,但其不耐碱,溶解于氯代烃,在沸水中长期浸泡易水解和开裂。因此,它被广泛应用于制造轴承、齿轮、安全玻璃等产品。

9)聚甲醛(POM)

聚甲醛是一种没有侧链、高密度、高结晶度的线性聚合物,由高纯度甲醛或三聚甲醛经阳离子催化聚合而成。它拥有杰出的耐疲劳性能,耐磨性和自润滑性也优于绝大多数的工程塑料,此外,它的刚性高、硬度大,耐冲击性能良好,易于加工成形。但它也有阻燃性差,耐候性差的缺点。因此,它多被用于代替有色金属制造摩擦件和结构件,如齿轮、轴承等。

10)聚苯醚(PPO)

聚苯醚是由2,6—二甲基苯酚在铜胺络合物催化剂作用下经氧化偶合反应而成。在所有工程塑料中,它拥有最小的介电常数和介电损耗,是制造高频印制电路板的好材料。此外,聚苯醚具有良好的抗冲击性能,刚性大,抗蠕变、耐磨性、耐热性较高,耐酸碱,但不耐有机溶剂,不耐老化。聚苯醚还经常被用于制造小型零件、罩壳、传动件等。

11)聚砜(PSF)

聚砜是透明的耐高温工程塑料,它由双酚 A 与 4,4′—二氯二苯砜缩聚而成。聚砜拥有非常出色的热稳定性能,高温下依然可以在很大程度上保持室温下所具有的力学性能,为一般工程塑料所不及。它可以在 −100 ~ 150 ℃ 的温度范围内长期使用,具有极高的耐蠕变性和高温下的耐老化性,同时还具有良好的耐氧化性、阻燃性、电绝缘性,易电镀,但耐候性、耐紫外线较差,成形温度高。聚砜主要用于制造对耐热性、电绝缘性、强度等要求较高的产品,如真空泵、耐热消毒器具等。

12)聚对苯二甲酸乙二醇酯(PET)

聚对苯二甲酸乙二醇酯又称涤纶,主要是由对苯二甲酸二甲酯与乙二醇经酯交换反应制得。它具有优良的力学性能、耐磨性、电绝缘性,同时对有机溶剂和油类具有良好的化学稳定性,但在强酸强碱或水蒸气作用下会发生分解。聚对苯二甲酸乙二醇酯被广泛用于制造合成纤维和塑料薄膜。用其制成的薄膜强韧性非常出色,拉伸强度可与铝箔媲美。此外,还被用于制造录音带、相片胶底的基材以及高温高强度绝缘材料等。

13)聚酰亚胺(PI)

聚酰亚胺是耐高温、高强度的工程塑料,具有优良的综合力学性能,同时还有良好的自润滑、耐电晕、耐辐射、耐稀酸和有机溶剂等性能,但不耐碱、强氧化剂、沸水和高压蒸汽。它主要用于制造工作温度范围要求较宽的耐腐蚀部件、绝缘器件等。

14)聚四氟乙烯(PTFE)

聚四氟乙烯是氟塑料中产量最大、应用面最广的品种,为白色、无臭、无味、无毒的粉状或颗粒状物质。它具有非常出色的耐腐蚀性,几乎耐所有化学药品的腐蚀。无论酸、碱,还是强氧化物,甚至煮沸的王水都对它无可奈何,故俗称"塑料王"。聚四氟乙烯耐高温、耐低温,可在 −180 ~ 250 ℃ 的温度范围内长期使用,摩擦系数极低,自润滑性能优异,电绝缘性优良。但它强度较低,刚性较差,需烧结成形,生产成本较高。

聚四氟乙烯优异的耐腐蚀性使其广泛用于制造化工设备、管道、反应器等的衬里、垫片、隔膜等;极低的摩擦系数使其可用作轴承、导轨和无油润滑方面的材料;此外还能在高温、高频、严寒等恶劣环境中作绝缘材料。如果聚四氟乙烯被用作结构材料时,通常需添加填料以提高其强度。

15)聚苯硫醚(PPS)

聚苯硫醚是一种介于热塑性和热固性之间的新型塑料,它由硫化钠与对二氯苯缩聚而成。它具有突出的耐热性,可在 250 ℃ 的温度下长时间使用,而热分解温度更是在 400 ℃ 以上。同时它的耐腐蚀性也非常优异,除强氧化酸外,耐其他酸、碱和有机溶剂的腐蚀。其胶结强度高,尤其对于部分金属和玻璃、陶瓷等具有很好的黏结效果。此外,它还具有较高的强度,良好的电绝缘性、抗蠕变性和耐燃性。聚苯硫醚主要被用于制造化工耐腐蚀件、耐热结构件、密封环、高温胶黏剂等。

(2)热固性塑料

热固性塑料大多是以缩聚树脂为基料,加入填料、固化剂以及其他各种添加剂制取而成的。受热时通过化学变化使低相对分子质量的线型分子转变为体型结构的高分子化合物。其基体树脂在固化前一般为分子量不高的固体或黏稠液体,但在一定条件下固化成形后,即使加热加压也不能再度软化或熔化,受强热则分解或碳化。这类塑料主要包含酚醛、聚氨酯、氨基(包括脲醛及三聚氰胺甲醛)、环氧树脂、有机硅、不饱和聚酯等。

1)酚醛塑料(PF)

酚醛塑料是热固性塑料中产量最大的老品种,它由苯酚或甲苯酚以及混合酚与醛类按一定配比,在酸性或碱性催化剂的作用下缩聚而成酚醛树脂,再加入填料、固化剂、润滑剂、着色剂等添加剂经成形固化而成。酚醛塑料刚性大、不易变形,在水润滑条件下具有很低的摩擦系数,电绝缘性优良,耐强碱外的酸和其他溶剂的腐蚀,但质地较脆、耐光性差,难加工,只能模压。酚醛塑料主要被用于制造开关、线路板等绝缘材料,无声齿轮、风扇带轮等耐磨材料。

2)聚氨酯(PUR)

聚氨酯是一种常被用于隔热保温、吸音防振的泡沫塑料,它由含有羟基的聚醚树脂或聚酯树脂与异氰酸酯反应生成聚氨酯主体,与用异氰酸酯和水反应生成的二氧化碳发泡或中低沸点氟碳化合物作发泡剂共同制成。聚氨酯泡沫塑料具有相对密度小、强度高、导热系数低、耐油、耐寒、防振、吸音等特性,常被用于生产软质和硬质泡沫塑料、合成橡胶、弹性聚氨酯合成纤维、胶黏剂和涂料等。

3)氨基塑料

氨基塑料是由酚类与含有多个氨基的化合物反应成含有多个——CH_2OH活性基团的低聚物或衍生物,然后加填料、固化剂、着色剂、润滑剂等经成形固化而得。工业上最重要的氨基化合物原料是脲和三聚氰胺。

脲醛塑料因其硬度高、制品表面光洁、易着色,被用于制造各种颜色鲜艳的日用品(如纽扣、瓶盖等)、家用电器外壳等;三聚氰胺则因其出色的耐电弧性能,被用于制造耐电弧、防爆的电器,电动工具绝缘件等。

4)环氧树脂(EP)

环氧树脂分子中含有多个环氧基团,是由双酚A或酸法酚醛树脂与环氧氯丙烷反应,在固化剂作用下发生开环反应而固化成形的高聚物。环氧树脂收缩率低,坚韧,能与许多材料牢固黏结,具有良好的耐水性、耐化学腐蚀性和介电性。它是一种黏结性能优良的胶黏剂,可用于黏接金属材料,修补复合材料等;可用浇铸方法固定电器嵌件;如果加入玻璃纤维后,可制成压力容器等高强度结构件。

5)有机硅(SI)

有机硅塑料是由硅树脂与石棉、云母或玻璃纤维等配制而成。有机硅塑料具有卓越的耐高、低温性,可在300℃下长期使用;优良的电绝缘性,可制作高频绝缘件、H级绝缘件。同时还有突出的防水防潮性,良好的耐大气老化性,不易燃烧,可以制作温带地区电机、电气绝缘件、耐热件等。

6)不饱和聚酯(UP)

不饱和聚酯是由二元醇与不饱和二元酸(或酸酐)和部分饱和二元酸(或酸酐)经缩聚反应而得的线性聚合物,然后在引发剂的作用下与烯烃类单体共聚交联成体形结构的热固性树脂。

不饱和聚酯最大的特点是能在常温常压下固化,因此常被用于制造大型制件。主要用玻璃纤维或玻璃布作为增强材料以生产玻璃钢材料,可以制造汽车外壳、化工容器、透明波纹瓦等。

6.2.3　塑料制品在汽车上的应用

因为塑料优越的各种特性适应了汽车动力性、燃油经济性、环保性和安全性等多种要求,所以它被越来越广泛地应用到汽车各个部件上。根据汽车上塑料制品应用部位的不同,可大致将这些制品分为内饰件、外装件、结构件与功能件三类。

(1)内饰件

为了创造更舒适,更安全的车内乘坐空间,同时又能够迎合社会对材料轻量化、环保性能高的要求,各大汽车生产厂商一直致力于开发、选用各种高性能的塑料来取代传统材料制造车辆内饰。例如,聚丙烯价格低廉、材质轻、综合力学性能优良,已被通用、克莱斯勒、福特等许多大型汽车生产厂家广泛应用于车辆内饰件;ABS塑料强度高,刚性好,耐高温,易于将装饰材料和软质表面黏结在一起,被用于制成了无加强钢筋的仪表板;改良后的聚氨酯泡沫塑料,易浇注到基板上,不但隔音保温,而且还可增加基板的刚度,适合制成各种形状的内饰件,见图6-5。

作为汽车的内饰材料,要求美观、舒适,便于灵活设计,有良好的装饰性能;耐磨损,有足够的强度和韧性,色泽持久,使用寿命长;隔音、隔热、防振、质量轻、无异味、易清洁;有一定的抗腐蚀性、抗静电性和阻燃性。

目前汽车塑料内饰件的材料使用最多的是聚氨酯和聚氯乙烯,聚丙烯的用量也在逐渐增大,如表6-4。

表6-4　塑料内饰件主要用材

内饰件名称	主要原材料	概　述
仪表板	ABS 聚氯乙烯(PVC) 聚苯醚(PPO) 聚氨酯(PUR) 聚丙烯(PP)	仪表板分硬质仪表板和软质仪表板两类。硬质仪表板要求较高的表面质量,且有一定的刚性、耐高温,所以通常采用改性PPO、ABS、填充PP等。软质仪表板表皮可采用PVC/ABS片材吸塑成型或粉末PVC搪塑成型,骨架可采用ABS,改性PP等
座椅	聚氨酯(PUR) 聚丙烯(PP) 尼龙(PA—6)	座椅的缓冲材料基本上都是软质高弹性的聚氨酯泡沫塑料。座椅骨架开始采用长玻璃纤维增强的PP材料或30%玻璃纤维增强的PA—6以取代传统的金属材料
车门内饰板	聚氯乙烯(PVC) 聚氨酯(PUR) 聚丙烯(PP) ABS	门内板表皮可用PVC人造革,内衬采用PUR发泡塑料,骨架采用硬板,如PP木粉塑料板或注塑成型的ABS塑料
顶棚	聚氯乙烯(PVC) 聚氨酯(PUR) 酚醛(PF)	顶棚除装饰外,还应有隔热、吸音的作用。表皮常用无纺布或PVC皮革等,填充材料大多是PUR泡沫塑料,基材则可以选用改性的PF等

续表

内饰件名称	主要原材料	概　述
地毯	聚氯乙烯(PVC)	地毯材料必须舒适、吸音,不允许出现松弛、折皱等现象,大多采用橡胶基的合成纤维针刺毡或 PVC 低发泡体组成
其他(如门立柱盖板、手套箱等)	聚氯乙烯(PVC) 聚丙烯(PP) 聚氨酯(PUR) ABS	PVC 皮革主要用于这些内饰件的包皮,PP、ABS 因其出色的性能可以作基架,PUR 发泡塑料主要用于衬里或方向盘等手感要求高的部位

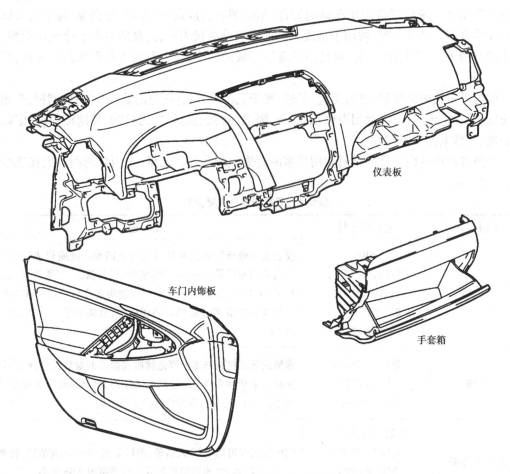

仪表板

车门内饰板

手套箱

图 6-5　塑料制成的一些内饰件

(2)外装件

采用塑料制成的外装件(见图 6-6),不仅降低汽车生产成本、减轻重量,还可以充分利用塑料特性满足各种传统材料难以实现的要求,塑料外装件的主要用材如表 6-5。

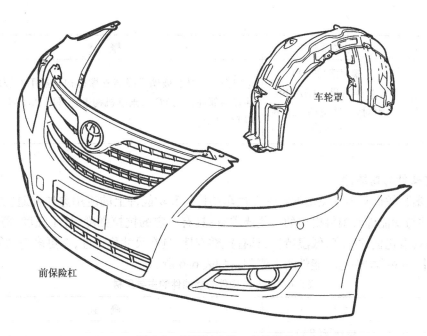

车轮罩

前保险杠

图 6-6 塑料制成的一些外装件

表 6-5 塑料外装件的主要用材

外装件名称	主要原材料	概 述
保险杠	聚丙烯(PP) 聚氨酯(PUR) 聚对苯二甲酸丁二醇酯 (PBT)/聚碳酸酯(PC)	普通车一般以材料成本较低的改性 PP 为主;较高级轿车采用 RIM 法成形的 PUR 材料(RIM 是反应注射模压成型法,是一种高反应性,高生产率的成型技术);欧洲有些采用 PC/PBC 合金保险杠。
散热器格栅 (中网)	聚碳酸酯(PC) 聚丙烯(PP) ABS 聚对苯二甲酸乙二醇酯 (PET)	小轿车一般采用 ABS 或 ABS/PC 注射成形,表面电镀或涂装。目前也流行采用聚酯弹性体表面溅射金属络的格栅。
车轮罩	ABS 聚碳酸酯(PC) 聚酰胺(PA) 聚丙烯(PP)	车轮罩除了防止泥沙、水的溅射外,还能有效改善车身的空气动力性,可以采用 ABS,PC,PA,PP 等材料制成。
发动机挡泥板	聚丙烯(PP)	包括底盘挡泥板,不但可以防止泥沙、水的溅射外,还可有效改善车身的空气动力性。多采用耐低温、高韧性的 PP 制造。
灯壳、灯罩	聚碳酸酯(PC) 聚苯硫醚(PPS) 聚对苯二甲酸丁二醇酯 (PBT)/聚碳酸酯(PC) 聚甲基丙烯酸甲酯 (PMMA)	前大灯玻璃必须考虑其透明性、耐热性、耐冲击性以及成形性,多采用表面涂覆硬膜的 PC,前大灯反射镜壳为了满足耐热性及表面处理要求,多采用 PPS 或 PC/PBT。后组合灯灯罩可采用 PMMA,灯壳为填料改性的 PP 或 ABS。

续表

外装件名称	主要原材料	概　述
其他车身件	聚甲醛(POM) 聚碳酸酯(PC)/ABS 聚对苯二甲酸丁二醇酯 (PBT)	车门把手、门锁、玻璃升降器支撑机构与摇手等要求使用刚性好的部件采用 POM,雨刷机构连杆可用 PBT 等,电镀件使用 PC/ABS。

(3)结构件与功能件

同样,塑料凭借其多种杰出的特性在汽车结构件和功能件上的应用愈加普遍(见图6-7)。各种结构件与功能件对塑料提出的一些要求有:具有一定的抗拉强度、抗压强度、剪切强度和冲击强度;具有优良的耐高、低温特性;具有抗蠕变性;具有尺寸稳定性;有更多高功能化产品,等等。其中一些结构件与功能件的主要用材如表6-6所示。

表6-6　一些结构件与功能件的主要用材

部件名称	主要原材料	概　述
气门室罩盖	聚酰胺(PA) 聚苯硫醚(PPS) 酚醛(PF)	塑料罩盖质量轻、噪声低,正逐步取代钢板冲压和铝压铸的气门室罩盖。常用 PA,也有 PPS,PF
风扇叶片、罩壳	酚醛(PF) 聚甲醛(POM) 聚乙烯(PE) 聚丙烯(PP)	多数开始采用增强 PP 制成
油箱	聚乙烯(PE) 聚酰胺(PA)	耐冲击性,耐汽油性
连接油管	聚氯乙烯(PVC)	发展方向是聚酰胺(PA)
分电器盖、头	聚乙烯(PE) 聚碳酸酯(PC) 聚砜(PSF)	
空滤器外壳	聚丙烯(PP)	轻量化,低成本,也可采用尼龙 G,聚酰胺,加玻璃纤维和无机填料增强的聚丙烯
蓄电池外壳	沥青塑料 聚苯乙烯(PS)	也采用玻璃纤维增强 PP 或 ABS 树脂
仪表	聚苯乙烯(PS) 酚醛(PF) 氨基塑料	也可采用 ABS,PP,PC,复合聚丙烯,丙烯树脂等
方向盘	ABS 聚丙烯(PP)	可加入纤维素改善力学性能,发泡 PUR 可增强手感
换向开关	酚醛(PF) 聚酰胺(PA) 聚甲醛(POM)	朝手感好,使用寿命长的方向发展,也可用 ABS 等材料

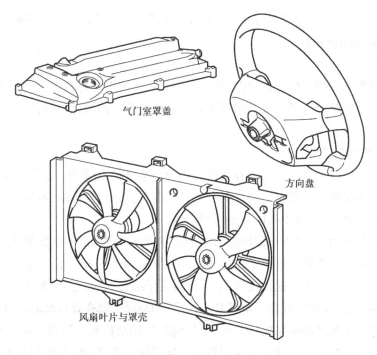

气门室罩盖

方向盘

风扇叶片与罩壳

图 6-7　塑料制成一些结构件与功能件

6.3　陶　瓷

6.3.1　概述

陶瓷是人类最早使用的材料之一,传统的陶瓷主要以黏土等天然硅酸盐类矿物为原料,故又称为硅酸盐材料,而现代陶瓷材料是指除金属和有机材料以外的所有固体材料,又称无机非金属材料。因此,陶瓷材料已与高分子材料、金属材料并称为三大固体材料,成为许多高新技术领域不可缺少的关键材料。

(1)陶瓷的特性

陶瓷的特性主要从以下几方面体现:

1)力学性能

陶瓷拥有比金属高出数倍的弹性模量,远远高于金属的硬度和抗压强度,但几乎没有塑性,冲击韧度和断裂韧度很低,抗拉强度低,是一种脆性材料。

2)热学性能

陶瓷的熔点很高,有很好的高温强度。高温抗蠕变能力强,大多数陶瓷在 1 000 ℃以上也不会被氧化,仍能保持室温性能。陶瓷的热膨胀系数低,导热性小,是一种优良的高温绝缘材料。但其不能急热急冷,在温度剧烈变化时易破裂。

3) 化学性能

不论室温还是高温,陶瓷都具有很高的化学稳定性,对酸、碱、盐有良好的抗蚀能力,不老化,不氧化(除少量品种外)。

4) 电学性能

大多陶瓷材料具有很好的电绝缘性,可直接作为传统的绝缘材料使用。后来发现,有些陶瓷品种也可作半导体材料。最近更是出现了具备各种电性能的陶瓷材料,如压电陶瓷、磁性陶瓷等。

(2) 陶瓷的组织结构

陶瓷是以天然矿物或人工合成的各种化合物为基本材料,经粉碎、成型和高温烧结等工序制成的一种无机非金属固体材料。陶瓷具有的高硬度、高熔点、易折断、不易加工等性能,除了与其化学组成有关外,还取决于其内部的组织结构。

一般陶瓷有两种晶体,即离子键构成的离子晶体和共价键构成的共价晶体。离子晶体中,原子直径大的非金属元素作为负离子,排列成不同晶格;原子直径小的金属元素作正离子,处于非金属原子间隙里。离子键能比较高,于是正负离子结合牢固。共价晶体中,其共价电子往往偏向负电性的一边,这样的极化共价键具有离子键的特征,同样有很高的结合性能。

陶瓷的性能除了与其晶体结构相关外,更与组织的相结构密不可分。尽管陶瓷组织结构非常复杂,但它们都由晶相、玻璃相和气相组成。各相的组成、数量、形状和分布都会影响陶瓷的性能。

晶相是陶瓷的基本组成。由硅酸盐矿物做原料的陶瓷为硅酸盐结构晶相,它是由 $[SiO_4]$ 四面体结构单元以不同方式相互连成的复杂结构。精细陶瓷的晶相为以离子键为主的金属氧化物晶体(如 MgO,Al_2O_3)和以共价键为主的非氧化物晶体(如 BN,SiC)。

玻璃相是陶瓷烧结时,各组成物和杂质因物理化学反应后形成的液相,冷却凝固后仍为非晶态结构的部分。它分布在晶相之间,起黏结晶体、填充气孔间隙和抑制晶粒长大的作用。精细陶瓷要控制玻璃相的含量,以保证较高的性能。

气相即陶瓷中残留的气体形成的气孔。气孔主要由于材料和工艺等原因形成的,它会使陶瓷的一些性能下降,所以通常希望气孔小、数量少且分布均匀。

(3) 陶瓷的分类

陶瓷产品种类很多,通常可分为传统陶瓷和精细陶瓷两大类。

1) 传统陶瓷(又称硅酸盐陶瓷)

传统陶瓷以天然的硅酸盐矿物(如黏土、长石、石英等)为原料制成。传统陶瓷主要用于日用、建筑、卫生陶瓷制品,低压或高压电瓷,耐酸及过滤陶瓷等。

2) 精细陶瓷(又称特种陶瓷、高技术陶瓷、新型陶瓷)

采用高强度、超细粉末为原料,经过特殊的工艺加工,得到结构精细且具有各种功能的无机非金属材料。为了更好认识精细陶瓷,人们通常又按化学组成或用途对其进行分类,如表6-7。

表 6-7　精细陶瓷的分类

分类标准	类　别	示　例
按化学组成分类	氧化物陶瓷	氧化铝陶瓷、氧化锆陶瓷、氧化镁陶瓷等
	氮化物陶瓷	氮化铝陶瓷、氮化硅陶瓷、氮化硼陶瓷等
	碳化物陶瓷	碳化硅陶瓷、碳化硼陶瓷等
	复合陶瓷	氧氮化硅铝陶瓷、镁铝尖晶石陶瓷、锆钛酸铝镧陶瓷等
	金属陶瓷	
	纤维增强陶瓷	
按用途分类	工程陶瓷（又称结构陶瓷）	氧化陶瓷,如:氧化铝陶瓷、氧化锆陶瓷等
		非氧化陶瓷,如:氮化硅陶瓷、碳化硅陶瓷、赛阿隆(Sialan)陶瓷等
	功能陶瓷	在汽车上主要用于制造发动机和热交换器零件以及传感器,如氧传感器等

6.3.2　常用的陶瓷品种

(1)常用工程陶瓷

常用的一些工程陶瓷和它们的应用如表 6-8。

表 6-8　常用工程陶瓷的性能与用途

类别	品　名	材料	性　能	用　途
氧化物	氧化铝陶瓷	Al_2O_3	硬度大,强度高	切削工具、电绝缘材料,炉管,坩埚材料
	氧化镁陶瓷	MgO	碱性,抗热冲击性差,质脆,高温下易被还原,但在氧化气氛中使用温度可高达 2 300 ℃	电绝缘材料,坩埚材料
	氧化锆陶瓷	ZrO_2	碱性,在氧化气氛中使用温度可高达 2 400 ℃,部分稳定的 ZrO_2 具有很高的强度和韧性	高温发热体、绝热发动机理想材料
	氧化铍陶瓷	BeO	导热性好,在还原气氛中是稳定的,高温下有水存在会蒸发	原子反应堆的防辐射材料,中子减速剂,电绝缘材料,磁体发电通道冷壁材料

续表

类　别	品　名	材料	性　　能	用　途
碳化物	碳化硅陶瓷	SiC	硬度高,导热性好,在氧化气氛中使用温度可高达1 600 ℃	电阻发热体,变阻器,半导体材料
	碳化钛陶瓷	TiC	硬度高、强度大,耐热性能好,使用温度可到1 400 ℃以上	涡轮叶片材料
	碳化硼陶瓷	B_4C	硬度极高,仅次于金刚石,高温强度大,但在1 000 ℃时会急剧氧化	磨料,中子俘获材料
	碳化锆陶瓷	ZrC	容易氧化	金属陶瓷用材料
	碳化钨陶瓷	WC	硬度、强度都很高,容易氧化,不适合用作高温材料	刀具材料
氮化物	氮化硅陶瓷	Si_3N_4	耐热震性能良好,抗氧化性强,在空气中使用温度可高达1 400 ℃	坩埚、叶片、密封环
	氮化硼陶瓷	BN	导热性良好,电绝缘,用作高温润滑剂,若在高压下合成的立方晶系可具备与金刚石同等硬度	
	氮化铝陶瓷	AlN	耐热震性能良好,高温下不会被铝侵蚀	坩埚
硼化物	硼化钛陶瓷	TiB_2	硬度、强度均高,耐热震性好,电阻小,不易被熔融金属侵袭	火箭喷管,电气接触和高温用电极材料
	硼化锆陶瓷	ZrB_2	硬度、强度、高温强度高,耐热震性能好,电阻小,在1 250 ℃温度下可长时间抗氧化	高温电极材料
硅化物	二硅化钼陶瓷	$MoSi_2$	到1 700 ℃为止是抗氧化性的,质脆	电阻发热体,衬里材料

(2)常用功能陶瓷

常用的一些功能陶瓷和它们的应用如表6-9。

表6-9 常用功能陶瓷的性能与用途

类 别	品 名	典型材料	用 途
电功能陶瓷	绝缘陶瓷	Al_2O_3,BeO,MgO,AlN,SiC	集成电路基片、封装陶瓷、高频绝缘陶瓷
	介电陶瓷	TiO_2,$La_2Ti_2O_2$,$Ba_2Ti_9O_{20}$	陶瓷电容器、微波陶瓷
	铁电陶瓷	$BaTiO_3$,$SrTiO_3$	陶瓷电容器
	压电陶瓷	PZT,PT,LNN,$(PbBa)NaNb_5O_{15}$	超声换能器、谐振器、滤波器、压电点火、压电电动机、表面波延迟元件
	半导体陶瓷	$PTC(Ba-Sr-Pb)TiO_3$, $NTC(Mn,Co,Ni,Fe,LaCrO_3)$, $CTR(V_2O_5)$	温度补偿和自控加热元件等 温度传感器、温度补偿器等 热传感元件、防火灾传感器等
		ZnO 压敏电阻	电流吸收器、噪声消除、避雷器
		SiC 发热体	电炉、小型电热器
	快离子导体陶瓷	β-Al_2O_3,ZrO_2	钠—硫电池固体电介质、氧传感器陶瓷等
	高温超导陶瓷	La-Ba-Cu-O,Y-Ba-Cu-O, Bi-Sr-Ca-Cu-O,Ti-Ba-Ca-Cu-O	超导材料
瓷功能陶瓷	软磁铁氧体	MN-Zn,Cu-Zn,Ni-Zn,Zu-Zn-Mg 铁氧体	电视机、收录机磁芯、记录磁头、温度传感器、电波吸收体
	硬磁铁氧体	Ba,Sr 铁氧体	铁氧体磁石(硬磁体)
	记忆用铁氧体	Li,Mn,Ni,Mg,Zn 与铁形成的 尖晶石型铁氧体	计算机磁芯
光功能陶瓷	透明陶瓷	Al_2O_3,MgO,Y_2O_3,TbO,CaF_2, PZT,ZnS	高压钠灯、照明或特殊灯管、红外线输出窗口等
	激光陶瓷	Nd_3+:$YAlO_3$,红宝石	激光材料
	透明铁电陶瓷	PLZT	光存储元件、视频显示和存储系统、光开关和光阀等
	透明导电陶瓷	$ITO(In_2O_3$-$SnO_2)$,ZAO	透明导电玻璃、电加热器、液晶显示
	光敏陶瓷	CdS,$CdSe$,Cu_2S-CdS,$CdTe$-CdS	太阳能电池
	光纤陶瓷	石英玻璃光纤等	光纤、传感器
化学功能陶瓷	湿敏陶瓷	$MgCr_2O_4$-TiO_2,ZnO-Cr_2O_3,Fe_3O_4 等	工业湿度传感器、烹饪控制元件
	气敏陶瓷	SnO_2,α-Fe_2O_3,ZrO_2,TiO_2,ZnO 等	汽车传感器、气体泄漏报警、各类气体检测
	载体用陶瓷	Al_2O_3,SiO_2-Al_2O_3 等	汽车尾气催化载体、化工用催化载体、酵素固定载体
	催化用陶瓷	沸石、过渡金属氧化物等	接触分解反应催化、排气净化催化

6.3.3 陶瓷材料在汽车上的应用

陶瓷,尤其是精细陶瓷以其优越的力学性能、热学性能、化学性能以及高耐磨性、低密度(仅约为钢铁1/2),被制成各种结构件和功能件应用于汽车上。精细陶瓷在汽车上的广泛应用不仅有效降低汽车质量、提高发动机热效率、提高燃油经济性、减少排放污染、提高易损件寿命,而且在改进汽车智能化等方面具有重要意义。

(1)精细陶瓷在汽车上的应用情况

精细陶瓷在汽车上的应用情况如表6-10。

表6-10 精细陶瓷在汽车上的应用情况

零件名称	所属系统	应用材料	材料特性
油泵	发动机润滑系统	Al_2O_3	
机械滑动密封 双向滑动密封		SiC Si_3N_4	耐磨性好
刀头 摇臂等	切削加工工具 发动机配气机构	TiC TiN	
孔口衬套 热交换器 排气触媒载体	排气系统	Al_2O_3 TiO_3 菫青石	耐热性好
转子、转化器、热交换器	气体涡轮	Si_3N_4	耐高温
发热元件接头	柴油发动机	SiC	强度高
火花塞	发动机点火系统	Al_2O_3	绝缘性好
陶瓷加热器	发动机进气系统		
温度传感器、氧传感器	发动机排气系统	ZrO_2	离子传导性
氧传感器	发动机排气系统	TiO_2	电子传导性
温度传感器		迁徙金属氧化物	
爆震传感器、油传感器	发动机控制系统	PZT	压电性
超声波传感器	汽车倒车报警系统	$PbTiO_2$	

(2)应用示例

1)氧传感器

如果空燃比与理论值不符,所排放废气会使得三元催化转换器中毒,导致净化效果急剧下降。使用氧传感器可实时检测废气中的氧浓度,并将信号发送到发动机电子控制单元(ECU),严格控制正常运作的发动机实际空燃比能始终稳定在理论空燃比附近,从而保证发动机废气排放合乎社会规范,见图6-8。

目前大多采用稳定氧化锆固体电解质的氧传感器,它的输出稳定、速度响应性好,但低温时不能正常工作,需加装辅助加热装置。

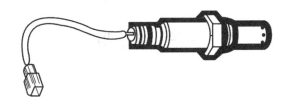

图 6-8 氧传感器外观

2）爆震传感器

爆震传感器的功用是将爆震时传递到缸体上的机械振动转换成电信号,输入 ECU 作为爆震控制信号。依据检测原理又可分为磁致伸缩型和压电型两种。

磁致伸缩型是利用镍合金等磁性材料的磁阻随机械振动变化的性能。压电型则是将机械振动产生的压电效应变为电压振动,其转化效率高、形状结构多样化,多采用 PZT 压电体。

3）倒车报警系统用传感器（俗称倒车雷达探头）

该探头大多采用压电式陶瓷材料（如:$BaTiO_3$,PbO_3,ZrO_3,TiO_3 等）制作。在倒车报警系统中,该探头可以发射超声波,并能检测被反射回来的超声波。

4）陶瓷摇臂

陶瓷摇臂其实是铝摇臂在其与凸轮轴接触部位熔接陶瓷材料,提高摇臂的使用寿命。该陶瓷片是采用微米级的 Si_3N_4 粉末在 1 500 ℃的高温下烧结而成。陶瓷摇臂充分发挥了陶瓷良好的轻量性、耐磨性以及低摩擦系数,见图 6-9。

5）陶瓷活塞

陶瓷活塞的顶部采用 Si_3N_4 制造,并在活塞环槽部位喷镀金属,金属卡环热压配合紧固在活塞上,然后采用加压硬钎焊法使其结合。活塞环的活动面则采用了等离子喷镀陶瓷的方法。该活塞质量轻,高温强度较高,热冲击性能优良,见图 6-10。

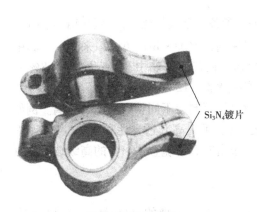

Si_3N_4 镀片

图 6-9 陶瓷摇臂

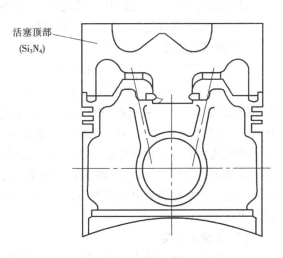

活塞顶部
(Si_3N_4)

图 6-10 陶瓷活塞

6.4 玻璃

6.4.1 概述

玻璃被广泛应用于人们的日常生活和工业生产当中,通常具备透明、硬而脆、隔音、化学稳定性好的特性,有艺术装饰作用,特制的玻璃还具有绝热、导电、防爆和防辐射等一系列特殊的功能。

（1）**玻璃的特性**

玻璃是由熔融物通过一定方式的冷却,因黏度的逐渐增大而得到的具有力学性能和一定结构特征的非晶态固体。但是并非所有的熔融物都能形成玻璃态,因为大多数无机物质在冷却过程极易结晶固化,只有某些物质,特别是硅酸盐类物质,在冷却时才容易过冷而形成玻璃态。因此,玻璃通常被看作硅酸盐类材料中的一种。玻璃的特性主要从以下几个方面体现:

1）光学性能

玻璃具有很高的透光性,这也是其最基本的使用性能。一般情况下,杂质含量越低,其透光性越好。通过改变玻璃组分可以改变其透光性,以适用于不同场合。

2）力学性能

玻璃具有较好的抗压强度和较高的硬度,但韧性差,抗弯强度和抗拉强度均不高,是一种脆性材料。

3）化学性能

玻璃具有抵抗水、空气以及绝大多数酸、碱、盐等溶液的腐蚀能力。

4）热学性能

玻璃的热学性能主要指其热稳定性,即在环境温度突然发生改变时,玻璃抵抗破裂的能力。玻璃的膨胀系数越小,其热稳定性越好。

（2）**玻璃的组成**

玻璃的化学成分比较复杂,主要由二氧化硅（SiO_2）和各种金属氧化物,如氧化纳、氧化钾、氧化钙、氧化铝和氧化铅等组成。玻璃的化学组成,可用通式 $R_2O \cdot RO \cdot 6SiO_2$ 来表示。其中的 R_2O 代表一价金属氧化物,RO 代表二价金属氧化物。在普通玻璃中,二氧化硅占 68% ~ 78%,一价金属氧化物占 14% ~ 16%,二价金属氧化物占 8% ~ 12%。

玻璃的性质与其化学组成关系很大,改变其化学组成,可制得不同特定性能的玻璃。例如减少玻璃中的碱性氧化物,增加二氧化硅或氧化硼的含量,可提高其透光性和耐热性;玻璃中加入一定量的氧化铅和氧化钡等,就可制得光彩夺目、敲击时有清脆金属声音的高级玻璃器皿和艺术品。

（3）**玻璃的分类**

玻璃及其制品的种类较多,范围较广,分清其类别对于掌握玻璃的成分、性质和用途很有帮助。玻璃的分类通常有两种:一种是按照其化学成分进行分类,如表 6-11 所示;另一种是按照其性质和用途进行分类,如表 6-12。

表 6-11　按化学成分分类的玻璃

名　称	主要成分	性能特点	用　途
钠玻璃	Na_2O,CaO,SiO_2	软化点较低,易于熔制,但杂质多,产品多带绿色,且光学性能、力学性能、化学稳定性和热稳定性都较差	普通建筑玻璃、日用玻璃制品
钾玻璃	K_2O,Na_2O,CaO,SiO_2	质硬而有光泽,各种性能优于钠玻璃,但价格较高	化学仪器用具、高级玻璃制品
铅玻璃	PbO,K_2O,SiO_2	具有鲜明的色彩与美丽的光泽,质软易加工,敲击时发出金属悦耳声音,对光的折射率高、反射性强,化学稳定性好,又称品质玻璃	光学仪器、高级器皿、装饰品和艺术玻璃
硼玻璃	B_2O_3,MgO,SiO_2	具有较好的光泽和透明度,优异的绝缘性,较好的光学性能、力学性能、化学稳定性和热稳定性	化工仪器、绝缘材料和耐热玻璃
铝镁玻璃	$MgO,Al_2O_3,SiO_2,$ Na_2O,CaO	软化点低,光学性能、力学性能、化学稳定性都比普通玻璃稍好	高级建筑玻璃
石英玻璃	SiO_2	又称水晶玻璃,热膨胀系数很小,具有很高的热稳定性,力学性能好,电绝缘性好,但加工困难	高级化学仪器、光学零件和耐高温耐高压等特殊用途制品
高硅氧玻璃	B_2O_3,SiO_2	SiO_2 的含量超过 95%,性能与石英玻璃类似,但成本较低	化学仪器和耐高温耐高压等特殊用途制品

表 6-12　按性质和用途分类的玻璃

名　称	性质与用途
建筑玻璃	建筑玻璃主要是指平面玻璃,包括商用平板玻璃、装饰用平板玻璃、安全玻璃和特种平板玻璃
技术玻璃	技术玻璃主要是指光学玻璃、仪器玻璃、玻璃器具和设备以及特殊技术玻璃,如导电、磁性、防辐射、耐高温、激光等方面应用的玻璃
日用玻璃	日用玻璃主要包括瓶罐玻璃、器皿玻璃、装饰玻璃制品等
玻璃纤维	玻璃纤维分为无碱玻璃纤维、低碱玻璃纤维、中碱玻璃纤维和高碱玻璃纤维,可用作复合材料中的增强体
汽车玻璃	汽车玻璃不仅是装饰品,也是安全部件,能防风沙、雨雪、防碰撞冲击、保护驾驶员和乘员的健康。汽车玻璃都是安全玻璃,主要分为前挡风玻璃、侧面玻璃和后挡风玻璃

6.4.2 玻璃在汽车上的应用

(1)车用玻璃的发展概况与要求

最初,汽车玻璃被认为只不过是一种起到可以抵御风寒、雨水、尘土作用的附件。但随着汽车工业的持续发展,道路状况的不断改善,车速日益提高,汽车玻璃的重要性才逐渐为人们所认识。因为汽车玻璃还应能在行使中给驾驶员提供良好的视野,在遇到突发性事故时不能伤害驾乘人员,并且最好能满足轻量化及多功能化的要求。

例如,在20世纪50年代初期,大多数汽车在发生交通事故后,其所采用的普通平板或热弯型玻璃的碎片就像锋利的刀片,造成大量的人身伤亡。因此20世纪50年代后期开始使用全钢化玻璃作前挡风玻璃,可是人们随即发现其破碎后的碎片也难保证驾驶员视野,而且小颗粒碎片易造成对眼睛伤害。于是到了20世纪60年代,国外又推出新规定,不允许采用全钢化玻璃作前挡风玻璃。

汽车用玻璃的发展历程是从普通平板型玻璃开始的,慢慢过渡到强化型、曲面型的玻璃,接着全钢化玻璃又朝着夹层玻璃、区域钢化玻璃发展,夹层玻璃由三层慢慢发展成多层,现今汽车用玻璃的技术正朝着轻量化、多功能化方向前进。

除了必须满足玻璃的基本特性外,人们还从以下几方面对汽车用玻璃提出较高要求:

1)透光性

透光性优良而且透视的影像不产生变形。

2)耐候性

要求玻璃不会因为气温的变化而引起品质的改变。

3)机械强度

要求玻璃对风压具有足够的强度,有一定的抗冲击或弯曲的能力。

4)安全性

车辆受冲撞时不会伤害乘员。

5)多功能性

能满足某些汽车对玻璃的特殊要求,如抗弹性、防爆性等。

(2)车用玻璃的种类与特点

汽车上使用的玻璃都必须是安全玻璃。我国从1988年起已开始执行汽车用安全玻璃国家标准。汽车用安全玻璃是由无机材料或无机材料与有机材料的复合材料所构成的产品,应用于车辆时,可以减少车祸中严重伤人的危险。国标对其抗冲击性能,抗磨性能,光学性能,耐辐射、高温、潮湿的要求,厚度、尺寸、弯曲度、吻合度、外观质量等标准都有规定。

现今汽车常用的玻璃主要有:夹层玻璃、钢化玻璃、区域钢化玻璃。

夹层玻璃是由两张或两张以上的普通平板玻璃和钢化玻璃,在其中间夹以弹性的透明塑料薄膜等,采用特殊工艺处理而制成的多层平板玻璃或多层弯形玻璃。它除了用作交通运输工具的风窗外,还被广泛用作高层建筑的门窗、有特殊要求的门窗以及各种仪器、仪表、高压电气设备等防爆部位的窥视玻璃。

汽车用夹层安全玻璃通常由三层组成,即玻璃、中间的加强膜、玻璃。两侧玻璃层的厚度各为2.0~3.0 mm,中间的加强膜通常是由聚乙烯醇缩丁醛或聚甲基丙烯酸酯制成,膜厚为

0.38~0.76 mm。夹层玻璃的突出特点是具有较高的强度,同时热稳定性也比较好。由于中间夹层物质的增强作用和黏结作用,当玻璃受到外力冲击破坏时仅会产生辐射状的裂纹而不致使碎片脱落或飞溅伤及乘员,属于较为高级的安全玻璃,在世界各国得到了广泛的应用。

钢化玻璃是采用将玻璃加热到软化点附近然后骤冷的方法制成的玻璃。它是采用普通平板玻璃或浮法玻璃经过二次加工而成的高强度玻璃。按照加工方法的不同,分为物理钢化玻璃和化学钢化玻璃两种类型,作为汽车玻璃的都是物理钢化玻璃。物理钢化又称为淬火钢化,将玻璃在加热炉中加热到650 ℃左右。经过一段时间后,在处于软化态但尚未变形的情况下,从炉中取出,然后用多头喷嘴多方向喷吹气体(或将其置入淬火油中),使之迅速地、均匀地冷却,当冷却到室温时,就形成了高强度的钢化玻璃。

钢化过程提高了玻璃的强度和热稳定性,使钢化玻璃具有比普通玻璃高得多的力学强度、抗冲击性和热稳定性。当其一旦破碎时,将碎成无数小块的碎片,且无尖锐的棱角,不易伤人,增加了安全性。但如果前挡风玻璃采用钢化玻璃,一旦受剧烈冲击将呈蜘蛛网状全面破碎,会严重影响驾驶员的视野,易导致二次事故。

钢化玻璃主要装在汽车的侧面以及后窗上,通常有4 mm,3.5 mm,3.2 mm 几种厚度供选择。玻璃厚度减薄主要会引起安全性和隔音性能下降,钢化困难,刚性下降,装配时容易发生破裂。因此在选用时必须权衡安全性、实用性和经济性。

区域钢化玻璃是分区域控制钢化过程的钢化玻璃,即在冷却过程中,朝不同区域喷吹的气体强弱不同。区域钢化玻璃在受到破坏时,某些区域碎片大些,而另外一些区域碎片则小些,这样既保证了驾乘人员的安全,又保证可以提供一个不妨碍驾驶的视区,以便将车及时开到维修站进行修理。

除了夹层玻璃、钢化玻璃、区域钢化玻璃外,某些具有特殊功能的玻璃也被运用到汽车上以满足其使用要求,如:防爆、防弹玻璃,中空玻璃,防水玻璃,除霜玻璃等。

防爆、防弹玻璃是一种特制玻璃,具有较大的抗冲击强度,同时还有透光性好、耐热、耐寒等特点。当遇到爆炸或弹击之类的剧烈冲击时,轻者玻璃可以完好无损,重者即使玻璃破裂,子弹亦不易穿透玻璃,碎片不会脱落伤人。主要用于重要人物及各国首脑所乘用的防弹车的玻璃。

中空玻璃是用胶黏法将双层或多层平板玻璃黏接在一起,使玻璃之间形成中空的一种特殊玻璃。由于中间充有干燥气体,因而具有隔音、隔热、保温、不结霜、不产生凝结水以及吸收紫外光的作用,广泛应用于高档客车侧窗。

防水玻璃的表面涂覆有一层化学耐久性优异的含氟薄膜。这种薄膜不会影响玻璃原来的颜色与光泽,有效寿命可达3~5年。在汽车行驶时,涂有薄膜的玻璃上落下的水滴会在风压的作用下迅速滚落,车内的人像和物像不会映射到风挡玻璃上而影响司机的视线。与此类似,在夹层玻璃或钢化玻璃表面涂覆一层碱性有机薄膜,可以制成防雾玻璃。因为水在这种薄膜上可以均匀展开成膜,不会结露而成雾,尤其对于寒冷地区使用的车辆非常实用。

除霜玻璃是采用网板印制法将导电性胶印制在玻璃上,然后在玻璃加热成型时黏附,这种印制电路可加热玻璃起到除霜作用。此外,可以将钨丝黏贴在夹层玻璃的中间膜上,也可通电加热除霜。与此类似,若利用喷涂法把金属薄膜镀到外侧夹层玻璃的内表面上,可以通电加热除霜、除冰。

（3）车用玻璃的新技术

汽车是高新技术密集的产品，随着社会总体科学技术的持续发展，车用玻璃的技术也在不断前进。高安全性、轻量化、绝热化、多功能化等已成为车用玻璃近期的发展方向。

1）高安全性

在已有夹层玻璃的基础上，人们还是孜孜不倦地制造具有更高安全性能的安全玻璃。如改进配方和工艺，使玻璃耐冲击性更强；改进夹层材料的特性，绝不容许玻璃的碎片落进车内，等等。

2）轻量化

由于原材料的薄化和加工技术的进步，夹层玻璃已由两块 3 mm 厚改为两块 2 mm 厚的玻璃制成。钢化技术的进步也使侧窗和后窗的钢化玻璃厚度由 4 mm 厚，减到 3.1 mm。玻璃的轻量化为降低全车质量，实现全车轻量化奠定基础。

3）绝热化

为了满足美观和舒适感，汽车上使用玻璃的面积不断增加，因而对玻璃的绝热性提出更严格的要求。降低透光率，提高反射率都能阻止阳光热量的流入，但是这不仅降低驾驶员可视距离还容易造成过强的闪光感。比较可行的办法是隔绝红外区域的热反射，据实验数据表明，如果改用隔绝红外区域热反射的玻璃，可以减轻轿车空调设备负荷的 20% ~ 25%。

4）多功能化

例如，在安全玻璃夹层中嵌入太阳能电池板，采集的太阳能不仅可以在停车时为车内空调风扇提功能量保持车内空气流通，还可补充蓄电池电量，减少燃料消耗；在夹层中安装一层导电薄膜，不仅可反射比普通玻璃高三倍的红外热辐射，若通电，还能产生热量，均匀消除玻璃表面的雾气，此外还可充当无线电接收天线。

6.5 复合材料

6.5.1 概述

在汽车材料技术日新月异的发展历程中，各种各样的金属、橡胶、塑料、陶瓷、玻璃等材料各具特性，各有自己优点和缺点，任何一种单一材料都难以具备所有优越的综合性能。因此，复合材料因其包容兼并的特点得以迅速发展，并在汽车用材料中占据日益重要的地位。

（1）复合材料的特性

1）比强度和比模量较高

复合材料具有比其他材料高得多的比强度（强度极限除于密度）和比模量（弹性模量除于密度），如碳纤维和环氧树脂组成的复合材料的比强度是钢的 7 倍多，比模量是钢的 5 倍多。这对于在保证性能的前提下，减轻车辆自重具有重大的意义。

2）抗疲劳性能较好

因为裂纹扩展机理的不同，金属材料遭疲劳破坏时，其裂纹会沿拉应力方向迅速扩展而造成突然断裂,复合材料则因为其基体和增强纤维间的界面能够有效阻止疲劳裂纹的扩展而具有更好的抗疲劳性能。大多数的金属材料其疲劳强度是抗拉强度的40%~50%,而碳纤维增强复合材料则可高达70%~80%。

3)断裂安全性较好

增强纤维的复合材料,其截面每平方厘米面积上独立的纤维有几千甚至上万根,即使构件遇强外力作用有部分纤维断裂后,其载荷也可由未断裂纤维承载,使构件在短时间内不易失去承载能力,提高使用安全性。

4)耐高温性能较好

因为多数增强纤维在高温下仍可保持较高的强度,所以用它们制成的复合材料的高温强度和弹性模量均较高,特别是金属基复合材料。如,一般铝合金在400 ℃时,弹性模量就将大幅下降,强度也显著降低,而碳纤维或硼纤维增强铝合金制成的复合材料在400 ℃下的弹性模量和强度基本仍维持在室温时的水平。

5)减振性较好

因为机械的自振频率与材料比弹性模量的平方根成正比,由于复合材料的比模量大,自振频率很高,不容易产生共振,这对于振动问题非常突出的车辆尤其重要。此外纤维与基体的界面具有吸振能力,振动阻力高,即使发生振动也能很快衰减。

(2)**复合材料的组成**

复合材料是由两种或两种以上的物理和化学性质不同的物质经一定的方法合成而得到的一种多相固体材料。复合材料一般由起黏结作用的基体与用来提高复合材料强度和韧性的增强材料共同组成。其中,基体材料又可分为金属基体材料(如:铝、镁、钢及其合金等)和非金属基体材料(如:合成树脂、碳、石墨、橡胶、陶瓷等)。常用的增强材料包括:玻璃纤维、碳纤维、芳纶纤维等。

(3)**复合材料的分类**

复合材料可以由金属、塑料、橡胶、陶瓷等材料中任意两种或多种共同合成或制备。因此,复合材料的种类复杂,分类方法多种。

按复合材料的性能和用途可将其分为:结构复合材料和功能复合材料。其中结构复合材料已经有了较广泛应用,功能复合材料则处于起步阶段,大量产品正在研制中。

按复合材料的基体材料可将其分为:金属基复合材料和非金属基复合材料。目前大量研究和使用的是以高聚物材料(非金属材料的一种)为基体的复合材料。

按增强材料的种类和形态可将其分为:颗粒复合材料、短切纤维复合材料、连续纤维复合材料和层叠复合材料,如图6-11。

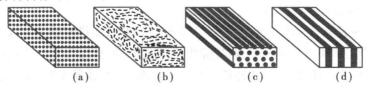

图6-11 主要的复合材料
(a)颗粒复合材料;(b)短切纤维复合材料;
(c)连续纤维复合材料;(d)层叠复合材料

6.5.2 复合材料在汽车上的应用

(1) 纤维增强塑料(FRP)

纤维增强材料的密度低、比强度高,是汽车轻量化的重要材料,同时,其耐冲击性好,可大量吸收冲击能,有利于提高汽车行驶安全性。纤维增强塑料的流动性和层压性好,可制成形状各异的曲面,设计自由度大,而且可一体成形,减少装配工序,同时还可以在树脂中混入颜色达到任意着色的目的。它还可根据设计要求灵活调整纤维配比和排列,以便在制件的不同取向上得到合理的强度和刚性,当然它也可以被任意调整厚度,从而制成轻量的不等向性、不等厚度的制件。当然,纤维增强塑料也存在生产率低,可靠性差,结合强度低,阻燃性、表面涂装性较差等缺点。在汽车上应用较多的纤维增强塑料包括:玻璃纤维增强塑料、碳纤维增强塑料、芳纶纤维增强塑料等。

1) 玻璃纤维增强塑料(CTRP)

玻璃纤维增强塑料俗称玻璃钢,是目前汽车上应用最广泛的复合材料,包含 BMC 材料、SMC 材料等。

BMC 材料(即块状模压塑料)是将加有填料、增稠剂、固化剂、颜料、脱模剂等添加剂的树脂与短切玻璃纤维等主要成分混合成块料,装入配合挤压模后压缩成形的,是一种预制材料。其成形自由度大,但在混合搅拌时玻璃纤维被破坏,强度下降。BMC 材料制作的汽车零件包括:轻型车进气罩下体、护风圈、前大灯、空调器壳体、发动机罩盖等。

SMC 材料(片状模压塑料复合材料)是用低黏度的不饱和聚酯树脂、填充剂、增稠剂、固化剂、脱模剂等组分浸渍片状玻璃纤维而制成的复合材料。由于浸渍时玻璃纤维没有遭受破坏,可得到比 BMC 强度更高的成形件。SMC 是片状的,有利于模压成形,大大提高生产率,此外它还改善了表面粗糙度,保持了尺寸稳定性。SMC 材料制作的汽车零件包括:车顶导流板、翼子板、前大灯箱、车轮盖、车身装饰物嵌饰条、发动机罩盖等。

2) 碳纤维增强塑料(CFRP)

碳纤维增强塑料的基体材料主要有酚醛树脂、环氧树脂、聚酯树脂和聚四氟乙烯等,用作增强材料的碳纤维是以人造纤维为原料,在隔绝空气的高温条件下碳化而成。碳纤维增强塑料的成形加工法与玻璃纤维增强塑料类似。碳纤维增强塑料具有较高的比强度和比弹性模量,密度低,抗压强度高,同时还较好的耐疲劳、耐蠕变、耐磨性能,热伸缩性小,能导电,X 射线穿透性好,电磁屏蔽性好,振动衰减快、传导小,非常适合制造汽车零件。但它也有易发生层间分离、易发生电化学腐蚀,耐冲击性较差,生产成本较高等缺点。碳纤维增强塑料制作的汽车零件包括:保险杠骨架、大梁、横梁、传动轴等。

3) 芳纶(Kevlar)纤维增强塑料

芳纶纤维是一种有机合成纤维,它的强度与碳纤维相同,质量却低了 10% ~ 15%,同时还具有高弹性、高抗拉强度及压缩模量,耐疲劳性、振动衰减性也较高,但生产成本亦高。芳纶纤维增强塑料制作的汽车零件包括:缓冲器、门梁、托架、铰链、变速器支架、传动轴等。

为了进一步提高复合材料的耐冲击性能,并降低生产成本,人们研制了高性能的混合纤维,即玻璃纤维、碳纤维和芳纶纤维交错层压或交织增强的方法获得的纤维。随着科学技术的不断发展,更高可靠性、安全性、更低生产成本的 FRP 材料将在汽车上获得越来越广泛的应用。

(2)**金属基复合材料**(MMC)

金属基复合材料多数是由低强度、高韧性的基体和高强度、高弹性模量的增强材料组成。基体包括:铝、铜、铝合金、铜合金、镁合金、镍合金等。增强材料一般为纤维状、晶须状或颗粒状的碳化硅、硼、氧化铝和碳纤维,要求具有高强度和高弹性模量,高抗模性与高化学稳定性。使用金属基复合材料制作的汽车零件包括:活塞、双金属片开关、活塞环、活塞销、连杆、汽缸体等。下面以活塞和双金属片开关为例介绍金属基复合材料的应用。

1)纤维增强金属活塞

活塞是发动机的重要零件,它工作在高温高压条件下,与活塞环、汽缸壁之间不断地摩擦,润滑条件不理想,工作条件比较恶劣,因而选合适的活塞材料对其工作效率和使用寿命影响很大。

日本丰田汽车率先在民用车上采用 Al_2O_3 短纤维 + Al 基的复合材料活塞。活塞的损坏大多是从工作环境最恶劣的第一道环槽开始。因此,把预制好的 Al_2O_3 短纤维环(见图 6-12所示),预置在压铸活塞的模具内,通过挤压铸造使铝合金液充填纤维环中的孔隙并将纤维包裹住,这个部位就形成了 Al_2O_3 短纤维增强的铝合金 MMC,使得该处的耐热和耐磨性都大大提高。

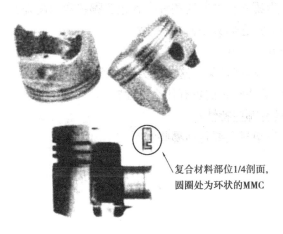

复合材料部位1/4剖面,圆圈处为环状的MMC

Al_2O_3短纤维预制作

图 6-12 纤维增强金属活塞

2)双金属片开关

用热压、焊接、铸造等方法可以把性能差异很大的金属结合在一起,成为双金属复合材料,是一种金属基层叠复合材料。若采用膨胀系数差别较大的两种金属片(如黄铜片和铁片)结合在一起,利用它们受热后膨胀量的差产生弯曲变形,可以制成温度控制开关,即双金属片开关,见图6-13。

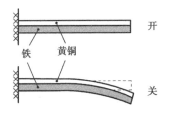

图 6-13 双金属片开关

(3)**纤维增强陶瓷**(FRC)

纤维增强陶瓷利用纤维承受载荷以提高断裂强度,利用纤维间以及纤维和基体间的界面结合改变裂纹扩展方式,提高断裂韧性。纤维增强陶瓷因此克服了陶瓷材料本身所固有的脆性,达到汽车应用的要求。汽车用的纤维增强陶瓷主要由氧化铝、氮化硅等基体材料,加以结合碳纤维、陶瓷纤维、晶须纤维等增强材料制造而成。受限于加工工艺和高昂的生产成本,纤维增强陶瓷有待于进一步的研究和推广,目前主要用于发动机内一些零件的制作。

复习思考题

1. 简述橡胶的特性。

2. 汽车常用的橡胶品种都有哪些?

3. 橡胶制品主要应用在汽车哪些部位?

4. 简述塑料的特性。

5. 什么是工程塑料? 其具有哪些特性?

6. 如何区分热塑性和热固性塑料? 它们主要都有哪些品种? 这些品种主要应用在汽车哪些部位?

7. 什么是陶瓷? 其特性有哪些?

8. 陶瓷组织的相结构分为哪几个? 它们对陶瓷的性能有何影响?

9. 按化学组成分类,陶瓷可以分为哪些种类? 这些种类各包含哪些常用陶瓷?

10. 汽车上常用的陶瓷品种有哪些? 它们具备何种特性?

11. 玻璃的特性主要可从哪几个方面体现?

12. 按化学成分分类,玻璃可以分为哪些种类? 这些种类各有哪些特性?

13. 目前,汽车常用的玻璃主要有哪些? 它们各有什么特性?

14. 与单种材料相比,复合材料具有哪些特性?

15. 汽车上应用较广泛的纤维增强塑料主要包括哪些?

第 **7** 章

涂装材料

能力目标

1. 能够正确选择适合汽车各部位的涂装材料;

2. 能正确区分不同种类涂装材料的性能及用途。

知识目标

1. 掌握涂装材料的作用;

2. 了解涂装材料的分类和不同用途。

7.1 涂装材料概述

涂装材料是一种流动状态的或粉末状态的有机物质,可以采用不同的工艺将其涂覆在物体表面上,形成黏附牢固、具有一定强度的连续固态薄膜。这样形成的膜通称涂膜,又称漆膜或涂层。涂料对所形成的涂膜而言是涂膜的半成品,涂料只有经过使用即施工到被涂物件的表面形成涂膜后才能表现出其作用。

7.1.1 涂料的作用及特点

(1)**涂料的作用**

1)保护作用。涂料在物件表面形成一层保护膜,能阻止或延迟材料在大气等各种介质中的锈蚀、腐朽和风化等破坏现象的发生和发展,使材料的使用寿命延长。

2)装饰作用。涂料可以改善材料表面的外观形象,起到美化的作用。

3)特殊功能作用。涂料能够提供多种不同的特殊功能,如改善材料表面的力学、物理、化学和微生物学等方面的性能。

(2)**涂料的特点**

1)涂料的适用面广,可广泛应用于各种不同材质的物体表面。

2)能适应不同性能的要求。

3）涂料使用方便，一般用比较简单的方法和设备就可以进行施工。

4）涂膜容易维护和更新，这是应用涂料的优越性之一。

5）涂膜大都为有机物质，且一般涂层较薄，其装饰保护作用有一定的局限性，只能在一定的时间内发挥一定程度的作用。

7.1.2　涂料的组成

涂料的组成中包含成膜物质、颜料、溶剂、助剂4个组分。

（1）成膜物质

成膜物质是组成涂料的基础，它具有黏结涂料中其他组分形成涂膜的作用，对涂料和涂膜的性质起着决定性作用。涂料的成膜物质可分为非转化型成膜物质和转化型成膜物质两大类。非转化型成膜物质在涂料成膜过程中组成结构不发生变化，涂膜物质保持成膜物质的原有结构。所形成的涂膜具有热塑性，受热软化，冷却后又变硬，大多具有可溶解性。属于这类成膜物质的有虫胶、硝基纤维素、氯化橡胶、过氯乙烯树脂等。

转化型成膜物质在涂料成膜过程中组成结构发生变化，成膜物质所具有的功能团在热、氧或其他物质的作用下能够通过交联反应聚合成与原始成膜物质组成结构不同、不熔的网状高分子化合物，即热固性高分子化合物。属于这类成膜物质的有干性油、酚醛树脂、醇酸树脂、聚氨酯树脂等。

（2）颜料

颜料是有颜色的涂料，即色漆的一个重要组分，颜料使涂膜具有一定的遮盖能力，以发挥其装饰和保护作用。颜料还能增强涂膜的力学性能和耐久性能，并赋予涂膜某种特殊功能，如耐腐蚀、导电、防延燃等。颜料一般为微细粉末状有色物质，按其来源可分为天然颜料和合成颜料两类；按其化学组成可分为无机颜料和有机颜料；按其在涂料中所起的作用又分为着色颜料、体质颜料、防锈颜料等。

（3）溶剂

溶剂的作用是将涂料的成膜物质溶解或分散为液态，以便于施工成薄膜而施工后又能从薄膜中挥发出来，从而使薄膜形成固态的涂层。所以溶剂通常也称为挥发剂。水、无机化合物和有机化合物等都可用作溶剂，其中以有机化合物品种最多，常用的有脂肪烃、芳香烃、醇、酯、醚、酮等，总称为有机溶剂。虽然溶剂的主要作用是将成膜物质变成液态的涂料，但它对涂料的生产、储存、施工、成膜和涂膜的性能及外观等都会产生重要的影响。

（4）助剂

助剂也称为材料的辅助成分，其作用是改善涂料或涂膜的某些性能。助剂的作用有不同类型，对涂料生产过程发生作用的助剂，如消泡剂、润湿剂、分散剂、乳化剂等；对涂料储存过程发生作用的助剂，如防沉剂、防结皮剂等；对涂料施工成膜过程发生作用的助剂，如催干剂、固化剂、流平剂等；对涂膜性能产生作用的助剂，如增塑剂、平光剂、防静电剂等。

7.1.3　涂料的种类及用途

涂料工业发展很快，品种繁多，按其主要成膜物质的不同，可分为若干系列。主要有三大类：以单纯油脂为成膜物质的油性涂料，如清油、厚漆、油性调和漆；以及油、天然树脂为成膜物质的油基涂料,如磁性调和漆;以合成树脂为主要成膜物质的各类涂料等。工业上金属设备常用涂料多以合成树脂作为主要成膜物质,主要有酚醛树脂涂料、醇酸树脂涂料、氨基树脂涂料、环氧树脂涂料和防锈涂料等。其常用性能及用途见表7-1。

表7-1 常见几种涂料的性能及用途

型 号	性能及用途
纯酚醛清漆 F01—15	漆膜光亮坚硬、耐水性好、自干烘干均可,适用于交通工具及食品容器外壁涂装
各色酚醛磁漆 F04—1	附着力好,色彩鲜艳、光泽好、可常温干燥,适用于机械设备、交通工具等金属表面涂装
醇酸清漆 C04—48	耐水性、附着力好,适用于桥梁等钢结构表面涂覆
各色醇酸磁漆	漆膜坚韧光亮、色彩鲜艳、耐油、耐水、耐热、附着力较好。适用于汽车、船舶、机械等表面涂覆
氨基烘干清漆 A01—10	漆膜坚硬、平滑光亮、耐候、耐潮,适用于各种车辆等金属表面作保护性涂饰
各色氨基烘干磁漆 A04—11、A04—15	漆膜色彩鲜艳明亮,耐湿热、耐候,适用于各种车辆等金属表面作保护性涂饰
各色环氧磁漆 H04—8	漆膜光亮,耐汽油性能好,常温干燥,适用于柴油机表面涂装
红丹醇酸防锈漆 C53—31	可用作桥梁、车辆、船舶等钢结构及钢结构建筑物防锈底漆

汽车涂装修补采用的材料包括漆前处理材料、涂料、漆后处理材料和辅助材料等。汽车涂装修补常用材料的作用与分类见表7-2。

表7-2 汽车涂装修补常用材料的作用与分类

名 称	作 用	分 类
漆前处理材料	漆前清除被涂表面上所有污物	脱脂、除锈、磁化及钝化材料
涂料	涂覆在物体表面上,干燥固化后形成连续的牢固附着的一层膜	底漆、中间涂料、面漆、抗冲击涂料、密封涂料、腻子及修补涂料
漆后处理材料	修饰喷完面漆后出现的漆膜表面缺陷和提高防锈性能	增光、抛光及保护材料
辅助材料	消除涂层表面的缺陷,提高平整度,同时也为了防止噪声、振动、热量的产生与传播	打磨、擦净、遮蔽、密封、仿生、绝热材料

7.2　汽车涂装用底漆

底漆是直接涂饰在经过表面处理的工件表面上的第一道漆,它是整个涂层的基础。汽车用底漆必须具备下列特性:

1) 对经过表面处理的工件表面应具有很好的附着力,所形成的底漆膜应具有极好的机械强度。

2) 底漆本身必须是腐蚀的阻化剂,底漆涂层必须具有极好的耐腐蚀性、耐水性(耐潮湿性)和抗化学试剂性。

3) 与中间涂层或面漆层的配套性良好。

4) 应能适应汽车涂装工艺的大量流水生产的特点,底漆应具有良好的施工性能。

为达到上述特性,制造汽车底漆用的主要漆基是各种改性的环氧树脂、酚醛树脂、醇酸树脂和一些优质水溶性树脂。汽车用底漆中都加有优质的防锈颜料。

随着化学工业的发展和对汽车防腐蚀性能要求的提高,汽车用底漆已经历了几次重大改革,其演变历史(以汽车车身用底漆为例)大致如下:

——刷涂油性底漆;

——喷涂硝基底漆和合成树脂底漆(醇酸和酚醛树脂系列)(20 世纪 40 ~ 50 年代);

——浸涂水性底漆(20 世纪 60 年代初);

——阳极电泳底漆(1963—1976 年);

——(1977 年以后)形成阴极电泳底漆替代阳极电泳底漆之势。

以上是汽车用底漆发展阶段的大体趋势,实际上各阶段都有较大的接替,而各国的发展也不平衡。自阴极电泳底漆问世并得到实际应用近 20 年以来,汽车用底漆的发展很快。日本和我国汽车车身用底漆变迁列于表 7-3 中。

表 7-3　我国与日本汽车车身用底漆的变迁

日本	1962 年	1966 年	1971 年	1976 年	1978 年	1989 年
中国	1970 年以前		1970 年		1986 年	1991 年
涂装方法	喷涂	浸涂①	阳极电泳涂装		阴极电泳涂装	
涂料	溶剂型合成树脂	水溶性合成树脂底漆	马来酸化油电泳底漆(低电压型)	聚丁二烯树脂底漆(高电压高泳透力型)②	开始研制阴极电泳底漆,日本 78 年投产使用,中国 86 年投产使用	开始使用厚膜阴极电泳涂料

日本	1962 年	1966 年	1971 年	1976 年	1978 年	1989 年
中国	1970 年以前		1970 年		1986 年	1991 年
涂装方法	喷涂	浸涂①	阳极电泳涂装		阴极电泳涂装	
耐腐蚀性（锌盐磷化板上）	<100 h	<240 h	240 h 以上	360 h 以上，耐崩裂、耐腐蚀性得到了改善	720 h 以上，即使在未磷化处理的钢板上，也有较好的耐腐蚀性	1 000 h 以上，外观平滑性有所改善
车身箱形结构内部的涂装（泳透力）	涂不上漆	焊缝处几乎涂不上漆	不充分（需要辅助电极）	能涂上漆，但很薄，泳透力一般为 18～22 cm	能涂上漆，泳透力较前者有明显提高，一般为 22～25 cm	泳透力继续有提高，膜层厚度增加，泳透力一般为 24～26 cm
溶剂含量	>50	50	15	15	<10	<10
底漆利用率	50%	60%～80%	90%	95% 以上（采用超滤）	95% 以上（采用超滤）	95% 以上（采用超滤）

注：①我国汽车车身涂装跳越了浸涂工艺阶段，由喷涂直接改用阳极电泳涂装。

　　②高电压高泳透力聚丁二烯树脂阳极电泳涂料在 20 世纪 80 年代初国内尚未商品化，采用高电压高泳透力的酚醛和环氧树脂系列的阳极电泳涂料。

7.3　汽车涂装用中间层漆

所谓中间层涂料是作为介于底漆和面漆之间的涂层所用的涂料。它包括以下四种功能不同的涂料：

1)通用底漆，又称为底漆二道浆；

2)中涂，又称为二道浆或喷用腻子；

3)腻子，俗称填密；

4)密封漆。

这些中间层涂层的主要功用是改善被涂工件表面和底漆涂层的平整度，为面漆层创造良好的基底，以提高面漆涂层的鲜映性和丰满度，提高整个涂层的装饰性和抗石击性。对于表面平整度较好，装饰性要求又不太高的载货汽车和乘用车，在大量流水生产的场合，有时不采用中间涂层。对于装饰性要求高的中、高级轿车，则几乎都采用中间层涂料（中涂）。

为达到上述功能,中间层涂料应具有以下特性:

1)应与底、面漆配套良好,涂层间的结合力强,硬度配套适中,不被面漆的溶剂所咬起。

2)应具有填平性,能消除被涂漆表面的划纹等微小缺陷。

3)打磨性能良好,在湿打磨后能得到平整光滑的表面。能高温烘干,干燥性好,打磨时不沾砂纸(为减少人工打磨费用,国外已采用不用打磨的中涂,靠其本身的展平性得到平整光滑的表面)。

4)具有良好的抗石击性能。

中间层涂料所选用的漆基与底漆和面漆所用漆基相仿,并逐步由底向面过渡,这样保证涂层间的结合力和配套性,主要采用环氧酯、氨基醇酸树脂、聚氨酯树脂和聚酯。上述树脂所制中间涂料属于热固性,所得涂膜硬度较高,耐溶剂性好,适宜与各种漆配套使用。

现将它们的功用、技术特性、具体牌号分别介绍如下:

7.3.1 通用底漆

可直接涂饰在金属表面上,具有底漆的功能,又具有一定的填平能力。一般采用"湿碰湿"工艺涂布两道,以替代底漆和二道浆,达到简化工艺的目的。在电泳涂装法未投产之前在国外汽车工业中用得较普遍,现今已被中涂所代替。

7.3.2 腻子

它是一种专供填平表面用的含颜料量较多的涂料,刮涂在底漆层上。刮腻子仅能提高工件表面的平整度和装饰性,而对整个涂层害多利少,腻子涂层易老化、开裂、脱落,再加上手工涂刮和打磨的劳动强度大,国外汽车工业和国内大型汽车厂早就通过加工技术和管理水平来确保零件表面的平整度,大量流水线生产的新车已不用刮腻子,市售腻子主要供汽车修补用。

7.3.3 中涂

它的功用介于底漆和腻子之间,对被涂工件表面的微小缺陷(不平之处)有一定的填平能力,颜料和填料含量比底漆多,比腻子少,颜色一般为灰色。采用手工喷涂和自动静电喷涂去涂覆,具有良好的湿打磨性,打磨后得到非常平滑的表面。

7.3.4 封底漆

它是涂面漆前的最后一道中间层涂料,它的漆基含量介于底漆和面漆之间,漆膜呈光亮或半光亮,它的漆基一般是由底面漆所用的树脂配成,近来关于封底漆对面漆耐候性的影响也很关注,现今一般用无油三聚氰胺醇酸型,可是部分仍采用醇酸三聚氰胺和环氧酯三聚氰胺树脂型,颜色与面漆配套,故须按所采用的底漆和面漆的特性来选择,它有以下几方面的功用:

1)显现底涂层的缺陷,便于修整。

2)消除底涂层各处对面漆的不同吸收性,以提高面漆层的光泽均匀性和丰满度,起到封闭底涂层的作用。

3)提高面漆对底涂层的结合力和减少价格较贵的面漆耗量。

　　封底漆一般仅用于装饰性要求较高的汽车修补,有时用喷一道面漆来代替封底漆的作用,有时用同一体系的底漆和面漆,按一定比例调配后作为封底漆的代用品。

　　基于我国汽车工业是生产载货汽车为主,基本上不采用中间层涂料。20 世纪六七十年代天津、上海等油漆厂为"红旗"牌轿车配套研制和生产汽车用中涂。近年来随轿车工业兴起,涂料工业引进成套汽车用涂料的制造技术和中外合资涂料公司的建立,已有较多品种的中间涂料供应市场。面包车和轿车所采用的中涂品种基本上是氨基聚酯和聚氨酯中涂。汽车用中涂涂料的技术要求和国内供应的中涂牌号及性能如表 7-4。

表 7-4　几种中涂涂料的性能指标

	ALV662001 聚酯中涂 （北京红狮）	SM—01、ZA—01 环氧聚酯型中涂 （沈阳、湖南）	TP—37 聚酯氨基型中涂 （湖南、沈阳）	ORGA500 灰色中涂 （立邦涂料）	二道浆 上海造漆厂
原漆黏度 S	>75	50 ~ 80	50 ~ 80	63 ± 3	70
原漆固体分	(70 ± 1)%	60%		(64 ± 3)%	
细度/μm	15	20		10	20
漆膜外观	平整光滑	平整光滑	平整光滑	平整光滑	平整光滑
干燥性能	165 ℃ × 15 min	(150 ± 2)℃ × 20 min	140 ℃ × 20 min	140 ℃ × 20 min	160 ℃ × (12 ~ 20) min
遮盖力	<50 μm	65(g/m²)		<30 μm	70 μm
光泽/%	70 ~ 75(60°角)	70 ~ 80	70 ~ 80	>80	
稀释率	≤25%	(20 ± 5)%		100:(20 ~ 30)	
膜厚/μm	30 ~ 40	30 ~ 40	30 ~ 40	35 ~ 45	
附着力	Gt 0 ~ 1	100/100	100/100	100/100	
硬度	≥0.6	0.65	0.6	HB(铅笔硬度)	(130 ~ 160)s (摆杆法)
冲击强度/(N·cm)		196	196	196	
柔韧性/mm		≤3		≤3	
抗石击性/级	≤2(0.2 MPa/次)		<2		<4
耐水性		40 ℃ × 240 h, 不起泡,允许 轻微变化,3 h 复原			

7.4 汽车涂装用面漆

汽车面漆是汽车多层涂装中最后涂层用的涂料,它直接影响汽车的装饰性、耐候性和外观等。随着工业的发展和人民生活水平的提高,汽车面漆在近60多年中,无论在所用的漆基方面,还是在色泽和施工性能方面都经过几次大的变革,它们的演变历史大致如下:

1)1924年以前,主要采用以植物油等天然树脂为基料的油性漆。

2)1934—1935年主要用硝化纤维磁漆。

3)1935—1945年主要用硝化纤维漆和醇酸树脂磁漆。

4)1945—1955年主要用醇酸树脂磁漆和氨基醇酸磁漆。

5)1955—1965年主要用高胺基含量的胺基醇酸磁漆、热塑性丙烯酸树脂磁漆和热固性丙烯酸树脂磁漆。在汽车面漆的颜色方面也逐渐走向多样化,除了采用色彩鲜艳的各种本色漆外,还采用以铝粉为代表的金属闪光漆和珠光漆。

6)1965—1990年,继续采用优质的氨基醇酸磁漆和热固性丙烯树脂磁漆,并不断提高其外观装饰性和施工性能。为适应环保要求,开发采用高固体分的合成树脂磁漆,开发水性面漆。

7)进入20世纪90年代以来,在一些环保法规要求高的地区,在新建的汽车涂装线上,开始采用水性面漆,并试用粉末罩光清漆。

根据汽车的使用条件,产品品种和设计要求,在选择汽车面漆或制定面漆技术条件时,应从以下七个方面来考虑。

1)外观

在符合生产条件的漆膜厚度与烘干制度下鉴定光泽、橘皮程度、丰满度、影像的清晰度和其他漆膜外观,以保证汽车车身具有高质量的协调和外形。

2)硬度和抗崩裂性

面漆漆膜应坚硬耐磨,具有足够的硬度和抗擦伤性,以保证漆膜在汽车行驶中由于路面砂石的冲击和摩擦时不产生划纹。

3)耐候性

耐候性是选择面漆时一项重要指标,如果汽车面漆的耐候性不好,使用不久就早期产生失光变色,直接影响汽车的装饰性,变成为旧车。因此要求汽车用面漆涂层在热带地区(如在美国佛罗里达州,我国的广州或海南岛)长期曝晒后(不少于12个月),只允许轻微的失光和变色,不得有起泡、开裂和锈点。

4)耐潮湿性和防腐蚀性

涂过面漆的样板或工件在湿热条件下(如温度40℃±2℃,相对湿度>90%),面漆层应不起泡、不变色或不失光。

对面漆层防腐蚀性的要求虽没有对底涂层的那样高,但与底涂层组合后,应能增强整个涂层的防腐蚀性。

5）耐环境污染

面漆涂层在使用过程中,将可能与蓄电池酸液、机油和刹车油、汽油和各种清洗剂、路面沥青及酸雨、虫鸟粪直接接触,擦净后接触面不应变色或失光,不应产生斑印。

6）施工性能

在大量流水线生产中,面漆的涂覆方法采用自动喷漆和静电喷漆,普遍采用"湿碰湿"工艺,烘干温度一般为 $120 \sim 140 ℃ , 20 \sim 30$ min。所选用的面漆对上述施工工艺应有良好的适应性。在装饰性要求高的场合,面漆涂层应具有优良的抛光性能。面漆也应具有较好的重涂性(即在不打磨场合下,再涂面漆,结合力良好)和修补性。

7）耐温变性、抗寒性

对在寒冷地区使用的汽车面漆涂层应充分考虑到这一点,急冷急热温变使面漆层易开裂,尤其是在面漆较厚,采用热塑性面漆及刚刚涂装完的面漆层更易开裂。

汽车用面漆按漆基主要分以下几大类:

1）三聚氰胺醇酸树脂面漆;

2）丙烯酸树脂系面漆(又可分为热塑、热固性两种);

3）聚氨基甲酸酯磁漆;

4）醇酸树脂面漆;

5）硝基面漆(俗称汽车喷漆);

6）过氯乙烯树脂面漆。

因国情资源和施工条件的不同,各国汽车工业所采用的上述面漆的比重也不一样。现用的面漆分为三种:第一种为高级装饰性面漆;适用于中、高级轿车车身和同等要求的轿车零部件的面漆层(TQ2 甲涂层);第二种为优质装饰性面漆,适用于一般轿车、轻型车,中型载货汽车及厢式乘用车车身的面涂层;同时也适用于要求较高的轻型载货汽车车箱的面漆层(TQ1、TQ2 乙涂层);第三种为一般装饰性面漆,适用于载货汽车车箱(TQ3 涂层)和装饰性要求较低的零部件的面涂层。

三种面漆材料的性能指标如表 7-5。

表 7-5　三种面漆材料的性能指标

	项　目	类　别		
		高级装饰性 (TQ2 涂层)	优质装饰性 (TQ1 涂层)	一般装饰性 (TQ3 涂层)
原漆	在容器中状态	均匀、无外来杂质、无异物	同左	同左
	颜色	各色	各色	各色
	细度/μm	10	20	30
	固体分	60%(本色) 金属色商定	50%	50%
	黏度/s	$60 \sim 90$	$60 \sim 90$	$60 \sim 90$

续表

	项目	类别		
		高级装饰性 （TQ2 涂层）	优质装饰性 （TQ1 涂层）	一般装饰性 （TQ3 涂层）
施工性能	固体分	50%（本色）	45%	45%
	黏度/s	22~26（本色）	22~26	22~26
	稀释百分率	15%~25%	15%~25%	15%~25%
	遮盖力/(g.m^{-2})	根据颜色制定	同左	同左
漆膜性能	颜色及外观	一次喷涂涂膜在 20 μm 以上时外观平整光滑无缩孔	同左	一次喷涂涂膜在 15 μm 以上时外观平整光滑无缩孔，允许轻微橘皮
	光泽	85%（20°角）	90%（45°角）	90%（45°角）
	鲜映性	水平面 0.8	水平面 0.5	商定
	厚度/μm	35~40（本色） 50~60 含罩光漆	35~40	30~35
	硬度	0.7	0.6	0.5
	附着力/级	0~1	0~1	2
	柔韧性/mm	5	3	1
	冲击强度/(N·cm)	196	294	490
	杯突/mm	4	5	5
	抗石击性/级 (0.2 MPa2 次)	4	4	商定
	烘干性能	(130~140)℃×(20~30)min	(130~140)℃×(20~30)min	(110~140)℃×(20~30)min
	耐汽油性/h	16（无变化）	24（无变化）	商定
	耐机油性/h	48（无变化）	48（无变化）	商定
	耐酸性/h (0.05MH$_2$SO$_4$)	24（无斑点，允许轻微变色）	同左	商定
	耐碱性/h (0.1MnaOH)	4（允许轻微变色）	同左	商定
	耐湿热性/h (40 ℃)	480（无变化）	240（无变化）	240（无变化）
	耐候性 a. 大气暴晒	海南暴晒 2 年，失光率 20%，颜色△E3，经抛光后基本恢复原光泽，附着力 100/100（2 mm 间隔）合格	海南暴晒 2 年，失光率 30%，颜色△E3，经抛光后基本恢复原光泽	海南暴晒 2 年，失光率 60%
	b. 人工老化	1 500 h 应达到暴晒 2 年水平	1 000 h 应达到暴晒 2 年水平	600 h 应达到暴晒 2 年水平
	与底漆配套性	良好	良好	良好
	再喷涂性	无缩孔，与底漆、中涂及第一层面漆附着力要好		
	温变性 (+90~-40 ℃)	无开裂	无开裂	无开裂

7.5　汽车涂装材料的发展方向

7.5.1　漆前表面理材料

漆前表面处理,即脱脂、磷化、钝化等与电泳底漆的防腐蚀质量、附着力等关系极大,因而用于汽车涂装的漆前表面处理材料要与电泳底漆配套良好。另外,根据环保要求,前处理剂中的 P,N,Cr,Ni,Zn 等离子浓度也是控制的参数。因此无磷、氮化合物的清洗剂、减少 Zn,Ni 等金属离子的用量的磷化材料、无铬钝化剂的研制是今后漆前表面处理材料的研究方向。

7.5.2　汽车涂装用涂料

汽车涂装用涂料最近的发展趋势,从以下几个方面考虑:

（1）**提高漆膜的质量**

1）电泳涂料

①尖端防锈型阴极电泳涂料的开发;

②耐候性好的阴极电泳涂料的开发。

2）中涂、面漆

①耐酸雨面漆的开发;

②抗擦伤性好的面漆的开发;

③抗石击中涂及面漆的开发;

④轿车面漆颜色将向具有高透明感,深度感,高色彩化方向发展。

（2）**环保性**

1）电泳涂料

①开发不含重金属铅的阴极电泳涂料;

②开发低溶剂含量（低 VOC）的阴极电泳涂料;

③开发加热减量低（低发烟、低油烟）的阴极电泳涂料。

2）中涂、面漆

①开发水性中涂及水性面漆;

②面漆将向高固体分化、粉末涂料方向发展。

（3）**节能及节省涂料**

1）电泳涂料

①低温及短时间烘烤型阴极电泳涂料的开发;

②开发低加热减量型的阴极电泳涂料。

2）从涂装工艺上

以前涂装工艺为:底漆—烘干—中涂,现可取消底漆的烘干工序,在底漆上直接喷中涂,然后一起烘干,进行这方面涂料的研究。

采用二次电泳涂层代替中涂,即电泳涂底漆（烘干后可导电）—第二次电泳涂中涂层。中涂层用电泳涂装,涂料利用率可达到96%以上。

复习思考题

1. 汽车涂料的作用是什么? 汽车涂料是由什么组成的?
2. 汽车常用的面漆有哪几种? 在用途上有什么区别?
3. 简述汽车涂料今后的发展方向。

第 **3** 篇
汽车美容材料

第 **8** 章
清洗护理材料

能力目标

能正确选用合适的清洗美容材料。

知识目标

1. 了解各种清洗护理剂的性能特点；

2. 掌握各种清洗美容用品的适用场合。

近年来我国汽车工业迅猛发展，车辆的社会保有量不断增加，在此背景下，汽车美容业悄然兴起，并逐步发展成热门行业之一。

采用不同性质的美容系列产品和专业设备，使用特殊的工艺和方法，对车内外进行清洗、抛光、打蜡、漆面修复等系列养护处理就属于汽车美容作业范畴。本章将分别从车身清洗护理材料、车身漆面护理材料和内饰清洗护理材料三个方面介绍汽车美容常用的清洗护理用品。

8.1 车身清洗护理材料

8.1.1 车用清洗剂

(1)清洗剂除垢机理
清洗剂的除垢过程包括:润湿、吸附、溶解、悬浮和去污。

1)润湿

清洗剂对污垢物质有很强的润湿能力,当其与汽车表面的污垢物质接触后,不仅能润湿污垢表面,而且还能渗入污垢聚集体的细小缝隙中,使污垢与被清洗表面结合力减弱。

2)吸附

清洗剂中的电解质形成的无机离子吸附于污垢上,能改变对污垢的静电吸引力,并防止污垢再沉积。这种吸附既有赖于分子间相互吸引形成的物理吸附,也有类似于化学键的相互吸引形成的化学吸附。

3)溶解

使得污垢溶解在清洗剂溶液中。

4)悬浮

清洗剂中含有的表面活性剂成分,其分子可以分成憎水基和亲水基。憎水基是由长的碳氢链组成,它可溶解于油中而不溶于水;亲水基则相反,可溶解于水中而不溶于油。这样清洗剂中的活性物质分子与污垢接触后,其憎水的一端会吸附在污垢上,而亲水的一端与水结合在一起,这样吸附在污垢周围定向排列的分子就将污垢与周围的水溶液牢固联结在一起,使憎水性污垢具有亲水性质,从被清洗表面脱落后,悬浮于清洗剂溶液中。

5)去污

去污就是使用高压水枪将污垢冲洗掉的过程。

通过这种润湿、吸附、溶解、悬浮、去污五个过程的不断循环或综合作用,使得被清洗表面的污垢被顺利清除。

(2)清洗剂的组成
1)表面活性剂

表面活性剂又称界面活性剂或表面活性物质,它能显著降低液体表面张力,使污垢更易溶解于水中,是清洗剂中不可缺少的成分。汽车清洗剂的表面活性剂成分主要有软肥皂和合成清洗剂。

2)硅酸钠

硅酸钠俗称水玻璃,在清洗过程中它能够维持清洗剂的 pH 值几乎不变。同时它还具有很好的悬浮能力,可以与表面活性剂配合使用将污垢稳定悬浮于清洗剂中。

3)磷酸盐

磷酸盐包括磷酸三钠、磷酸氢二钠和缩合磷酸钠等,其中缩合磷酸钠在清洗剂配方中最为重要。它主要作用是软化水,并能增强清洗剂的润湿能力,同时还有一定的乳化能力。

4) 碱性物质

碱性物质可与附着在被清洁表面的油脂发生反应,降低溶液表面张力,使油脂和清洗剂充分接触,从而使得油脂被膨化、浸润,与被清洁面的附着力降低,最终分散于溶液中被清除。碱性物质对汽车车身的漆面有腐蚀作用,故在汽车清洗剂中使用较少。

5) 溶剂

溶剂是清洗剂的主体,它与表面活性剂等一起对污垢发生化学反应,达到清除污垢的目的。溶剂主要分为水基和油基两类,水基溶剂的主要成分是水,油基溶剂的主要成分则有煤油、汽油、松节油等。

6) 摩擦材料

摩擦材料可以通过摩擦作用增加清洗剂与污垢的接触,主要有硅藻土等。

(3) **常用的清洗剂品种**

1) 一般清洗剂

一般清洗剂是指家用洗衣粉、洗洁精等具有清洁功能的用品。这些一般清洗剂虽然也能达到清洗车身的目的,但它们容易把保护车身漆面的蜡层也清洗掉,而且通常呈碱性,对车身漆面和金属都具有强烈的腐蚀作用,导致漆面失去光泽,车身金属生锈。因此,通常不采用此类清洗剂对车身进行清洗工作。

2) 水基清洗剂

水基清洗剂是一种业内广泛使用的专用清洗剂,其配方中包含多种不同的表面活性剂,具有较强的浸润和分散污渍能力,有效去除车身表面的尘埃、油污等脏物,保护车身不受有害物质侵蚀,同时其配方中基本不含碱盐类成分,对车身漆面不会有伤害,保持了漆面原有的光泽。水基清洗剂是车身日常清洁的首选清洗剂。

常用的水基清洗剂包括:不脱蜡洗车液、脱蜡洗车液、天然洗车液等。

3) 多功能清洗剂

多功能清洗剂是一种集清洗、上蜡功能于一体的超浓缩清洗剂,能够产生丰富的泡沫,可以同时满足快速清洗兼打蜡的要求。多功能清洗剂包含了多种表面活性剂和具有独特配方的水蜡等成分,在清洗作业中,就能在漆面形成一层蜡膜,有效保护车漆,并使漆面光洁亮丽。

常用的多功能清洗剂包括:汽车清洁上蜡香波、电脑洗车机用高级香波等。

4) 有机清洗剂

有机清洗剂主要用于去除车身表面油脂、石蜡、沥青等普通清洗剂难以清除的有机物质。使用这类清洗剂时,注意避免接触到塑料或橡胶零件,否则会使这些零件老化。

目前经常使用的有机溶剂包括:煤油、汽油、甲苯、二甲苯、三氯乙烯、四氯化碳、200 号溶剂汽油等。

8.1.2　车蜡

(1) **车蜡的作用**

车蜡的主要作用有以下几种:

1) 上光作用

这是车蜡最基本作用之一,经过打蜡的车辆都能使得车身漆面的光洁效果得到不同程度的改善,恢复车身光洁亮丽的本色。

2）防水作用

车身上附着的水滴就像凸透镜一样，会对阳光产生聚集作用，从而侵蚀和破坏漆面。车蜡能使车身漆面上的水滴附着量减少60%～90%，一些高档车蜡还可使残留水滴呈扁平状，更有效抑制太阳光对漆面的伤害。

3）延缓漆面老化作用

车蜡可以有效反射来自不同方向的入射光线，减少光、热作用导致车身底色漆的老化，延长漆面的使用寿命。

4）防静电作用

汽车在行驶过程中，空气及其中的尘埃与车身漆面不断摩擦，会产生车表静电。而打蜡后，漆面上形成的蜡层不仅可以有效阻止静电的产生，而且还可大大减少带电尘埃对车身表面的附着。

5）研磨抛光作用

当漆面出现划痕时，可选用研磨抛光型车蜡进行处理。如果划痕不严重，抛光和打蜡作业甚至可以一次完成。

（2）车蜡的组成

车蜡的组成根据车蜡类别的不同而有若干差异，但其主要组分包括：蜡脂、溶剂、硅（矽）油、染料、香料、研磨材料、表面活性剂、安定剂、增黏剂等。

1）蜡脂

一般使用天然性蜡，可形成特有的保护膜，保护漆面并使漆面呈现光泽。

2）溶剂

溶剂可以溶解蜡与矽油，并具有清除漆面油污的能力。多使用150～300 ℃碳化氢系溶剂（如石油脑、矿油精等）。

3）硅（矽）油

适量加入硅（矽）油可增加打蜡作业过程中涂布车蜡的滑溜性、拨水性，并具有保持漆面光泽能力。

4）染料

染料可以改变车蜡的色调。

5）香料

香料则用以抑制溶剂的臭味。

6）研磨材料

通过研磨可以除去污物或老化的蜡层，使得蜡膜能均匀涂布及擦拭作业易操作。多采用氧化硅或滑石粉作研磨材料。

7）表面活性剂

表面活性剂仅用于乳液型的车蜡，它可使得脂粉、溶剂和水均匀溶解，并使得污垢易溶于水而被除去。

8）安定剂

安定剂是增加车蜡的安定性，保证其使用寿命。

9）增黏剂

增黏剂可以适当调整车蜡的黏度，适用于乳化型车蜡。

（3）**车蜡的分类**

市场上的车蜡种类繁多，人们通常从以下几个角度对车蜡进行种类划分。

1）以使用目的分类

依据使用目的不同，可以分为抛光专用蜡和去污、抛光两用蜡。抛光专用蜡是以抛光为主要目的；去污、抛光两用蜡可以同时满足去污和抛光的需求。

2）以材质分类

车蜡可分为溶剂型蜡和乳化型蜡。溶剂型蜡的光泽保持性、拨水性更优秀，但不易清除漆面上的水性污物。乳化型蜡可除去漆面上的水性污物，但其光泽保持性、拨水性稍差。

3）以蜡膜构成分类

车蜡可分为封锁型蜡与标准型蜡两种。封锁型蜡在涂布后与空气中的氧、水分发生反应，蜡膜与漆面之间产生牢固的结合力，看起来浑然一体，能长时间保持拨水性与光泽性。标准型蜡则是涂布后，溶剂蒸发，蜡膜留在漆面上，其光泽性和拨水性稍差。

漆膜未经干燥之前如果使用封锁型蜡，容易导致漆面发生起泡、龟裂现象，使用时应当注意。

4）以产品形态分类

车蜡根据其产品形态可分为固体、膏状、乳液和液体 4 种。

（4）**车蜡的选用**

市场上的车蜡品种丰富，一般情况下应根据车辆的状况、车蜡的性能特点、车辆工作环境等多种因素综合考虑，从而正确选用合适产品。见图 8-1。

图 8-1　市场上的一些车蜡产品

1）根据车辆的状况正确选用

如，新车或新喷涂的车辆，选用抛光蜡即可保持车身光泽和颜色，而对于旧车或漆面有漫射光痕的车辆，可先选用研磨蜡进行研磨处理；中高档轿车，其漆面较好，可选用高级车蜡，而其他一般车辆选用较低级别车蜡即可；深颜色车漆一般选用深色抛光蜡，浅颜色车漆则选用浅颜色抛光蜡，错误选用将严重影响美观。

2）根据车蜡的性能特点正确选用

如，含硅成分的车蜡要慎重选用，因为汽车漆膜一旦黏上硅质，将难以修补；镜面处理蜡可以对漆面进行增光处理，获取更好增光效果，但其保护功能则不如保护增光蜡。

3）根据车辆工作环境正确选用

如,夏季一般光线较强,可选用防高温、防紫外线车蜡;经常在一些条件恶劣的道路行驶的车辆多选用保护作用较好的树脂蜡。

8.2 车身漆面处理材料

车身漆面提升了汽车美观度,使得车身金属耐腐蚀性大幅增强,让汽车更具有商品价值和使用价值。漆面处理是现代汽车美容的重要组成部分,包括漆面失光处理、漆面浅划痕处理、漆面深划痕处理、喷涂等内容。漆面失光处理在美容作业中采用特殊的处理工艺与方法,配合专用的护理用品,可以有效去除失光,再现漆面的光洁亮丽。对于因摩擦、碰撞所产生的各种划痕应区别对待:对于浅划痕,可采用研磨抛光的方法;深划痕则通常采用喷涂方法处理。所以,通常将车身漆面处理材料分为车身漆面护理材料和车身漆面修补材料两大类。其中车身漆面修补材料见本书"涂装材料"相关章节,车身漆面护理材料则主要有以下一些品种:

1）研磨剂

研磨剂是利用坚固的摩擦材料,通过摩擦的工艺,去除车身漆面原有缺陷的一种材料,是进行深度划痕(露出底漆)作业不可缺少的用品。研磨剂通常又分普通漆研磨剂和透明漆研磨剂两种。

透明漆研磨剂的摩擦材料与普通漆研磨剂的相比有了很大革新,它采用微晶体物、合成磨料或陶土取代了浮岩颗粒。这种新型的摩擦材料在一定的热量下,可变小甚至消失,对漆层保护较完善。这种新型研磨剂不仅适用于透明漆,同样也适用于普通漆。但是对于金属层、原子灰层和底漆层,透明漆研磨剂的研磨速度不如传统研磨剂。

常用的透明漆研磨剂产品包括:透明漆微切研磨剂、透明漆中切研磨剂以及透明漆深切研磨剂(不含硅氧烷)。

2）抛光剂

抛光剂可以去除研磨工艺遗留的缺陷。通过抛光可以消除研磨造成的细微划痕,处理车漆的轻微损伤和污斑,为喷涂、打蜡等作业做好准备。这里指的抛光剂不包含上光成分。

常用的抛光剂又分为普通漆抛光剂、全能抛光剂、镜面釉抛光剂等。其中镜面釉抛光剂,含有高分子釉剂,能把各种车型的漆面做成釉质漆面效果。这种特殊配方的抛光剂能去除抛光作业时留下的环划痕,使漆面特别光洁亮丽,同时还在汽车漆面形成光滑、明亮、密封的釉质镜面保护膜,使汽车漆面具有较强的耐清洗、抗磨损能力,不怕水、油污和酸碱。

3）增光剂

增光剂可实现最终的镜面效果。它与抛光剂的区别在于增光剂含蜡或其他上光成分。使用增光剂可以在进一步完善抛光效果的同时还能获得打蜡效果,缩短了作业时间。但使用抛光剂获得的打蜡效果保持时间有限,接触几次水后就会消失,若想长时间保持效果,还需再加多一层高质量的车蜡。

常用的增光剂品种有普通漆增光剂、增艳剂等。

4）还原剂

还原剂主要用来去除抛光后漆面仍残留的一些发丝划痕、抛光盘旋转的印子花纹等,从而把打蜡前的车漆还原到漆色固有光泽的最高境界。使用还原剂进行还原处理是打蜡前的最后一道完善工序。

常用的还原剂品种有普通漆镜面还原剂、金属漆镜面还原剂等。其中镜面漆还原剂是专为还原漆面光泽和色彩而设计的新产品,它可以有效去除氧化层和沥青污渍,在短时间内还原车漆本色,使漆面光洁如新,该产品同时也适用于普通烤漆的车身抛光翻新和漆面修补抛光作业。

5)硅氧烷

大部分普通研磨剂、透明漆研磨剂、抛光剂和还原剂的产品包装上都注明"本产品不含硅油(烷)成分",也就是说大家通常都不选用含硅氧烷的产品。这是为什么呢?

硅氧烷是一种硅化合成树脂,加入到研磨材料里后,就产生了抗水、抗高温和增光的功效,进而可以防止车漆氧化。但是,如果硅氧树脂没有被清洗干净,或者空气中含有的这类物质飘落到车身漆面,将造成喷漆作业中出现浮漆(漆不能黏在车壳上)的现象,也可能出现漆露(俗称鱼眼)的现象,影响美观,从而导致漆面修复失败。因此,应慎重对待此类研磨材料。

8.3　内饰清洗护理材料

随着人们对汽车舒适度的要求越来越高,汽车的内饰越来越豪华。这些内饰在长期使用后容易藏污纳垢,滋生细菌并产生异味,影响车内驾乘人员的健康。因此,采用专业清洗美容用品定期处理汽车内饰,不仅去污、除脏,保持车内清洁亮丽的环境,还能杀菌、除臭,保证车内驾乘人员的健康。通常将内饰清洗美容材料按照其使用对象的不同分为:化纤类清洗护理剂、皮革类清洗护理剂、塑胶类清洗护理剂、电镀件清洗护理剂和玻璃清洗护理剂,见图8-2。

图 8-2　市场上一些内饰护理材料

1)化纤类清洗护理剂

大多数汽车车内化纤编织物覆盖面积所占比例较大,广泛用于顶棚、地毯、座椅套、车门内饰板、后尾箱等处。清洁此类化纤编织物时,不可采用洗衣粉、洗洁精等普通清洗用品,因为它们碱性较强,会使化纤编织物变黄,甚至产生腐蚀作用。专业化纤类清洗护理用品应符合以下一些要求:

①有效去除各种污垢和油脂;

②具有屏蔽污染物功效,有效防止被清洗物短时间内再次被污染;

③不含强酸、强碱类物质,pH 值呈中性,不会伤及被清洗材质,对人体无害,符合环保要求;

④含有杀菌活性成分,有效杀菌并去除异味;

⑤使用简单,清洗过程无需用水冲洗,只用将清洗护理剂喷于被清洗面,稍等片刻后用干净软布擦拭即可,对于一些顽固污渍,可借助刷子刷洗。

常用的化纤类清洗护理剂有化纤清洁保护剂、丝绒清洁保护剂、地毯洗涤保护剂、化纤保护剂等。

2)皮革类清洗护理剂

真皮类内饰的应用大大提高汽车的档次。现今,高级轿车大多都已采用真皮内饰,包括真皮座椅、真皮车门内饰板蒙皮等。但是这些真皮类内饰件在长期缺乏保养后容易出现松面、裂浆、露底、僵硬等。因此应当更具真皮毛孔特性,选用合适的真皮护理产品,对真皮进行清洁、滋润,使之更加柔和、更富弹性,延长其使用寿命。专业的皮革类清洗护理用品应符合以下要求:

①有效去除皮革表面的各种污垢和油脂;

②含有的有效成分可以阻挡紫外线辐射,抗静电,防水,并能有效防止皮革老化、龟裂和失色;

③富含滋补营养成分,具有卓越的渗透和滋润能力,使皮革保持柔软的质感和自然的皮质光泽;

④含有杀菌防霉的活性成分,可防止真皮受潮后霉变;

⑤使用简单,清洗过程无需用水冲洗,只用将清洗护理剂喷于被清洗面,稍等片刻后用干净软布擦拭即可。

目前,市场上不少皮革护理产品是普通树脂光亮剂,它仅能在皮革表层结有一层短暂而失真的光亮膜,并不能真正起到深层护理作用。而且很多护理产品还含有有机溶剂,会加速皮革失色、老化过程,应慎重选用。

常用的皮革类清洗护理剂有水性真皮清洁柔顺剂、油性真皮上光保护剂等。

3)塑胶类清洗护理剂

塑料、橡胶本身具备多种优异性能,因此被广泛用在汽车内饰中,如:仪表台、方向盘、储物盒等。但是,这些内饰件在使用过程中易出现老化、失去光泽等缺陷。因此,应当定期采用专用的塑胶类保护剂进行护理,消除这些缺陷。专业塑胶类清洗护理用品应符合以下要求:

①有效去除塑胶表面的各种污垢和油脂;

②含有效成分可以阻挡紫外线辐射,抗静电,防水,有效阻止塑胶老化;

③不含有机溶剂,避免损伤塑胶材料;

④使用简单,清洗过程无需用水冲洗,只用将清洗护理剂喷于被清洗面,稍等片刻后用干净软布擦拭即可。

常用的塑胶类清洗护理剂有塑胶护理上光剂、皮塑防护剂、仪表蜡、塑件橡胶润光剂等。

4)电镀件清洗护理剂

为了提升汽车装饰效果,现代汽车不少采用镀铬饰件。而空气中的硫化气体和海滨地区空气中的盐分对镀铬件有很大的伤害,这些腐蚀性物质附在镀铬层表面造成镀铬件失光,影响其装饰效果。所以通常采用各种护理剂恢复镀铬表面原有光泽,并延缓日后的腐蚀。

常用的电镀件清洗护理剂有电镀件除锈保护剂、汽车镀铬抛光剂等。

5）玻璃清洗护理剂

保持车窗玻璃的光洁明亮,不仅使汽车更美观,更重要的是它还是行车安全的重要保证。使用玻璃专用的清洗护理剂可以有效去除挡风玻璃上黏染的污斑、鸟粪等一般清洁剂难以清除的污垢,能改善雨刮器在玻璃上留下的擦痕,使玻璃更加晶莹透亮,同时还对已发乌的旧玻璃有很好的还原能力,适用于挡风玻璃、反光镜及车窗玻璃的清洁和上光。

常用的玻璃清洗护理剂有玻璃清洁防雾剂、玻璃抛光剂等。

复习思考题

1. 清洗剂的除垢过程包括哪些?

2. 常用的清洗剂品种都有哪些? 它们有何特点?

3. 汽车漆面做完打蜡作业有哪些好处?

4. 汽车内饰清洗美容材料按照其使用对象的不同分为哪些种类?

第 **9** 章
装饰保护材料

能力目标

1. 能根据多方面因素,合理选用太阳膜;
2. 能选用合适的底盘装甲涂料;
3. 能鉴别座椅真皮的优劣。

知识目标

1. 了解太阳膜的特性与结构;
2. 了解底盘装甲的特性与分类;
3. 了解座椅真皮材料的特性与类别。

除了进行常规的清洗护理作业,保持车辆经常性的清新整洁外,玻璃贴膜、底盘装甲、座椅换真皮套等也是不少车主青睐的美容作业项目,这样可以进一步美化、保护车辆,并营造出更加舒适的车内空间。

9.1 太 阳 膜

9.1.1 概述

玻璃贴膜的作业项目就是将太阳膜贴于玻璃表面,有效减少光线照射强度,隔绝大部分热量的传递,保持车厢凉爽,提高空调使用效率,节省燃油。太阳膜也可阻挡绝大部分紫外线的穿透,避免车内驾乘人员遭受紫外线对皮肤的侵蚀。同时,大多数太阳膜还具有防爆功能,可在汽车发生意外时防止玻璃爆裂飞散,避免玻璃碎片对驾乘人员的伤害,提高汽车的安全性。此外,太阳膜的颜色可以改变原车玻璃单一色调,增添美感。

（1）太阳膜的特性

1）清晰性

因为清晰性能影响驾驶员视线,直接关系到人身安全,所以清晰性是太阳膜最基本的性能。清晰性主要通过遮眩光率和透光率两个指标来反映。良好的遮眩光率能降低阳光等强光的刺激,消除刺目感,优质太阳膜的遮眩光率可达 80% 左右。而良好的透光率即使夜间都可以保证视野清晰度在 60 m 以上,某些用于前挡风玻璃的太阳膜透光率可达 85% 左右。

2)隔热性

隔热效果是很多车主选择太阳膜的重要参考因素,隔热效果主要通过隔热率来反映。一般来说太阳膜的隔热率在 40% ~60% 即可满足一般隔热要求,因为配合冷气使用时这样的标准已经可以在短时间内使车内达到理想冷却效果,减少燃油消耗。这里应注意的是不少厂家故意将红外线隔绝率与隔热率混淆,因为红外线隔绝率通常要高出十多个百分点。

3)紫外线隔阻率

我们知道,太阳光谱里按波长的不同分为可见光(VL),波长大约为 400 ~700 nm;红外线(IR),波长大于 700 nm;紫外线(UV),波长小于 400 nm。其中紫外线按照波长范围,可继续将其再分三种:UV-A,波长大约为 320 ~400 nm,能够到达地面,照射时间过长将导致真皮细胞变质,激活黑色素细胞,使皮肤老化,出现"老年斑"等色斑现象;UV-B,波长大约为 280 ~320 nm,部分能够到达地面,损害人类皮肤细胞中的 DNA,是皮肤癌发病的主要原因之一;UV-C,波长大约为 190 ~280 nm,很少能到达地面,但危害最大,严重的可直接导致生物死亡。

目前市场上大多数产品的紫外线隔阻率通常可达 99% 以上,基本隔绝紫外线对车内驾乘人员和内饰件的伤害。

4)防爆性

汽车出现意外事故、行车中突如其来的飞石,甚至歹徒的恶意破坏,都会造成玻璃破碎飞散。而这些飞散的碎片通常在发生意外时首先对人体造成伤害的因素。具有防爆功能的太阳膜即使受强大外力的冲击也能仍将玻璃紧紧地黏附于膜上,从而降低车内驾乘人员所受的伤害。

5)耐磨性

太阳膜应具备较好的耐磨性能,以防止在使用过程中出现各种擦痕,影响视线。通常优质的太阳膜表面都有一层高质量的耐磨外层。

6)收缩性

太阳膜的基片是由通过拉伸成行的长链高聚物复合而成。在成形过程中,长链高分子会沿拉伸方向定向排列。一旦再次受热,长链高分子就会收缩回复到原来未拉伸的状态。有些汽车玻璃弧度较大,贴膜后为了让膜与玻璃能紧密贴合,就会应用这个原理,使用电热风枪对膜层进行局部加热。

太阳膜的纵向也叫机器边方向,即膜的卷起方向,是主要的拉伸方向。而幅度方向,就是机器边方向的垂直方向,基本不能拉伸。因此,一定要正确区分太阳膜的机器边方向和幅度方向,如图 9-1 所示,正确铺放和裁切太阳膜,为贴膜后的加热成形做好准备。

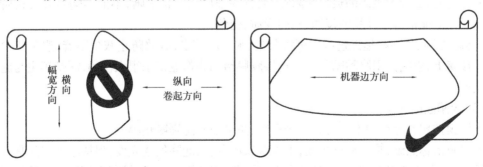

图 9-1　太阳膜裁切方向

（2）太阳膜的组成与结构

不同品牌的太阳膜结构有些差异,本节以 3M 的 7 层膜为例对其组成与结构进行介绍。该 7 层膜分别为耐磨外层、安全基层、隔热层、防紫外线层、感压式黏胶层、"易施工"胶膜层以及透明基材,如图 9-2。

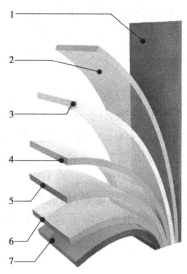

图 9-2　3M7 层膜结构示意图

1—耐磨外层;2—安全基层;3—隔热层;4—防紫外线层;

5—感压式黏胶层;6—"易施工"胶膜层;7—透明基材

耐磨外层的材料是透明的丙烯酸,非常坚韧,涂布在隔热膜外层,该层非常耐刮擦。即使经常清洗玻璃也不易产生刮痕,使玻璃看上去经久如新。

安全基层的材料是透明的聚氨酯,这种材料具有非常强的抗冲击能力,能长期有效地保护车内驾乘人员的安全。在发生意外,遭受外来冲击力影响时,该安全基层能起到阻挡冲击,减少外来伤害的作用。同时该安全基层能够有效过滤阳光等强光,避免眩目,影响行车安全。

隔热层是将铝、银等金属分子通过溅射方式涂布在安全基层上而形成的金属层,该金属层将有选择地将阳光中的红外线反射回去,从而达到隔热的效果(红外线是主要的热量来源)。

防紫外线层是一层能将阳光中 99% 的 UV-A 和 UV-B 隔阻的特殊涂层。该涂层可以保护汽车内饰和车内驾乘人员免受紫外线的侵害。

感压式黏胶层是太阳膜隔热、防爆品质的重要保障。它不仅有非常强的黏结力,在发生一定外来冲击时,能够将破碎的玻璃黏附住,而且保证应当非常清晰,不能影响驾驶员视野。同时该涂层还应能抵御紫外线的侵蚀,不能变质、变色。

"易施工"胶膜层在施工过程中可将灰尘、水一起带走,有效防止灰尘附着,避免灰尘杂质黏附于玻璃上,影响太阳膜黏贴效果。这层胶膜给贴膜作业带来很大便利,深受车主与施工师傅的欢迎。

（3）太阳膜的分类

太阳膜按照其等级的不同可分为普通膜、防晒膜和防爆隔热膜等。

普通膜俗称黑纸,是一种染色膜,不含金属成分,只能降低透光度,保持车内空间具有一定隐蔽性,其耐老化性很差,时间稍长就会慢慢褪色,耐磨性也差,容易留下划痕。这种膜隔热效果很差,对视线影响大。

防晒膜是一种"半反光纸",其隔热率大概为25%~35%,这种膜多采用表面镀高反射蒸发铝的技术,使用期限短,一二年后表面便会发生氧化反应而变质。

防爆隔热膜具有较理想的隔热、防爆效果,表面耐磨,不易产生刮痕,是目前市场上的主流产品。表9-1所列太阳膜品种均属于这个类别。

表9-1 部分太阳膜的品种与特性

品牌	产品名称	适用部位	透光率/%	总隔热率/%	紫外线隔阻率/%	特性
3M	田园风光	前挡	73	46	99	开拓金色视界,驱动高贵境界
	极致风光	前挡	87	32	99	极至通透,犹如隐形车模,驾驭透亮新视界
	璀璨风光	前挡	71	34	99	魅力畅销之最,隔热透光兼顾,全能完美组合
	黑衣骑士	侧、后挡	16	52	99	中型本色,百搭深色车系,绝不影响GPS导航系统
	黑马王子	侧、后挡	5	58	99	商务车系最佳之选,缔造您的绝佳私密空间,绝不影响GPS导航系统
	魅力沙龙	侧、后挡	38	39	98	百变潮流,不变本色,绝不影响GPS导航系统
	超级沙龙	侧、后挡	16	66	99	引领隔热巅峰,尽展银绿金属时尚风
	幸运沙龙	侧、后挡	51	43	98	浅色膜力,尽显通透,秀出金属质尚感
FSK	FSK318	前挡	80	65	99	超高透视,视线清晰,不影响卫星导航、GPS
	FSK168	前挡	65	60	99	高透视,视线清晰柔和,折射率低
	FSK888	侧、后挡	13	92	99	金钟罩,低内反光,超高隔热,双色亮银,单向透视,隐秘性高
	FSK350SB	侧、后挡	15	86	99	翡翠绿,超低内反光,墨绿银双色,单向透视,隐秘性高,浅色内装车专用
	FSK150SB	侧、后挡	12	87	99	翡翠蓝,超低内反光,蓝银双色,单向透视,隐秘性高,浅色内装车专用
	FSK015S	侧、后挡	15	89	99	太空银,镜面亮银色,折色度强,高隔热,隐秘性高
	FSK035S	侧、后挡	35	85	99	变色龙,浅银色,视线清晰柔和,随阳光强度改变亮度,隐秘性中等
	冰钻F70	前挡	70	95	99	冰钻,浅蓝色,超高透视,视线清晰,不影响卫星导航、GPS

续表

品牌	产品名称	适用部位	透光率/%	总隔热率/%	紫外线隔阻率/%	特 性
雷朋 Leibon	LB—895（冰山美人）	全车	66	95①	99.8	
	LB—878	全车	70	78①	99	
	LB—855	全车	73	55①	98	
	LB—837	全车	70	37①	99	
	LB—717	侧、后挡	17	77	99	
	LB—711	侧、后挡	11	78	99	
	LB—619	侧、后挡	19	68	99	
	LB—638	侧、后挡	38	64	99	
贝尔卡特 Bekaert	钻石 70LX—70	前挡	72	55	99	(a)全金属磁控溅射工艺制造，纯正本色，永不褪色； (b)顶级隔热、抗紫外、防眩目、更节能； (c)最为清晰的视野、极低的可见光反射率； (d)减少局部热点，提高舒适度，减轻驾驶疲劳； (e)中性色，与任何车辆的颜色都能完美匹配、更美观； (f)专业级防爆能力，有效防止玻璃片飞溅、更安全。
	水晶 75MP—75	前挡	75	40	99	
	铂金 70 Sterting—70	前挡	70	39	99	
	量子 52 Quantum—52	侧、后挡	52	38	99	
	量子 37 Quantum—37	侧、后挡	37	47	99	
	量子 28 Quantum—28	侧、后挡	28	52	99	
	量子 19 Quantum—19	侧、后挡	19	58	99	
	量子 14 Quantum—14	侧、后挡	14	63	99	
	钛金 6 Tianium—6	侧、后挡	6	57	99	

9.1.2 太阳膜的选用

（1）选用原则

太阳膜的选用通常遵循以下几个原则。

1）符合法律法规的要求

前挡风玻璃是驾乘人员与车外进行视觉交流的主要通道,其透光率直接影响行车安全。根据我国 2004 年 10 月 1 日起实施的《机动车运行安全技术条件》规定:汽车前挡风玻璃的可见光透射率不允许小于 70%。因此,前挡风玻璃的膜应当选用反光度较低、色系较浅的产品。如果汽车的前挡风玻璃斜度较大,在黏贴时必须注意尽量避免产生反射及波纹。

2）根据适用性的原则选择综合性能

根据光学原理,透光率越高、隔热率越低;反光率越高,隔热率越高。而车内高反光会给汽车驾乘安全带来极大隐患。所以高透光、高隔热、低内反光这三大要求是目前太阳膜技术的最高境界。在选择车膜时,一定要平衡比较,选择具有合适透光率、隔热率、内反光率、外反光率、紫外线隔阻率、防爆性等性能的太阳膜。

3）颜色的选择

选择颜色时,可以首先考虑个人喜好来进行。其次,可以考虑所选颜色与车身颜色相匹配,比如一些浅色系的汽车,最好选用色彩鲜明的太阳膜。这里需要注意的是,优质的太阳膜,其颜色与隔热效果影响不大,虽然有些膜透明度很高,但其隔热效果也绝不含糊。

（2）质量的简易鉴别

市场上太阳膜的品种繁多,质量差异很大,一般通过以下几个方面对太阳膜质量进行鉴别。

1）查看原厂质量保证文件

目前中国汽车太阳膜市场鱼龙混杂,许多贴牌膜也打着原厂膜的旗号招摇撞骗。但是,只有生产厂商出示的质保卡才是原厂膜的真正标记。很多生产厂家为了树立自己的品牌形象,建立了多种验明正品的渠道。如,3M 公司的产品除了能在网上查询获取数字证书外,车主还可将所贴膜样品寄回厂家,并能在短时间内收到样品真伪验证报告。

2）观察色泽

劣质膜以染色工艺为主,因此这些颜料都吸附于薄膜表面,不仅颜色均匀性与稳定性差,色差严重。如果在地下稍微摩擦或使用化清剂涂擦,颜色容易褪去。而优质膜采用磁控溅射工艺制造,通过强力磁场吸附金属原子,不仅色泽均匀,而且视觉清晰度高、通透性极佳。

3）触摸感觉

劣质膜采用普通聚酯薄膜作为基材,表面未经过硬化处理,没有弹性、缺乏韧性、易起皱,很脆,易留下划痕。而优质膜采用光学级聚酯膜,手感厚实、平滑,结构致密,强度高。

4）简单测试

如,将碘钨灯放置于贴好太阳膜的玻璃外侧,用手伸到玻璃另一侧测试,如果立即有烫手感,则说明该太阳膜隔热性较差;将验假钞的紫外线灯隔着膜层照射人民币,如果仍可看到验伪标记,说明该太阳膜紫外线隔阻率很低。

9.2　底盘防锈防撞涂料

9.2.1　概述

底盘装甲又称底盘封塑,是一种常见的美容作业项目。它是将专业的防锈防撞涂料喷涂于汽车底盘表面,就像是为汽车底盘添加一层防护铠甲一样,起到防锈、防撞击、降低噪声的作用。市场上常见的防锈防撞涂料产品见图9-3。

图 9-3　市场上常见几种底盘防锈防撞涂料

(1)防锈防撞涂料的特性

1)防锈性

俗话说"车烂先烂底",砂石路上飞石的撞击、地表的烘烤、酸雨的侵袭,甚至是冬季雪道上除雪剂的腐蚀,即便是钢筋铁骨也会被蹂躏得伤痕累累。这样即使原车已作防锈处理,也不能长久有效。防锈防撞涂料最基本的特性就是能在底盘表面形成一层保护膜,防止底盘锈蚀的产生。

2)耐冲击性

汽车行驶过程中,会溅起小砂石敲击底盘钢板,小砂石敲击钢板的力量与行使车速成正比,据测试,10 g 的小砂石在时速达 80 km 时,冲击力可达到自身重量的 100 倍,足以击破 30 μm 以下的防护漆膜,锈蚀便从疵点开始并向钢板内部逐渐扩大。而喷涂防锈防撞涂料后,因其本身具有的弹性和柔韧性,可以很大程度上缓冲砂石的敲击,更好保护底盘,并在一定程度上降低砂石敲击产生的噪声。

3)附着性

防锈防撞涂料在喷涂成膜后应具有很好的附着性,而且应当能经受砂石敲击及其他硬物刮擦的考验。这是因为汽车工作环境复杂多变,有时会经受砂石敲击或是频繁的刮擦,如果涂料附着性差,将大幅缩短其使用寿命。

4）稳定性

正如前面所提到的,汽车行驶环境复杂多变,防锈防撞涂层应经得起严寒酷暑的考验。酷热的夏天膜层不可太软太黏,那样不仅可能失去防护能力,还可能黏附大量灰尘难以清洗;到了严寒时节,膜层又不允许变得太硬、太脆,甚至本身被砂石敲击造成破坏。同时该涂层还应具有适应底盘热胀冷缩的性能,提高环境适应性。

此外,防锈防撞涂层位于底盘部位,虽说几乎不受紫外线的侵蚀,但会承受来自底盘热传递、废气排放带来的热量侵袭,因此防锈防撞涂料还应具备一定耐老化性能。

（2）防锈防撞涂料的分类

根据成膜材质的不同,可以将汽车底盘的防锈防撞涂料分为以下几类:

1）沥青基涂料

沥青基产品是从沥青重防腐涂料衍生出来的,合格的沥青基涂料可以有效抑制底盘锈蚀,而且具有一定柔韧性可以降低底盘噪声。但是沥青本身的特性决定了,在严冬季节,膜层将变硬、变脆,附着力减弱,难以抵御砂石敲击,甚至因其本身热胀冷缩系数与金属基材相差太大,而出现裂纹和脱落;到了酷暑季节,涂层则变软、变黏,甚至出现流淌现象。

目前市场上有些改性沥青产品可以在一定程度上克服以上缺点,但膜层的强度仍不理想。

2）树脂基涂料

市场上的树脂类产品是由塑料涂料衍生过来的,基本克服了沥青基涂料冬硬夏黏的不足,也避免了沥青产品在生产、施工过程中对工作人员的致癌危险。但是这类树脂基涂料对金属附着力较差,性能随温度变化也较大,应用受到一定限制。

3）合成橡胶基涂料

合成橡胶基涂料是目前综合性能较为全面的汽车底盘防护涂料,它具有良好的附着性,优异的涂膜断裂强度、剪切强度和耐擦伤性能,同时还兼备理想的柔韧性和弹性,稳定的高低温性能。

4）水基涂料

水基涂料是一种符合环保要求和社会发展趋势的产品。但这类涂料含有微量溶解氧和有腐蚀作用的微量电解质,使得涂料本身具有使金属基材生锈的能力。目前已有部分厂家较完美解决了这个问题,但该技术仍属于一种发展趋势,并未获得广泛应用。

此外,水基涂料干燥速度慢,对于有油膜金属基材附着性能不理想,而且在仓储过程中,若遇冷热交替季节会发生凝固溶解现象。因此,水基涂料尚未能成为市场主流产品。

9.2.2 防锈防撞涂料的选用

目前,底盘防锈防撞涂料大多是外国品牌,其中又以美国的3M,德国的汉高(Teroson)和伍尔特(Wuerth)的产品较为普及。下面分别介绍这三个品牌的部分主流产品,见表9-2。

表 9-2　部分防锈防撞涂料产品

品　牌	产品名称与型号	特　性
3M	PN08881 防锈防撞底漆	黑色,喷罐,喷涂于底盘,轮弧,车架滑轨和挡泥板等部位,保护金属部件,防止生锈和磨损,同时可作为隔音底涂层。该产品具有良好的覆盖性且不会产生流挂,不会堵塞喷枪喷嘴,施工后表面平整,呈黑色纹理,快干,表面可喷涂油漆。可用于修补涂层漏洞
	PN8883 防锈防撞底漆	黑色,喷罐,橡胶基涂料,喷涂于挡泥板,后侧围板,门板,修复的部位,焊接点,引擎盖和踏板等部位。防腐蚀,降低噪声。 该产品具有良好的一道覆盖效果,不会堵塞喷枪喷嘴,有多种纹理供选用,20 分钟内即能干透,15 分钟内可达到不黏干燥。可用于修补涂层漏洞
	PN08820 底盘装甲	无毒、快速干燥后形成一层牢固的弹性保护层,具有良好的耐磨损性,高温不流淌,具有优异的防锈和防腐蚀性。同时保护层还可防止小砂石直接敲击底盘,优良的降噪性,并可密封车体缝隙
汉高	TEROSON 2000HS	用于底盘的保护喷涂,成分中含橡胶材料,具有优异的降噪吸音效果
	TERSON 3000	用于汽车裙边(车身的油漆下端往底盘过度的部分)保护和修补。膜层有坚硬感,有极好的耐磨性。成分中不含橡胶材料,隔音效果稍差
伍尔特	底盘防撞胶 (UBS Underbody Sealant) 893 075(黑色) 893 075 1(灰色)	用于汽车底盘全方位保护。防飞石撞击、保护底盘免受雨雪侵蚀。专用喷枪喷涂,干燥后可喷漆
	环保型底盘防撞胶 (SKS Underbody Sealant) 890 030(黑色) 890 031(灰色) 890 032(乳白色)	水基环保型防撞胶,无毒不污染环境。 喷涂在车身裙边和底盘上,减少飞石撞击底盘产生的噪声,保护底盘免受腐蚀。专用喷枪喷涂

9.3 座椅真皮材料

9.3.1 概述

随着人们生活水平的提高,不少车主选择更奢华的内饰用品,其中改装真皮座椅(俗称包真皮座椅)就是较受欢迎的美容项目之一。本节将详细阐述该项目所使用的真皮材料。

(1)真皮座椅的特性

1)可提高汽车配置档次

大多豪华车的座椅都是真皮蒙面,很多人心目中,真皮座椅是所有汽车装饰用品中最能提高汽车档次的一个。因为真皮座椅无论从视觉上、触觉上都更能给人一种舒适、温馨的感觉,特别一些高档真皮材质,能真正给人"冬暖夏凉"的感觉。

2)容易清洁

真皮座椅与那些纯棉、纤维的织物相比,较不易藏污纳垢,即使不干净也不会尽显表面,而且只需用湿布抹擦(须马上风干)或专用清洁剂喷擦即可。

3)耐用性好

汽车真皮座套所用材料经过特殊处理,具有较好的耐磨性、韧性和耐高温性,即使用200 ℃的烤枪吹烤也只是轻微收缩变形。

当然真皮座椅套也有一些不足之处。比如:近年来饱受一些环保爱好者的抗议;表皮容易被尖锐物刮伤,且难修复;长时间被汗水浸泡容易变质等。

(2)真皮的分类

真皮制品是由动物的皮革制作而成,汽车真皮座椅中多采用黄牛皮、水牛皮或一些高档猪皮制作。这些动物皮革有其不同的特性与表面特征。

1)黄牛皮

黄牛皮的毛孔细直,呈圆形,排列不规则,革面丰满光亮,纹路细腻,手感柔软而结实,富有弹性,是一种上好的皮革。黄牛皮以欧洲进口(尤其是意大利等国)的为最高档次,在真皮座椅中使用很普遍。

2)水牛皮

水牛皮的毛孔较黄牛皮粗大,毛孔数量较少,且皮革弹性较差,易出现松弛现象,皮革表面手感较粗糙,但其相对黄牛皮更显结实耐磨,透气性较好。泰国产的水牛皮水分充足,质地较柔软,也是一种较好的选择。

3)猪皮

猪皮毛孔粗大,相距较远,一个毛孔伸出三根毛,呈三角排列,猪皮的皮革表面不平整,较粗糙,柔软性差。一般只有经过复杂工艺精加工后的猪皮才可用于制作汽车真皮座椅。

此外还有马皮革、羊皮革等多种动物皮革,但很少用于制作汽车真皮座椅。

根据皮革的层次,通常分为头层皮和二层皮。顾名思义,头层皮就是动物皮革的第一层皮,最表皮,而除头层皮外,往内数的第二层皮、第三层皮、第四层皮都归为二层皮。

头层皮和二层皮从观感、质感、组织结构、理化性能和使用寿命上都有明显差别。黄牛皮的头层皮是市场上常见皮革中最好的材料,通常被称为 A 级皮。水牛皮的头层皮凭其结实耐磨的特性紧跟在后,被称为 B 级皮。而 C 级皮则通常指黄牛与水牛的二层皮。目前市场上出现的一种复合皮就是在二层皮的表面附上一层胶膜,非常精致,看上去像头层皮。

9.3.2 真皮座椅套的选用

选购真皮座套时首先选择实力雄厚的商家,这样不仅能有较多皮质、颜色等选择,而且其服务专业,拆座套、制板、裁皮、贴海绵、缝合、包座套、修整、装车整套流程流水作业,作业速度快、质量好。在选择皮质时多考虑质感和价格,目前国内一些大厂加工的皮革也已达到不错的质量水准,而且价格比较划算。汽车专用皮革的颜色不是很多,主要根据车主自己喜好以及整车风格选用。

目前市场上很多以次充好的汽车座椅用真皮,尤其是以表层贴胶膜的二层皮冒充头层皮。通常辨别座椅真皮优劣的方法有以下 5 种:

1)按压法辨别

对于已经完工的座椅,用按压法辨别最简单有效。即伸出食指,按压在座椅表面不松开,若是真皮,将会看到很多细微的皮纹向手指按压处伸去,而若是人造皮革(或贴膜的二层皮),则通常看不到细微的皮纹。

2)观察法鉴别

真皮材料的背部有自然纤维存在,纤维细绒不易拉出,而人造皮革可能是很光滑,甚或黏贴有一层编织布。真皮材料的断面表层结构紧密,可见毛孔,而人造皮革的断面较光滑,无毛孔。

3)剖切法鉴别

从商家那里找到一小块样品,用小刀在皮中央划个"X"形(注意不可将皮划穿),然后用左手手指顶起交叉处,右手则用镊子将"X"交叉处的皮革上层夹紧往上掀。若是掀起有分层或膜状物,则说明该样品为人造皮革或贴膜的二层皮。如果没有样品可供剖切检验,可以在装好的座套的隐蔽处(如头枕下部或背袋内侧面),用一根针轻缓挑起皮革的表层进行检验。

4)拉伸法鉴别

从商家那里找到一小块样品,用力拉伸边角,若为真皮,其延展性较差,难回弹。

5)燃烧法鉴别

真皮材料难以燃烧,而人造皮革主要由高分子材料制成,易着火燃烧,而且燃烧后有股塑料的焦糊味。

复习思考题

1.汽车太阳膜(防爆膜)主要特性有哪些?

2. 汽车太阳膜的选用主要遵循哪些原则？

3. 一般可以通过哪些简易方法检验太阳膜的质量？

4. 汽车做完"底盘封塑"后有哪些好处？

5. 列举几个知名度较高的汽车底盘防锈防撞涂料品牌。

6. 用于制作汽车座椅真皮材料的动物皮革主要有哪些？它们各有什么特点？

7. 辨别汽车座椅真皮材料质量好坏的简易方法有哪些？

参考文献

[1] 李明惠.汽车材料[M].北京:机械工业出版社,2002.

[2] 丁宏伟.汽车材料[M].北京:中国劳动社会保障出版社,2007.

[3] 陈文均.汽车材料[M].北京:高等教育出版社,2007.

[4] 张春和.汽车常耗零部件的识别与检测[M].北京:化学工业出版社,2006.

[5] 董元虎,等.汽车油料选用手册[M].北京:化学工业出版社,2006.

[6] 姚贵升.汽车金属材料应用手册[M].北京:北京理工大学出版社,2000.

[7] 王玉东.汽车美容与装饰技术培训教程[M].北京:国防工业出版社,2006.

[8] 钟泰岗,等.汽车用润滑脂及添加剂[M].北京:化学工业出版社,2006.

[9] 王超,等.汽车用胶黏剂[M].北京:化学工业出版社,2005.

[10] 王大全.汽车外壳美容与维修[M].北京:化学工业出版社,2005.

[11] 周燕.汽车材料[M].北京:人民交通出版社,2002.

[12] 鲁植雄.汽车美容[M].北京:人民交通出版社,2005.

[13] 周志证.汽车底盘护理涂料的性能分析[J].涂料工业,2007(1).